U0928690

图说法国史

[日] 佐佐木真 著

徐建雄 译

天津出版传媒集团

天津人民出版社

果麦文化 出品

目录

卷首语 1

第一章 罗马与法兰克王国 4

罗马—高卢 5

法兰克王国 11

高卢地区与基督教 18

第二章 卡佩王朝的建立 22

“黑暗的世纪” 23

卡佩王朝的建立 27

第三章 法兰西王国的发展 37

腓力二世 38

路易九世 44

腓力四世与罗马教皇的斗法 50

社会变化 54

基督教与哥特式艺术 61

第四章 百年战争与瓦卢瓦王朝 67
百年战争 68
成长为现代国家的胎动 80
封建制度的危机 84
专栏 1 勃艮第公国的解体 87
专栏 2 贝里公爵约翰一世的豪华时祷书 89

第五章 文艺复兴式的君主制 93
意大利战争 94
文艺复兴 103
宗教改革与法国 110

第六章 宗教战争与波旁王朝的建立 113
宗教战争 114
波旁王朝的建立 122
亨利四世的统治 125
专栏 让·博丹和国家主权论 130

第七章　君主专制的光辉　132
路易十三与主权国家 133
路易十四 146
法兰西君主专制 162
国王之荣光 166
专栏 1　路易十四的巴黎城市改造 179
专栏 2　17 世纪的商店和商人 181

第八章　18 世纪的政治与文化　184
从路易十五到路易十六 185
启蒙思想 198
文化之改观 203
专栏　儿童的“诞生” 221

第九章　法国大革命与拿破仑　223
法国大革命 224
拿破仑 240
法国大革命的构成 250
革命的遗产 253
专栏 1　对革命政治的理解 259
专栏 2　单一不可分割的法兰西 261
专栏 3　近代与女性 263

第十章　**19 世纪的法兰西**　265

君主制复辟 266

七月王朝 272

二月革命和第二共和国 276

第二帝国 281

工业化和资产阶级的统治 286

民众世界的改变 298

专栏 1　凡尔赛宫的“战争画廊” 301

专栏 2　国家工场和早期社会主义 303

专栏 3　拿破仑传说 305

专栏 4　资产阶级的经济实力 307

专栏 5　19 世纪末的巴黎商人众生相 310

第十一章　**第三共和国的建立**　312

巴黎公社和第三共和国的建立 313

民族国家在法兰西的形成 322

结社法和政教分离法 332

专栏　工业化与移民 336

第十二章 现代法国 338
第一次世界大战的冲击 339
世界性经济大危机和人民战线 343
第二次世界大战和抵抗运动 349
战后的法国 356
激荡的世纪末 364
21 世纪的法国 370
法国的经验及与日本的关系 380
专栏 1 法德对立—— 福熙元帅的车厢 383
专栏 2 法国及其殖民地 385
专栏 3 政教分离和穆斯林的头巾 389
专栏 4 后民族主义的历史 394

尾声 396

法国历史大事年表 398

参考文献 405

卷首语

一说起“法国历史”，您会联想起什么来呢？或许您的脑海里会立刻浮现出：圣女贞德、路易十四、法国大革命、拿破仑、抵抗运动、戴高乐……与此同时，一提到法国，人们还会联想到埃菲尔铁塔、凯旋门、卢浮宫美术馆、凡尔赛宫等。由于这些宏伟建筑确实与法国历史有着千丝万缕的联系，因此，许多人都对法国历史怀有朦朦胧胧的印象。

不仅如此，或许还有人意识到，法兰西这一区域自古以来就一直保持着统一性，与德国、意大利等邻国相比，法国更早以一个独立的国家形态出现。事实上，德国、意大利在中世纪之后，一直处于小国林立的分裂状态，结束分崩离析的局面成为一个统一国家，已经是 19 世纪后半叶的事情了。尽管与德国、意大利在程度上有所差别，但是“法国”和“法国人”这样的概念也并不是在中世纪之后就十分明确的。在大革命之前的前近代时期，法国也是作为一个复合体存在的。

有史以来，法兰西地区就居住着凯尔特人（高卢人）。后来，罗马人和日耳曼人（法兰克人）征服了该地区。因此，法兰西地区融合了凯尔特、罗马和日耳曼的文化，并且在不同的区域，各种文化的浓淡强弱也有所不同。所以说在前近代时期之前，所谓法兰西文化其实是一种多重的、复合式的文化。再者在前近代时期，特权在法兰西地区有着极为重大的意义，如神职人员与贵族之特权、城市的自治特权、地区的特权等。因为在当时，一个人的社会地位就是由其特权的多寡来决定的。不同阶层之间自不必说，即便是同一阶层之内的成员，其社会地位也会因特权的多寡而有所差异。与此同时，尽管该地区较早地统一为一个国家，可人们的生存状态、各种社会群体的生活习俗和文化也依然是多种多样的。法国前近代时期的这种复合性，正是本书的关注点之一。

1789 年的大革命就是以此为前提而爆发的。革命者们希望与过去诀别，建立起一个“单一的、不可分割的共和国”。事实上，他们是想通过否定前近代时期的复合性，造就万众平等的社会，从而创造出一个单一而均质的生存空间。在大革命期间，人们设计出一个理想社会和国家的模式，进入 19 世纪之后，法国的政治也因现实与该模式的关系而波浪起伏，并最终接受了革命模式。就这一点来说，法国 19 世纪的历史进程，与英国、德国甚至日本这样的以渐进式改革建立起近代社会的国家有着很大的差别。大革命之后的法国，力图忠实地实践“近代社会”之理论，却也正因如此，反倒难以应对“既非单一，又非不可分割”的社会现实。大革命时所提出的理论与其后的历史发展到底有着怎样的关系，乃是本书的第二个关注点。

远在欧洲的法国与我们自身所处的社会又有着怎样的关联呢？关心这个问题的人，恐怕也不在少数。而法国所经历过的，现在仍需面对着的问题是具有象征性的，是人类社会进入近现代时期之后遭遇的普遍问题。因此，从某种意义上来说，了解法国历史或许能让我们重新审视自己的生活状态。

第一章

罗马与法兰克王国

罗马—高卢

法兰西地区登上历史舞台的时候，在那里生活着的是凯尔特人。凯尔特人自公元前 20 世纪中叶开始在欧洲定居。他们说的语言属于印欧语系。公元前 9 世纪，他们迁移到了相当于今天法国的高卢地区、伊比利亚半岛及不列颠群岛等地，并在那里定居了下来。在处于铁器时代后期的拉坦诺文化时期，他们在一些交通要道附近的山岗上建立了被称作 Oppidum 的城堡聚落。他们以农业为主，其生活状态与农耕劳作有着密切的关系。他们将一年分为三个季节，并以报道春天来临的五月节（5 月 1 日）、庆祝收获的罗尼撒节（8 月中旬）和迎接祖先灵魂及冬天来临的萨姆哈衣节作为划分季节的标志。

他们崇拜化为动物外形的诸神，还广泛地尊崇其他自然物。

他们以栎树为圣树，并以山泉、森林、岩山为圣地。他们通过主持宗教的祭司“德鲁伊”向圣物奉献牺牲。凯尔特人的宗教信仰也影响到了他们的装饰艺术。涡卷形的花纹、缀满飞禽走兽的生命之树及植物图案等都作为典型的凯尔特艺术而广为人知。

凯尔特人的社会形态属于部族社会，由祭司“德鲁伊”、战士和劳动者（农民和手工业者）这三个阶层所组成。一般认为，到了公元前 4 世纪左右，由于人口的进一步膨胀，凯尔特人便将其势力范围扩展到了意大利和爱尔兰，可在最新研究中，也有人对凯尔特人的爱尔兰殖民活动提出质疑。因此，很难对凯尔特人做出一个一般化的定义。与此同时，尽管凯尔特人形成了部族社会，可他们并没有形成一个统一部族联盟之类的政体意识，更没有建立凯尔特人的王国或帝国。

就在凯尔特人文化的兴盛期，即从公元前 800 年左右起，希腊人开始在地中海各地大搞殖民运动，在如今法国南部的地区也建立了好几个城市。马赛、昂蒂布、尼斯就是在那时建成的。由于希腊人的活动主要集中在贸易据点的建设上，故而对凯尔特人的社会并没有产生多大的影响。后来，当罗马人开始扩张的时候，罗马人与凯尔特人之间就爆发了激烈的争斗。公元前 2 世纪末，罗马人在高卢南部设立行省（Gallia Narbonensis）后，恺撒就开始了高卢远征，并在公元前 52 年的阿莱西亚之战中大败高卢军队，征服了直到莱茵河左岸为止的大片高卢地区。

奥古斯都大帝将新征服的地区（长毛高卢，Gallia Comata）分割成三个行省，并将其纳入罗马的行政统治之下。

罗马为了对其属地的居民征收地租和人头税，首先必须进行户口调查，这一纷繁复杂的行政任务无疑是在当地豪族的大力支持下才得以完成的。他们通过对罗马统治者的协助而获得了罗马市民权。豪族们在协助罗马征税和维持治安的同时，也获得了在作为行省下属单位的中心聚落和周边区域（Civitas）内极为广泛的自治权。

以商业立国的罗马，十分重视贸易据点与道路交通网的建设。为此，他们通过退役士兵的移民，以及赋予Oppidum以拉丁权（能够出任公职的罗马市民权）的方式来完成城市的建设和发展。在城市建设中罗马人引入了他们特有的规划设计，建造了棋盘状的街道网、中央广场（公共广场）、神殿、凯旋门、公共浴场、圆形的竞技场、半圆形的剧场等建筑。与此同时，罗马文化也源源不断地输入高卢地区。例如，早在公元前2世纪，地中海沿岸地区就开始生产葡萄酒，而自公元前1世纪起，这种生产样式就沿着罗纳河北上了。广泛使用大理石和装饰涂层的罗马式石造建筑也被带到了高卢地区，于是，石匠和泥瓦匠也应运而生。除此之外，金属加工、制陶及毛纺织等产业方兴未艾，高卢与地中海地区之间的贸易也呈现出欣欣向荣的气象。罗马时期的意大利农业，主要以分布在城市周边的大庄园（Villa）为据点，通过奴隶在大规模农场内的劳动来生产葡萄、橄榄及谷物等农产品。这种生产方式虽然也渗透到高卢地区，但南部的纳尔榜南锡斯与北部的长毛高卢之间还是存在着较大差异的。在北部，大庄园与原有的村落融为一体，劳动力也似乎不是奴隶。

在语言方面，高卢地区起初普遍使用凯尔特语，罗马人所用的拉丁语渗透十分缓慢。可是随着加入罗马军团人数的增多及罗马式行政管理的深入，拉丁语也逐渐普及，最后导致人们在日常生活中也自然而然地说起拉丁语来。在宗教方面，罗马的多神教与高卢的原始宗教并存。高卢原有的众神仍然保持着原来的称呼，对于山泉、岩山等圣地的信仰也毫无改变地延续了下来。

到了公元 3 世纪，罗马对高卢地区的统治出现危机。主要是由于高卢地区东侧莱茵河流域的法兰克人（日耳曼人的一支）和阿勒曼尼人的势力开始扩大，对罗马军团形成巨大压力。尤其是到了 3 世纪后半叶，为了对付萨珊王朝统治下的波斯人，往东方抽调了大量兵力，高卢地区的防卫能力大为削弱，频频受到日耳曼人的攻击，令罗马人头疼不已。由于日耳曼人的入侵，高卢地区北部的大庄园便被迫遗弃，田野日趋荒芜。与此同时，以公元 283 年阿莫利卡地区（布列塔尼半岛）的农民暴动为导火索，针对罗马统治的抵抗运动也日趋活跃。

284 年，戴克里先平定了国内的政治动乱，登上帝位之后，对罗马帝国的行政区做出调整，将高卢地区分为南北两个管辖区，并对其中的州进行了细分。在此纷乱之中，出于防御目的，许多城市都高筑起城墙。大量农民为了寻求庇护，纷纷投靠附近的豪族，成为失去人身自由被紧紧捆绑在土地上的所谓“隶农”。在拥有这些“隶农”的豪族之中，有人还出任了帝国的官职，被称为“元老院贵族”，从而成为新兴贵族。

尽管局势相当混乱，可罗马文化在高卢地区的影响力却依旧有增无减。拉丁语已经渗透到了人们的日常生活之中，慢慢地形成了法语方言。不过这种方言与南部的奥克语，以及同现代法语密切相关的奥依语有着很大区别。基督教于 313 年得到公开承认之后，也开始在高卢地区传播，以城市中的元老院贵族为核心，信徒日益增多。

4 世纪后半叶以降，日耳曼人的进犯越来越猖獗，汪达尔人、阿兰人、西哥特人、法兰克人、勃艮第人等也开始接连不断地入侵高卢地区。其中，西哥特人在 412 年迁移至高卢地区的西南部定居下来，并以图卢兹为首都建立了西哥特王国。罗马政府于 475 年将奥弗涅地区割让给了西哥特人，而在第二年，西罗马帝国就被日耳曼人雇佣兵首领奥多亚克灭亡了。

古罗马的圆形竞技场（阿尔勒）

角斗士曾在此以命相搏。中世纪时人们利用其围墙将它改造成住宅，直到近代才恢复原貌

战神玛尔斯之门（兰斯）

凯旋门原本是建造在罗马市里的一种建筑，用于欢迎凯旋的将军，但在公元 1 世纪以后，其他城市也都纷纷效仿开始营建。文艺复兴之后，为举办国王入城仪式而建造的凯旋门受罗马时代凯旋门的影响非常之大

罗马时代的马赛克拼图

图中右下方为海神尼普顿之矛（三叉戟），图中的动物为海牛。该图表现了罗马人多神教的精神世界（欧坦市罗马美术馆收藏）

罗马神话中的英雄柏勒洛丰
柏勒洛丰骑着海神波塞冬赠送的珀伽索斯（天马），正在杀死怪兽基麦拉。（欧坦市罗马美术馆收藏）

法兰克王国

西罗马帝国灭亡时，高卢地区的西南部有西哥特王国；在其东部，即现在的萨瓦地区，有勃艮第王国。而在这些王国的北面，也即高卢北部地区，居住着法兰克人。这些法兰克人是公元 3 世纪时居住在莱茵河下游的部落联盟，而到了公元 5 世纪的克洛维国王时期，他们就进入了高卢北部地区并将其征服，随后又向南进攻，把西哥特人赶去了伊比利亚半岛，将直到比利牛斯山脉为止的大片区域置于自己的统治之下。在 511 年克洛维去世之时，他的王国已经几乎涵盖了今天的法国全境。公元 496 年，克洛维与其三千名随从一起，在兰斯的主教雷米吉乌斯（圣雷米）的主持下，受洗成为基督徒。虽说法兰克人皈依基督教在时间上并不算早，却是日耳曼人国家中唯一一个直接皈依正统的阿塔纳西奥斯派的，即罗马天主教的国家，这一举动给法兰克人带来难以估量的政治红利。由于法兰克人的人数只占高卢地区总人口的百分之五左右，为了有效发挥统治职能，统治者就必须获得当地实力派的支持。

这些支持者自然就是元老院贵族。事实上随着基督教势力的扩大，他们都已经争相当上了主要城市的主教，因此，所谓与基督教协作，其实就是与他们协作。

克洛维所建立的王朝，是名称源自他祖父墨洛温克斯的“墨洛温王朝”。由于法兰克人有着男子均分遗产的习俗，所以克洛维所打下的天下在其死后也被分给了他的四个儿子，形成四个小王国。之后，经过一系列分割，以及对勃艮第、普罗旺斯的征服，出现了奥斯塔拉西亚（东部小王国）、纽斯特里亚（西部小王国）和勃艮第这样的地区性的国家形态。墨洛温王朝的统治由国王所任命的城市总管来具体实施，而事实上是由国王认可的地方实力派出任国家官员。而这些地方实力派又多为主教，他们通过宗教裁判来排解纷争，或通过教会组织来扶贫济弱。

就在墨洛温家族因遗产分割等因素日益衰落的同时，原为奥斯塔拉西亚之宫相的加洛林家族开始脱颖而出。公元 710 年，加洛林家族的族长卡尔·马特乘着墨洛温家族衰弱不堪的当口，篡夺了三个地区的宫相之位，实际掌控了整个王国。公元 732 年，他在图尔与普瓦提埃之间击退了由伊比利亚半岛北上的伊斯兰教军队，并远征阿基坦和普罗旺斯。他的儿子丕平三世（矮子丕平）

于 751 年将墨洛温王朝的国王希尔德里克三世关进了亚眠近郊的圣波尔坦修道院，自己就任国王，开创了加洛林王朝。

矮子丕平废黜前国王并取而代之，是个不折不扣的“篡位者”，因此他必须以某种方式来彰显自己的正当性。

克洛维的生平

这是描绘于 14 世纪的《法兰西大年代记》。左下方，天使正在将蓝底上装饰着金色百合花的盾牌授予首位基督徒国王。后来，这成了法兰西的纹章。而在表现洗礼的右下图中，鸽子（圣灵）正在将装着圣油的小瓶交给主教雷米

圣日内维耶修道院的建造

在匈人入侵时，克洛维竭尽全力守护巴黎圣日内维耶修道院（由圣女日内维耶所建造），表现了他与教会及巴黎的良好协作

托比亚克之战

克洛维于 496 年在科隆近郊的托比亚克大败阿勒曼尼人，保证了莱茵河以西地区的安全。19 世纪的画家阿里·谢佛尔参考了图尔教会主教格雷戈里的《法兰克人史》，绘制了该画（位于凡尔赛宫的“战争画廊”）

为此，他让基督教高级神职人员给他举行了“涂油礼”。所谓“涂油礼”，是《圣经·旧约》中记载的一种以色列王的登基典礼，表示国王是受到上帝庇护的，王权即是上帝意志在人间的实现手段。751 年 11 月，矮子丕平在苏瓦松被法兰克人推举为国王时，即由出席仪式的主教们给他举行了“涂油礼”。三年后，矮子丕平又将教皇斯蒂芬三世迎入圣丹尼大教堂，由教皇给他举行了“涂油礼”。作为回报，矮子丕平在 756 年将罗马城的宗主权和从伦巴底人手中夺来的拉文那地区的支配权献给了教皇。这便是有名的“丕平献土”事件。与此同时，该事件也标志着“罗马教皇”的诞生。

矮子丕平的儿子查理曼（查理大帝）则几乎连年征战，在戎马倥偬中度过了自己的一生。他的征战范围南至伊比利亚半岛，北达丹麦，东到匈牙利，造就了极为广阔的国家版图。事实上，最希望加洛林王朝快速扩张的莫过于罗马教皇。出于罗马的政治斗争及与东罗马东正教对抗的需要，罗马教皇必须寻找强大的后盾，而查理曼正是其不二人选。公元 800 年的圣诞日，教皇利奥三世给到访罗马的查理曼授予了“西罗马皇帝”的皇冠。这意味着整个西欧成为与拜占庭帝国、伊斯兰教势力范围三足鼎立的政教合一的统一体。但是，在西欧，教会的宗教权威与国王的世俗权力是各自独立的，形成一种共生关系，具有与另外两大区域迥然不同的特色。教权与王权的二重关系，也给以后的西欧历史增添了色彩。

公元 775 年，查理曼颁布敕令，在全国范围内设置主教区，同时命令各主教统属于大主教，通过这种金字塔式的教会组织来彻底贯彻他的命令。与此同时，他还在更基础的层面上，将全国分为五百来个伯爵区，派遣忠于王权的家臣前去统治，切实掌管好地方事务。

法兰克人进入渗透着罗马文化的高卢地区后，事实上也逐步吸收了罗马文明。尽管城市社会在逐渐瓦解，可进行拉丁语教育的学校依然被保存了下来。随着主教区制度的不断完善，这种教育职能就由神职人员继承了下来。更何况查理曼本人十分好学，不仅请来英格兰的学者阿尔昆，力图复兴古典拉丁语，其主动学习罗马文化还体现在宫殿的建筑样式，以及通过翻译维吉提乌斯的战术论著来研究罗马战争史等各个领域。他在货币和印章上也有意采用罗马时代的风格、创意，并明确表示自己为罗马皇权的继承者。

查理曼（742—814）

正在将法统传给儿子丕平（右）。查理曼曾应允他的第二个儿子丕平继承意大利王国，但丕平在 810 年先于其父而死

丕平三世与教皇斯蒂芬三世

754年，教皇给丕平举行涂油礼，表示罗马教会重新承认加洛林家族为正统的王族

查理曼

右手执剑，左手拿着饰有十字架的圆球。剑表示他是古罗马皇帝君士坦丁大帝的继承者，圆球则表示他是大卫王（预言者）的后裔。以此来强调国王与祭祀的职能统一在皇帝一人身上

高卢地区与基督教

基督教到底是从什么时候起，以怎样的方式传入高卢地区的，我们已经不甚明了。可我们知道基督教似乎首先在高卢地区的城市里进行传播。在那里，德高望重的神职人员或殉教者成为圣徒，人们在其墓地旁建起修道院。在教会组织不断完善的过程中，主教区制度也在罗马帝国的城市里确立了起来。有记录显示，在314年的阿尔宗教会议上，高卢地区的代表就有十六人，而4世纪初，就有了大约二十五个主教区。

在高卢地区为传教做出巨大贡献的马丁内斯，在372年成为图尔主教，并由于声名卓著而成为王国的守护圣徒。他主持修建了圣马丁修道院。另一位则是昂纳瑞图斯，他也在戛纳外海中的莱兰岛上修建了修道院。公元4世纪后半叶，基督教已经普及了整个高卢地区，教会组织也日趋完善。正如前面已经提到过的，这些教会组织与元老院贵族相结合，承担起了墨洛温王朝的部分行政职能。

其后，随着墨洛温王朝的衰败，神职人员逐渐从高卢—罗马人改为法兰克人，世俗意识的流传使得教会本身也开始衰退，而由领主私人建造的私有教堂则在不断增多。另外，科伦巴努于公元6世纪末从爱尔兰渡海而来，在高卢地区建立起一座座修道院，并大力主张信徒应遵守严苛的戒律。之后，以意大利卡西诺山为大本营的本笃会修道院也在各地大肆兴建起来。这一时期的修道院，具有与世俗及主教权力相隔离的职能，所以很多都建造在乡村，并且一般选址于罗马时代后期的大庄园处。在早已荒废的农场旧址上形成庄园，从而极大影响了中世纪的经济方式与农村的社会结构。

到了加洛林王朝时代，王权与教会合二为一，因此教会制度得以复兴并重新完善。由国王任命的主教也参与王国的统治。就连私有教堂里的主教，渐渐也开始由国王来任命。

国王不仅仅将教会当作一种行政组织，正像丕平的涂油礼那样，也需要教会势力来维护其政权的正当性。例如，814 年在伊比利亚半岛发现了作为耶稣十二使徒之一的圣雅各的坟墓。这一时期，法兰克军队在伊比利亚半岛上与伊斯兰教徒激战方酣，据说在 834 年爆发的克拉比蓬之战中，已经升华为“基督之骑士”

圣马丁内斯（约 316—397）

曾是罗马战士的马丁内斯，在他 15 岁那年的冬天，在亚眠的城门口遇到一个赤身裸体的乞丐，他便拔剑割下自己身上的外套，送给那个乞丐御寒。当天夜里，耶稣便身穿那件外套出现在他的枕边。之后，马丁内斯便开始了修道生涯，成为图尔的主教

的圣雅各从天而降，带领基督徒取得胜利。后世甚至还流传着这么个传说：查理曼远征伊比利亚半岛时，圣雅各曾托梦给他，命令他将加利西亚地区从伊斯兰异教徒的手中解放出来。

随着教会制度的进一步发展与完善，自公元 4 世纪中叶起，基督教就开始向农村地区缓慢地渗透，不过直到公元 10 世纪为止，依旧是以城市为中心。更何况基督教是以符合民众的多神教的方式进行民间传教的。按理说，基督教的基本教义是耶稣基督预言世界末日即将到来，信徒为了在来生获得拯救，必须抛弃一切并进行祈祷。因此，倘若世界末日不到来，就有必要使教义符合现实社会。强调死后获救的基督教原本是与追求现世利益的民间宗教观格格不入的，因此，为了引入一些多神教的元素，基督教就创造出“圣徒”这一形象。通过殉教及超常行为与民间信仰相结合的方式，使人意识到圣徒具有创造奇迹的法力。不仅如此，圣徒的骸骨与用过的器物等“圣物”上也蕴含着特殊法力，对着这些圣物祈祷、膜拜，圣徒就会帮助信徒，恳求上帝实现治愈疾病等心愿。人们为了膜拜法力更为强大的圣徒遗物，还会巡礼到圣地亚哥·德·孔波斯特拉（圣雅各的墓地）、罗马（圣彼得的墓地）及弗泽莱（抹大拉的玛利亚遗骨所在）等地。

由此可见，通过引入高卢民间宗教，基督教中也产生了各种各样的新生事物。而随着在圣徒墓地上建造教堂这一做法的风行，许多凯尔特人的圣地都得到了继承。其中较为有名的要数沙特尔大教堂，据说直到现在，其地下仍有泉水。不仅如此，基督教的历法也被凯尔特人编入了农事日历之中。例如，11 月 1 日，迎接祖先魂灵、报道冬天来临的萨姆哈衣节，变成了纪念所有圣徒和殉教者的“诸圣徒之日（万圣节）”。像这样将凯尔特人与罗马人的多神教与基督教相融合的诸教混合主义，存在于整个中世纪。

表现圣丹尼生涯的一个场景（圣丹尼大教堂）

作为首位巴黎主教的圣丹尼，约在 272 年被罗马士兵俘获，之后在蒙马特的山岗上被斩首。正如图中所展示的那样，他自己捧着自己的脑袋，往北走了五公里才倒在地上。那里就是教堂所在地，即现在的圣丹尼市

查理曼之西班牙远征图（14 世纪）

右边的穆斯林被画成了怪物，显示了基督徒相对于伊斯兰世界的优越感。查理曼身上的甲胄和手中的盾牌上，绘有“法兰西百合”

第二章 卡佩王朝的建立

“黑暗的世纪”

公元 814 年，查理曼去世之后，他的儿子“虔诚者路易”继承了王位。热心于宗教的路易在进行宫廷改革的同时，于 817 年发布了帝国分割令，早早地就将帝国分配给三个儿子。结果由于贵族阶层对宫廷改革心怀不满，以及由第四个儿子查理二世（即后来的“秃头查理”）的出生而引发的遗产争夺，帝国陷于一片混乱。大儿子洛泰尔曾多次向父亲起兵造反，而 840 年“虔诚者路易”去世后，四位继承人更是分作两大阵营大打出手。841 年丰特努瓦战役之后，和平的呼声日益高涨，双方终于在 843 年缔结了《凡尔登条约》。该条约规定，三子路德维希获得帝国的东部，幼子查理获得帝国的西部，长子洛泰尔则获得帝国的中部地区。这样的分割最终以 870 年签订的《墨尔森条约》明确了下来，

虔诚者路易（778—840）
路易原本是查理曼的三子，因两位兄长相继去世而继承王位。正如其名号所称的那样，路易对宗教十分虔诚。公元 817 年，他因负伤而决定将帝国分给三个儿子，不料这反倒引发了兄弟之间的争斗，成了帝国瓦解的导火索

其中幼子“秃头王”查理二世以其治下的西法兰克为根据地，逐渐将其打造成了日后的法兰西王国。

在法兰克王国内部混乱不堪的同时，还受到了来自外部的巨大压力。曾被卡尔·马特一度击溃的伊斯兰教势力，也在地中海沿岸地区不断扩张。伊斯兰教的海盗们沿着罗纳河溯流而上，频频掠夺内陆地区，940 年甚至侵扰到了侏罗山地区。而更大的威胁则是来自北方的诺曼人（维京人）。大约在公元 9 世纪中叶，他们沿着注入大西洋和北海的主要河流溯流而上，大肆劫掠巴黎、昂热和图尔等地的主要城市和修道院。查理二世于 864 年颁布敕令，要求在各个交通要冲建造城堡，并命令当地的伯爵予以监督，但这一举措并未能阻挡诺曼人入侵。

图尔主教格雷戈里在公元 6 世纪后半叶撰写的《法兰克人史》一书中，将克洛维称作“新的君士坦

丁大帝”，从这一时期起，元老院贵族们已经要求以罗马帝国继承者的名义来确立法兰克王国的正当性了。

但是，法兰克王国分裂后，罗马帝国的法统由东法兰克继承（即后来的神圣罗马帝国）。因此，西法兰克就不得不开始构建统治的正当性依据，并在“虔诚者路易”的儿子“秃头王”查理二世统治时期得以完成。担任查理二世顾问的兰斯大主教兴克马在其著作《圣雷米传》中加入了这么一条记述：圣雷米在给克洛维施洗时，有一只白鸽口衔一装有圣油的小瓶自空中降临。于是，圣雷米将瓶中的圣油倒入洗礼盆后给克洛维施洗，又用圣油给他画了十字。白鸽是圣灵的化身，因此，克洛维就是被上帝认作“新基督徒”之人。洗礼也意味着国王的加冕，所以丕平的登基仪式可追溯到克洛维时代。由教会所施行的加冕仪式明确了西欧基督教世界的中心，就在西法兰克的领地兰斯——这个保存着白鸽衔来圣瓶的地方。在兰斯举行国王登基仪式的惯例形成后，国王就成了“基督教之王”，被认为是神职及圣者神秘力量的拥有者。这样，法兰西王权就有了上帝意志做依据，声称自己拥有特殊使命了。

公元 877 年查理二世去世后，西法兰克王国的继承者也接连死去，导致了一连串短命王朝的出现。之后，政局混乱不堪，王权曾一度被东法兰克国王获得，而后因打退诺曼人入侵而功勋卓著的巴黎公爵厄德登上了王位。厄德之后，王权虽曾回到加洛林家族手中，但继任者均十分平庸，无法收拾人心离散的局面。

在此状况之下，各地均产生了划地自治的割据势力。形成过

将“秃头查理”所继承的西法兰克王国与现在的法国相比较，会发现东侧缺了一大块。在从西法兰克到法兰西王国之演变的中世纪，王统问题远比领土疆域重要

程尽管因地而异，但结果却大同小异。那就是趁着王权衰落之际，地方豪强不断积聚实力，纷纷建立“小型国家”。这些所谓的“小型国家”分别是佛兰德伯国、诺曼底公国、吉耶纳公国、安茹伯国等，其领主则自称为“君主”。这些君主所支配的领地称为“封地”。事实上，自公元 9 世纪末到 10 世纪初的西法兰克就是由这些封地所组成的。封地的君主们确立了世袭制度，与此同时，还兼并了自己领域内的国王领地，并篡夺了司法权、铸币权等原属于国王的大权。也就是说，随着王权的衰落，10 世纪的西法兰克实际处于多个完全独立的领主群雄割据的状态。

卡佩王朝的建立

在这些如雨后春笋般冒出来的封地君主之中，最有实力的是后来开创了卡佩王朝的罗贝尔家族。罗贝尔家族的领地原本位于莱茵河与默兹河中间，在与西法兰克的“秃头王”查理二世加强合作后，于 9 世纪中叶，“强者罗贝尔”将其根据地移到了卢瓦尔河下游的昂热，并将其势力范围扩展到了纽斯特里亚。罗贝尔英勇抗击入侵的诺曼人，于 866 年战死。他的长子厄德继承其父遗志，继续抗击诺曼人，于 882 年被授予巴黎伯爵，并于 886 年击败了围攻巴黎的维京人。之后，厄德于 888 年被推举为西法兰克之王。虽说王冠最终还是回到了加洛林家族，可罗贝尔家族在西法兰克王国也切切实实扩展了自己的势力，厄德的外甥“伟大的于格”，人称“法兰克人的大公”，将塞纳河与卢瓦尔河之间的二十个伯国及主要修道院的院长之职和主教区统统揽入怀中。

956 年“伟大的于格”去世时，由于儿子于格·卡佩年纪尚幼，罗贝尔家族的影响力有所下降，导致纽斯特里亚西部一些有实力的封臣脱离了罗贝尔家族。为此，随着能够支配领域的缩小并逐步东移，罗贝尔家族的根据地转移到了奥尔良。

987 年 5 月，西法兰克王路易五世在外出狩猎时坠马身亡。这一消息传到了在桑利斯召开的诸侯会议上，由于路易五世没有后继者，故而大会决定将在下个月的诸侯会议上选出新的国王。在此大会上，于格·卡佩得到贵族与有影响力的神职人员的支持，被推举为国王。7 月 3 日，兰斯大主教阿达尔贝龙在努瓦永教堂为于格·卡佩举行了涂油、加冕仪式，一个新王朝就此诞生了。这就是卡佩王朝之发端。

罗贝尔家族的王权虽已确立，但依然面临着诸多难题。首先就是王位继承的问题。第一代国王于格·卡佩是通过选举产生的，而这种方式本身正是王位世袭的最大障碍。因此，于格·卡佩登基之后，马上就说服了颇不情愿的阿达尔贝龙主教于12月在奥尔良为他的儿子罗贝尔（即“虔诚者罗贝尔”）施行了“共王”的加冕。这种国王尚在世就让其儿子被选举为“后继王”的做法，后来一直延续到第六代国王路易七世的时代。

卡佩王朝之所以非要采用这种颇具风险的王位继承法，主要是由于罗贝尔家族的王权极其脆弱。在卡佩王朝的早期，自加洛林王朝末期延续下来的王权权威急速凋落，以南法兰西为中心，出现了大封建主纷纷脱离的现象。所谓的王权，

洛林公爵查理被捕

于格·卡佩逮捕了国王选举中的对手——路易五世的伯父洛林公爵查理（右侧）。991年3月30日早晨，士兵袭击了查理与其妻子阿尔诺尔的房间

于格·卡佩（约938—996）

图画表现了于格·卡佩登基六个月后即封其儿子罗贝尔为共王的场景。该图以罗马皇帝维斯帕西亚努斯与他儿子提图斯为蓝本

实际上仅能控制以巴黎和奥尔良为中心的“法兰西岛”地区的一些城主和骑士，跟一个领主不相上下。到了于格三代之后的亨利一世时期，卡佩王朝所能支配的领域收缩到了最小范围。

好在大约有二十个主教区和五十个修道院依然在国王的统治之下。从这些地方获取的收益为王朝延续发挥了至关重要的作用，与兰斯大主教的联合，对于王权的正当性来说也是不可或缺的。

一直到王朝建立百年之后，这种状况才日趋好转。首先是腓力一世的儿子路易六世，在圣丹尼修道院院长苏格的帮助下，极力扩大权力范围，一方面压制国王领地内的独立势力，另一方面又致力于与其他领地的封建主缔结主从关系。他的儿子路易七世，在平定了国王领地内独立势力抵抗的同时，又在1151年将英格兰国王亨利二世召唤到巴黎，并成功地使其作为诺曼底公爵对封主法兰西国王行臣子之礼。如此这般，尽管进展缓慢，但卡佩王朝的国王们确实逐步扩大了权威。

而在此过程中，国王们自身权力的正当化就显得日益迫切了。由于原先那种靠选举产生的方式，有可能被指摘为谋权篡位，因此，除了在老国王生前就指定下任国王的做法之外，王权继承者还必须在伦理层面上为其正当性做出担保。

他们为此而采取的措施则是，强调与前王朝的血缘关系。例如，罗贝尔二世的妻子康斯坦斯的母亲阿黛拉伊德是与加洛林王朝最后的国王路易五世结婚的。这事就被大肆宣扬，充分利用。还有，腓力二世的外婆家承袭了加洛林家族的血统，因此他就被称作“卡洛里德”，被宣传成两个王室的结合体。

就这样，卡佩王朝的王统延续自法兰克王国的说法便渐渐站稳了脚跟。除此之外，王室还通过与其他有实力的家族联姻，来极力提高血统的尊贵，并采用源自东罗马帝国的腓力这个洗礼名。

在强调血统的同时，国王的加冕仪式也得到了高度的重视。卡佩王朝完全承袭了源自西法兰克国王加冕时的涂油礼。卡佩王朝的建立原本就与兰斯大主教有着千丝万缕的关系，所以自1031年亨利一世即位起，国王的加冕典礼就开始在兰斯举办。在举办加冕仪式的时候，原本存放在圣雷米大教堂的圣瓶（就是克洛维受洗时由鸽子叼来的那个瓶子）被运到了兰斯大教堂，瓶中的圣油用来完成涂油礼。而13世纪之后，甚至还流传开了这样的逸闻：圣瓶中的圣油是用不完的，即便在加冕仪式上将其全部用完之后，到下一次加冕仪式之前，依然会恢复为满瓶。

通过如此这般的加冕仪式，不仅强调了卡佩王朝源自克洛维的传承性，还强调了接受圣油洗礼的国王同时具有宗教特性的超灵力量。也就是说，法兰西国王就是上帝的代理人，拥有超越常人的神秘力量。最能体现国王这种神秘力量的，是能够治愈疾病。自从腓力一世首次触碰病人（瘰疬，即淋巴结核患者）并画上十字印后，历代法兰西国王都被认为是“能够治愈疾病的国王”，经常举办治愈仪式，借此来宣传王权的神圣性。

通常，在讲述欧洲中世纪的国家和社会时，人们会频繁使用到“封建制”这个词。而封建制又大致可以分为两种，一种是“采邑制”，另一种是“领主制”。采邑制以主君与家臣间的关系为关注对象，可从法制史的角度来理解这种权力秩序的构成；而领

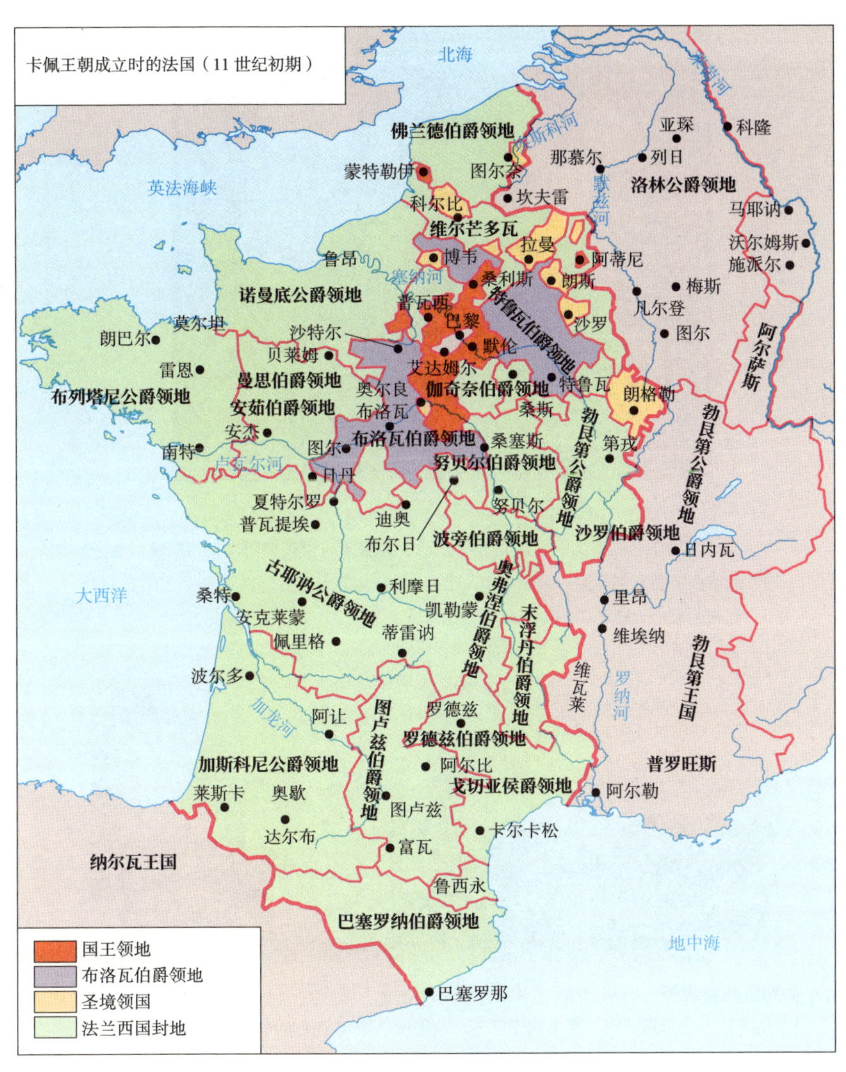

卡佩王朝建立之时，王室直接支配的领地是非常小的

腓力一世（1052—1108）

靠成圣式（加冕礼的法国式称谓）而得到保护的腓力一世被神职人员簇拥着。这一时期的卡佩王朝所能支配的领土最小，但在 1080 年之后，宫廷内的各种机构得到整顿，国王的领地也逐步得到了恢复

克吕尼修道院

1088 年，在修道院院长雨果的倡导下，法国境内掀起了大规模的教堂修建运动。克吕尼修道院长约 182 米，共有 15 个礼拜堂，是当时欧洲最大规模的教堂。这座罗马风格的美丽教堂在法国大革命中被出售并拆除

加冕仪式的圣杯（13 世纪末）

这就是历代国土在加冕仪式上所使用的圣杯，保存在兰斯大教堂内。也被称作“圣雷米的圣杯”

兰斯大教堂

现在所能看到的建筑始建于 1211 年，其中的祭坛与交叉走廊完成于 1241 年。是哥特式建筑全盛期的杰作，让人感到无比的精细与轻盈

主制则着眼于领主与农民之间的关系，从社会经济史的角度来理解这一生产方式的经济基础。关于领主制，后文还要详细论述，所以这里首先介绍一下采邑制。

在考虑中世纪的君臣关系时，首先要考虑公权力的强弱。虽说这种封建制是在领主的统治下得以实施的，可在其领地上，君主并不具备实施一元化统治的官僚体系和军事实力。当时实际拥有军事实力的是城主或领主等比君主地位更低的豪强。所谓封建制（采邑制），其实就是他们与高层权力的结合。

封建的主从关系，可从人员与物质两个方面来加以理解。人员方面的主从关系源自凯尔特人的扈从制和日耳曼人的侍从制，是指主君及其身边所形成的战士团体。而物质方面的关系则源自罗马时代的采邑制——皇帝恩赐给臣民土地或其他财物的制度。在墨洛温王朝的卡尔·马特时代，人与物这两方面的制度就被结合起来了。当时，为了与咄咄逼人的伊斯兰教势力相抗衡，王国必须组织起机动性极强的军队，尤其是大量的骑兵部队。与步兵相比，骑兵在装备和训练上的花费要高昂得多。因此，君主便没收了教会及修道院的土地，将其分给了自己的家臣。这样就形成了一个被称作“封臣”的武装团体。

通过采邑制，君主将“法统”（土地、爵位等）授予家臣，而作为报答，家臣要对君主宣誓效忠，提供军事服务。在此情形下，“分封”的形式一方面建立起了新型的主从关系，另一方面也承认了土地实际支配者的支配权。因此，对于家臣来说，既确保了自家的领地，又得到了受君主保护（防卫）的承诺，可谓一举两得。

而对于君主来说，也可借此将自己的权力延伸至该地区。与日本不同的是，在欧洲这种形式的封建关系是通过契约的形式来明确的。因此，只要有一方没有履行义务，另一方就可以终止契约。

也就是说，国王对于其私人领地在某种程度上是能够进行直接统治的，而对于其他地区，只是通过采邑制这种人际关系的纽带来实现间接统治。因此，正如“我的附庸的附庸不是我的附庸”这一法律格言所喻示的那样，国王的统治实际上并不能直达社会底层。更何况正如英格兰国王同时作为诺曼底公爵而成为法兰西国王的封臣那样，这种封建式的主从关系极为错综复杂。由此可见，在封建制的社会之中，权力是分散在各种社会势力手中的，

黑斯廷斯战役（1066）

贝叶挂毯。右图描绘了哈罗德国王被诺曼底公爵威廉一世的军队杀死的场景。诺曼底公爵是英格兰的国王，也是之后复杂的英法关系的源头

就权力秩序而言，并非中央集权制，因而极不稳定。

由于各地区封建制的实际情况并不相同，所以要了解中世纪的权力构造绝非易事。不过我们还是能够看出，通过“封建”形成互负义务的人际关系就是封建统治的基础，这也是了解中世纪权力秩序的关键。

第三章

法兰西王国的发展

腓力二世

路易七世的儿子腓力二世登基之后，卡佩王朝迎来了一个崭新的局面。在内政方面，腓力二世通过联姻和战争扩大了国王的领地。例如，通过与佛兰德伯爵侄女的联姻，他获得了作为嫁妆的阿图瓦地区；又利用佛兰德伯爵家的内讧，获得了瓦卢瓦地区；对于香槟伯爵的领地，则是钻了1210年蒂博三世猝死及幼主即位的空子，强化了王权在该地区的统治。

一种被称作“公社”的城市自治运动，也在王权统治的扩大化过程中，发挥了极大的作用。自11世纪起，随着商业活动的再度活跃，城市居民的力量大增，希望自治的市民与封地君主等城市领主势同水火，产生了严重对立。这时，腓力二世便主张王权由国王来保证，民众利益则理应由“公社”来代表，大力支持

腓力二世之诞生

1137 年即位的路易七世在很长时间内都没有子嗣，1160 年与第三任妻子香槟的阿代勒结婚之后，终于在 1165 年生下了腓力二世。该图描绘了上天将“奇迹之子”腓力二世授予路易七世夫妇的场景

这种市民自治运动。这样，王权不仅乘机渗透进了领主所统治的地盘，得到了扩展，并且作为支持“公社”运动的报偿，还从城市获得了金钱。也就是说，一方面城市特权（自治权）受到了保护，另一方面城市效忠于国王（以提供财政援助的方式），这种中世纪的国王与市民互惠互利的统治模式便得到了认可。

随着国王领地的不断扩大，其内部的行政机构也得到了整肃与改革。早在腓力一世的时代，就已经设置了被称作布莱蓬（行政代理）的国王领地管理机构，因为这是由特定家族世袭继承，所以慢慢地就趋于僵化，失去了应有的功能。为此，腓力二世引进了当时最先进的诺曼底式的行政组织，在其领地内配置了国王可以自由任免的官员——配置在北部地区的叫作巴伊（代表国王负责行政、司法的执行官），配置在南部地区的叫作塞内香儿（作用同前）。当然，这些职务后来也慢慢变成了世袭的司法官职，并一直保留到大革命为止。

在中央，腓力二世将原有的“国王会议”分切为财务部门与司法部门，使其能够有效地处理具体事务。与此同时，他将王室的财务运营全权委托给了圣殿骑士团，又于 1320 年成立了专司财务审计的审计院。而在司法方面，独立之后的司法部门后来就变成了“最高法院”。

对外，腓力二世同样留下了惊人的硕果。当时，法兰西的最大威胁就是亨利于 1154 年登上王位的安茹伯国。法国北部的安茹地区是金雀花家族的根据地，该家族的亨利伯爵与英格兰国王建立姻亲关系后，在若弗鲁瓦时代领有了诺曼底公国（1144）。他的儿子亨利在 1152 年与阿基坦公国的女公爵阿莉埃诺成为夫妻，而后者刚和路易七世离婚。通过联姻，亨利将卢瓦尔河以南的广袤土地并入了自己的领地，以至于他的实际领地超过半个法国。不仅如此，亨利又登基成为英国国王亨利二世并开创了金雀花王朝，所以他在法国的这些领地也就被置于英国国王的统治之下了。安茹帝国得以形成。

在此状况下即位的腓力二世，为了打开局面可谓竭尽全力。在亨利二世死后（1189），腓力二世又与其子理查一世（狮心王）展开一进一退的拉锯战。理查一世死后，趁着金雀花家族内讧之际，腓力二世便宣称要合法没收其弟弟约翰（“失地约翰”）在欧洲大陆几乎所有的财产（1202）。而将这种“没收”行为落到实处，并为腓力二世在欧洲真正确立牢固地位的，则是1214年的布汶战役。在此战役中，他大败英王约翰、德王奥托四世与佛兰德伯爵的联军，在拒绝了神圣罗马帝国皇帝将其作为封臣要求的同时，还获得了佛兰德伯爵的忠诚。至此，法兰西才得以以强大的姿态跃上国际政治的舞台。

在王权得到强化的同时，其政治中心也从奥尔良转移到了巴黎。自路易六世起，法国的国王就开始常住巴黎，税务和司法机构也设置于此。不仅如此，腓力二世还大力推进巴黎的城市建设。1186年，他下令改善道路状况，铺

向教堂献祭的英王亨利二世与其妻子阿莉埃诺

作为文化艺术的保护者，阿莉埃诺非常有名，同时她也将崇拜贵妇人这一法国南部阿基坦地区的传统观念，引入了法国和英国的宫殿

狮心王理查（1157—1199）

理查是亨利二世的第三个儿子，原本预定由他继承法国南部的阿基坦，但由于兄长亨利早逝，他于1189年继承了安茹帝国的所有领土

布汶战役（1214）

左侧的腓力二世（装备着百合花图案的盾牌和盔甲）与右侧的神圣罗马帝国皇帝奥托二世（手持秃鹫图案的盾牌）

设石板路，他给商人提供带屋顶的交易市场，后来又扩大规模，发展成了莱阿尔（中央批发市场）。而当时修建的城墙，部分遗迹一直保留到今天。腓力二世于 1190 年参加了第三次十字军东征，出发之际，为了防备当时已经处于战争状态的英国，他下令修筑了巴黎的城墙。这道将当时的巴黎市区团团围住的城墙，高约七米，总长度超过五公里，被围的面积约为二百七十公顷。除此之外，他还在塞纳河右岸的西端，修建了卢浮城堡（即后来的卢浮宫）。腓力二世还对塞纳河左岸当时业已有所发展的各类学校给予了较大特权（自治权），而这一政策直接导致了巴黎大学的诞生。从此，左岸就成了宗教与教育的中心，也是各地来巴黎的学生与教师的居住地，时间一久，一个拉丁区就自然形成了。

由此可见，腓力二世对于法国的发展做出了巨大贡献，他也因此获得了“尊严王”的美称。在位期间，他并没有指定“共王”，但确立了王权世袭制度。

神学教授场景

正如 1108 年左右来巴黎招收学生教授神学与哲学的阿伯拉尔那样，当时在拉丁区出现了许多私塾。这些私塾合并后，就成了后来的巴黎大学

巴黎现存的腓力二世时代的城墙

城墙下部厚 3 米，上部厚 1.9 米，每隔 60 到 80 米设置一个瞭望塔

路易九世

继其父腓力二世之遗志，继续致力于开疆拓土的是路易八世，只可惜天不假年，执政才三年就一命呜呼了。其子路易九世继位，年仅十二岁。于是，路易九世的母亲布朗什·德·加斯蒂尔便临朝摄政。一些贵族势力看到幼主即位以为有机可乘，便结成了一个反对国王的大同盟。然而，身为王太后的布朗什·德·加斯蒂尔却绝非庸碌之辈，她巧妙地挫败了香槟伯爵、布列塔尼伯爵等大诸侯，以及王叔腓力·优尔贝尔、图卢兹伯爵、英格兰国王等人的挑战，历尽艰辛，将儿子抚养成人。

成年之后的路易九世所面对的绝非太平景象，与香槟伯爵、布列塔尼伯爵及英格兰国王之间的对立状况也依然如故。在此情形之下，路易九世于 1244 年宣布加入十字军，并于四年后从地中海边的艾格－莫赫特港扬帆启程，登陆埃及。然而，十字军在 1250 年的曼苏拉之战中惨败于伊斯兰教大军，连他自己都做了俘虏，在支付高额赎金后才得以放还。

之后，路易九世滞留于阿卡（以色列北部港口城市），最后还是无功而返。

此次十字军东征之后，路易九世的内心发生了变化，他越发地虔诚精进。在私生活方面，他以质朴简约为宗旨，同时在国内保护教会利益，并给众多的修道院及医院、救济院提供捐赠。他的这种姿态也同样体现在外交方面。路易九世以维持现状为外交宗旨，致力于敌对势力间的和解与调停。当教皇派与皇帝派在德

给病人行触手礼的路易九世

这种被称作“国王抚摸，神灵救治”的仪式，在路易九世之后日益繁盛起来。1297 年路易九世的“封圣（在天主教堂中列为圣徒）”，又极大地提高了这位“能够创造奇迹之君王”的声望

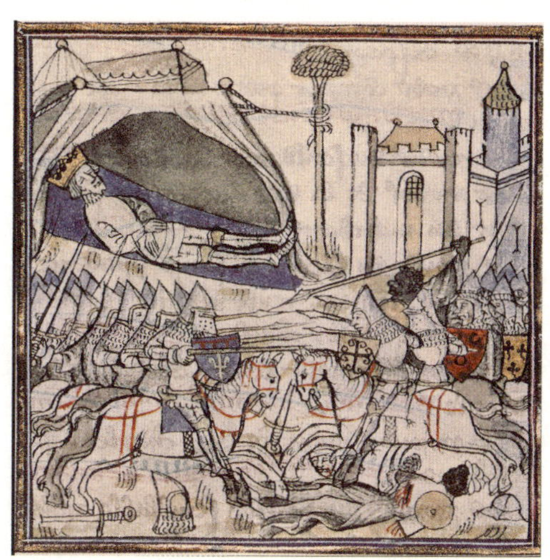

路易九世之死

国王的下方，是其军队继续进攻突尼斯的场景。路易九世死后，身体被切碎后用掺水的葡萄酒烹煮，心脏和骸骨被运回法国，收藏于圣丹尼大教堂

意志和意大利等地针锋相对，闹得剑拔弩张的当口，他则保持中立，充分发挥了欧洲调停者的作用。晚年，他再次策划了十字军远征，1270 年从艾格－莫赫特港出海后，在 7 月 18 日登陆非洲的突尼斯。

但是，他们的大军在此遭遇了鼠疫，连路易九世本人也病倒了。8 月 25 日，路易九世撒手人寰，终年五十六岁。

路易九世在位期间，也花了很大力气强化内政。他不仅在更为广阔的区域内派遣了其父所创设的巴伊和塞内香儿，还在其中央设置了独立而恒久的司法机关和审计机关。与此同时，为了稳定经济，他还确定了国家货币的标准。在巴黎，为了收藏从君士坦丁堡的君王那里买来的圣物（基督戴过的荆冠），他下令于 1241 年开始在西堤岛的王宫内建造礼拜堂。这就是采用了许许多多彩色玻璃的哥特式建造杰作——巴黎圣礼拜堂。

还有一件为路易九世统治增色不少的事件，即针对法国南部卡特里派（又称清洁派）的讨伐——阿尔比十字军远征。卡特里派持二元论的世界观，认为世界由善神和恶神共同创造，而肉眼所能看见的物质世界就是恶神创造的，全都是罪恶。其思想完全否定现世，不仅排斥基督教的教会制度，还禁止肉食和结婚。这一教派的源头是东欧的鲍格米尔派，在法国南部被称作“阿尔比的异端”，并于 1184 年在维罗纳公国的会议上被宣判为异端。

罗马教皇曾派遣西多会和多明我会的修道士前往，试图让其改宗，但由于以图卢兹伯爵为首的大小贵族公开支持卡特里派而毫无效果。

巴黎圣礼拜堂

与别的哥特式教堂相比，该教堂的规模较小，但由于采用了许多彩色玻璃而绚丽异常。然而，购置圣物的花费却远高于该教堂的建造费用

由于当时政治与宗教是密不可分的，因此对于这些贵族来说，支持卡特里派就等于在对抗与罗马教会沆瀣一气的法国国王。反过来说道理也是一样，法王讨伐卡特里派与平定同自己相对抗的法国南部贵族势力是一回事。因此，罗马教皇与法国国王可谓志同道合。于是在 1209 年，即腓力二世统治时期，罗马教廷与法国国王联合，组织“阿尔比十字军”并展开了远征。路易九世继位后的 1229 年，与图卢兹伯爵雷蒙七世缔结了《巴黎条约》。雷蒙七世将罗纳河以西的领地割让给了法国国王，

阿尔比十字军攻陷卡尔卡松（1209）

路易八世的臣子西蒙·德·孟福尔在此次攻城战中崭露头角，当上了阿尔比十字军的指挥官，于 1213 年战胜了图卢兹伯爵和阿拉贡国王的联军

阿尔比的圣－塞西勒大教堂
这座始建于13世纪的要塞风格的教堂，其实就是罗马教会在阿尔比教派根据地上建立的桥头堡。15世纪时，在教堂内部描绘了一幅巨大的，也可认为是为威吓异端，表现最后的审判的图画

这次十字军远征也就到此结束了。可是，由于雷蒙七世和英国国王加入了反对法王的同盟，1242年路易九世再度远征，并在塔耶堡之战中大败英军，后于1243年签订的《洛里斯和约》再次让雷蒙七世低头认输。这时，路易九世仍在攻击卡特里派，1244年他下令将其信徒数百人围困在蒙特塞居城堡内，最终对战争幸存者全都处以了极刑。至此，法国南部卡特里派有组织的活动终于绝迹了。

消灭卡特里派与组织十字军等众多功绩，使路易九世获得了“虔诚基督徒”的美名，他去世之后，在其孙子腓力四世的运作下，于1297年在罗马被列入了“圣徒”的行列。

腓力四世与罗马教皇的斗法

到了路易九世的孙子腓力四世的时代，卡佩王朝也得到了长足的发展。首先值得列举的是，国内有一批拥有专业知识的高级技术官僚开始崭露头角了。自王朝建立以后，在国王身边辅政的，以往都是王族、名门贵族及高级神职人员等。然而，自腓力四世时代起，一些被称作法律专家的人成了国王顾问会议的成员，并参与讨论国政。通过在大学接受法学教育和实务，这些人全都掌握了法律的专业知识。

国王根据他们的建议，通过修订国家基本法、设立国王顾问会议等手段，来推进较为客观的依法统治。这种手段也被用在针对敌对势力的政策上。他们以封建法为后盾，在婚姻、继承及领地交换等方面都以有利于法国国王的方式来实施。不仅如此，他们的工作还强化了国王权力的理论依据。这一点，在他们所宣扬的“国王的意志即法律”这一口号上得到了充分的体现。与此同时，在财务领域里，腓力四世也录用了一些巴黎的资本家和意大利的银行家等专业人士。比埃尔 · 德 · 沙龙整顿了遍布全国的税收网，比埃尔 · 德 · 拉志则对租税制度的整改做出了贡献。

腓力四世加强了王权在香槟、阿基坦和佛兰德等地的影响力，为此产生了庞大的军事费用。尽管他也实施了货币改铸等措施，但基本上是杯水车薪。1294 年，为了征集与英国开战的军费，他决定向神职人员征税。这一决定虽然得到法国国内高级神职人员会议的同意，但罗马教皇卜尼法斯八世对此表示反对，并且对立日趋白热化。1301 年，在教皇派的帕米埃主教伯纳德・塞塞遭逮捕之后，教皇便纠集了法国一些强调教权的教皇派成员大造舆论，提出国王若不服从公会议（天主教的世界性会议）的决定就应该退位。对此，腓力四世于 1302 年召开了全国性的三级会议，统一了包括神职人员在内的国内意见，决定限制罗马教皇的人身自由。为此，法律专家之一的吉约姆・德・诺加莱就奉命于 9 月 7 日突袭了去罗马近郊阿纳尼避暑的罗马教皇，并将其逮捕。虽说后来罗马教皇很快就被释放，可他还是在一个月之后被气死了。新任教皇本尼迪克特十一世，不仅推翻了前任教皇所有针对法国国王的责难，还赦免了相关人员。至此，法国国王可谓大获全胜。

而随着事态的继续发酵，最终发生了被后世称为“阿维尼翁之囚”的事件。本尼迪克特十一世去世之后并没有马上选出新任教皇，后在腓力四世的推波助澜下，法国出身的波尔多大主教波尔多达・德・公才于 1305 年作为克莱门斯五世继任教皇。当时，意大利境内圭尔夫党（Guelfi，又称教皇派）和吉伯林党（Ghibellini，又名皇帝派）之间对立日益严重，于是克莱门斯五世便逃出了政局不稳的意大利，于 1309 年将罗马教廷移到了法国南部的阿维尼翁。在之后的七十年间，罗马教廷就一直设在此地，教皇与红衣主教（罗马教皇的高级顾问，又称“枢机主教”）总共才七人，而其中的大多数都被法国南部出身的神职人员占据了。

这一事件象征着作为普世权威的教皇势力的衰微，而国王在国内掌握了宗教问题的主动权。经过“阿维尼翁之囚”后的教会大分裂，教皇的权威江河日下。而这一事件对于法国来说，不仅排除了教皇的影响力，同时志在取得独立地位的法国天主教也在法王统治下提出了“教会自主论”。

另一件能够显示王权伸张的是圣殿骑士团事件。1118 年，为了保护耶路撒冷的朝圣者，圣殿骑士团成立，由十字军中的骑士所组成。因为他们曾经在耶路撒冷所罗门王建造的神殿旁宿营过，故被称作圣殿骑士团。该骑士团在 1140 年将总部转移到了巴黎。由于得到了基督教诸侯的援助和普通信徒的捐赠，以及因保护朝圣者而附带开展的国际金融业务，骑士团积累起了巨大的财富。

正因为有如此财富为背景，所以法国王室的财务曾全权委托圣殿骑士团来掌管运营。然而，腓力四世在 1307 年突然命令吉约姆・德・诺加莱，以异端与渎神的罪名在法国全境逮捕圣殿骑士团成员，并于翌年在图尔召开的三级会议上判决其有罪，甚至在 1310 年将其中五十四人判处了火刑。

由于圣殿骑士团是直属于罗马教皇的，要将其取缔必须得到罗马教皇的许可。教皇克莱门斯五世于 1312 年同意取缔圣殿骑士团，1314 年圣殿骑士团团长雅克・德・莫莱被处以极刑。至此，圣殿骑士团被全部消灭。关于镇压圣殿骑士团的原因，历来众说纷纭，莫衷一是，而其结果则是国王通过审计院完全控制了国家的财政。

阿维尼翁的罗马教廷

仅用了二十年的工夫，就建造起了教皇宫殿的主要部分。作为拍摄地点的大桥，就是被歌曲《在阿维尼翁的大桥》广为传唱的圣·贝内泽桥

圣殿骑士团团长雅克·德·莫莱

1314 年，在巴黎的西堤岛被处以火刑。左侧俯视者，即为国王腓力四世

召开咨询会议的腓力四世

从该图中可以看出类似之后全国三级会议的统治模式，以合议治国

社会变化

能够反映欧洲中世纪农业生产和对农民的统治状况的，就是所谓的领主制。5 世纪时法国北部的高卢地区，由罗马人引入的大庄园已经消失，农民都以小规模经营为主。关于这一时期农业生产方式及之后的变化过程和原因，有各种各样的见解，但在 7 世纪之后，随着领主的出现，大领地就逐渐形成了。

领主层的形成与贵族势力的兴起相同步。在当时，那些执掌了地区权力的领主，一方面统治、保护本地区的居民，另一方面又作为贵族与更高的权力相勾结，并在法国的内政中发挥着作用。

加洛林王朝时期形成的领地，一般被称为“古典庄园”。在古典庄园里，存在着两种土地模式：领主自营地和农民的自由领有地。前者是由奴隶耕种的，后者则由住在附近的自由农民通过支付地租的方式进行耕种。这些农民每户都领有宅基地、菜园、耕地（自由领有地），并予以小规模的独立经营。然而，在古典庄园成立后，随着领主统治（保护）的加强，这些农民对于领主的隶属度也日益强化了，后来其身份就落到了“农奴”的地步。在古典庄园制下，为了向领主上缴租税，农民需在领主自营地里劳役，且十分沉重，多达每周三天，并且具有“不定量、不定期”的性质，对农民的自主经营造成了极大损害。

10 世纪以后，王国的中央统治力日趋衰弱，而结果就是，肩负着公共权力的领主阶层将中央授予的统治权（处罚权）用到了私人领地的范畴，形成了以领主府邸为中心二十公里范围内的领主处罚支配权。

自 11 世纪后半叶起，法国人口出现了显著增加，而在 13 世纪的一百年间，总人口已经是之前的 2.5 倍，达到了 2000 万人左右。支持人口得以如此速度增长的，就是中世纪的农业革命，主要表现在荒地开垦和农业技术的进步。

荒地开垦是从 11 世纪的森林开垦开始的，至 12 世纪达到顶峰。之后，对湿地和沼泽的围垦比重就逐渐加大，并一直持续到了 13 世纪末。

农业技术的革新是从 11 世纪正式开始的，首先取得长足进步的是对风车、水车的利用，以及以铁产量提升为背景的铁制农具的普及。农具之中最重要的是用牛或马来牵引的重轮犁。

用重轮犁耕种的场景

车轮后面装有耕出田垄的犁刀和刮土板。由于如此庞大的装置在掉头时翻耕不到的地方很大，所以耕地都成了下一页所示的狭长条了

这种犁能通过安装在前轮上的犁刀对土地进行深耕，同时又能通过后面的犁刃和刮土板形成田垄，这样便有利于植物更好地扎根，增加农作物产量。与此同时，法国还在12世纪引进了一种名为“三圃制”（亦称“三田制”“三区轮作制”）的耕种方式。所谓三圃制，实际上就是在原先的二圃制（每年轮番进行麦子耕种与休耕的方式）基础上，再加上夏麦（燕麦或大麦）耕种，使其与冬麦（小麦或黑麦）耕种、休耕（放牧）实现在三年内依次轮换的耕种方式。这样，收获的夏麦有利于家畜饲养数量的增加；在休耕地上的放牧也有利于地力的恢复，提高耕种时的产量。至

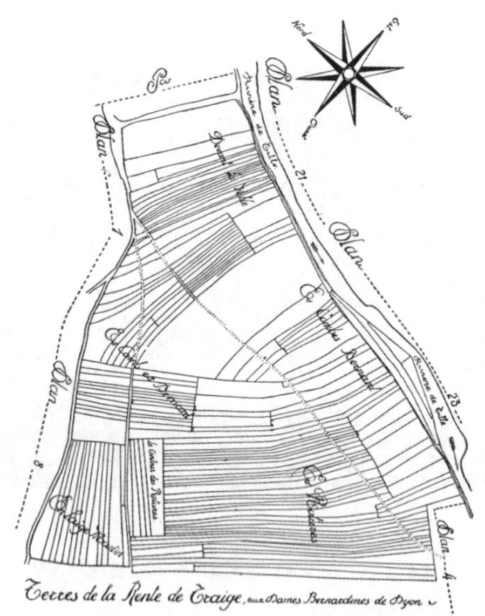

开放的长方形耕地

各个地块都是个人的自由领有地，这些土地聚集起来后就形成了耕地区。所谓“开放”，是指土地并未被围死，以利于放牧

于产量具体增加了多少，存在多种说法，但一般认为在法国北部，播种一粒小麦在六七世纪时只能收获三粒左右，而到了 14 世纪，就接近于收获十粒左右的水平了。

招徕外地农民移居新开垦的土地，以及农业生产力的提高，导致小规模经营的自有农民阶层扩大，与此同时，农民相对于领主的隶属程度则日益降低了。而这一现象又导致劳役的大幅减少与租税方式的变化。就劳役赋税而言，在法国中北部，11 世纪后半叶约为每年三十天左右，到了 12 世纪就变成每年七天了，在法国南部则天数更少。再后来，农民便以自由领有地上的部分收成来取代劳役赋税。土地的租税也发生了很大的变化，起初是按收成比例缴付的，之后渐渐变成了定额，到了 14 世纪则终于货币化了。就这样，随着货币经济的发展，自有农民阶层的经营自主化倾向也越来越显著。

然而，这不代表着农民摆脱了领主的统治并获得自由。劳役减少确实成了将农民从奴隶性质的隶属关系中解放出来的契机，但领主的统治只是变成以土地为媒介的方式而已（统治的物化），其领地上农民的身份依然是农奴。农民们必须上缴人头税、领地外婚姻税、死亡税等强制性的租税，人的迁移和土地的转让受到严格限制。也就是说，就人格意义而言，农民依旧受到领主的严格统治。在此之后，虽说也有部分农民获得解放，摆脱了这种农奴身份，但要说农奴制的全面废除，还有待法国大革命的爆发。

与农业生产和领主制变化密切相关的，是村落共同体的出现。

其原因是多方面的，而首要原因无疑是农业生产改变引发的。

三圃制的生产方式是以集体劳作为前提的。由于要在休耕地上进行放牧及使用大型的农业机械，就必须要有较为广阔的土地，因此，原先散落在村内各处的自有土地被集中起来，成为一块块的耕地区，并以此为单位进行耕种。正因为这样，栽种什么作物就不能由个人决定了。与此同时，由于必须进行放牧的缘故，自家的耕地也不允许圈起来了。与放牧相关的公共用地使用规则，实施轮作与放牧相结合的三圃制农业生产所必

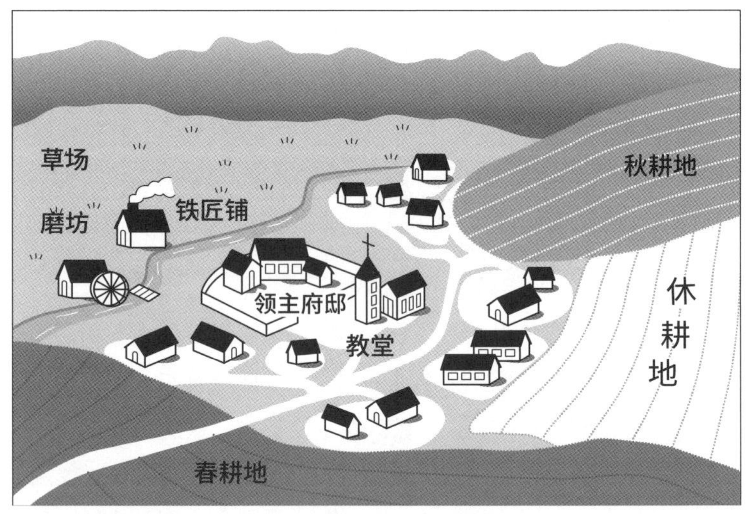

欧洲中世纪的农村

这是一幅模式图，而作为耕作单位的耕地区其实是有好多块的。农民的自由领有地分散在村落内，具有分散遭受野兽侵袭及气候影响风险的意义（绘图：小野寺美惠）

需的各种规则逐渐变得不可或缺，所以形成了对此进行管理的村落共同体。

作为格雷戈里的改革成果，自 10 世纪以后，农村的基督教组织日益完善。这就是天主教最基层的管区——“小教区”。渐渐地，教区领域与“村落”合二为一。到了 12 世纪，出现了表示村民团体的词语，以当时业已完成的圣堂（教堂）为中心的村落趋于集中，逐渐形成了村落共同体。

在这种村落共同体中，尽管村民的“自由与自治”是受到保护的，但也并不意味着脱离领主统治的独立，而是与领主维持着某种关系。例如，作为领主处罚权的体现，领主拥有审判权，但从 12 世纪初开始，一些长老或地方实力派人士便作为村落共同体的代表参与审判了。对于村落共同体而言，这是表明自身主张的机会，而对于领主来说，也能借此获得审判的正当性。后来领主甚至还将部分权限委托给村里的一些名士耆宿，让他们直接处理一些尚不到“审判”级别的轻罪或低层次的民事纠纷。与此同时，村落管理也由被称作“埃秀伐”和“朱莱”的农民陪审员与领主代理人共同实施。事实上，从领主征税的角度来说，这种通过共同体来进行分配并实际征收的方式是必不可少的。甚至可以说，正是有了这种共同体的“自治”，领主的统治才能得以实现。这也可以被视为在权力尚未直达基层末端状态下，互相承担义务性质上的统治与被统治的一个实例。

修剪葡萄藤（3 月）

收割小麦（7 月）

酿造葡萄酒（9 月）

杀猪（12 月）

基督教与哥特式艺术

自 11 世纪以后，虽说基督教已经渗透到了农村，但在此过程中发挥了巨大作用的，其实是“玛利亚信仰”。正如前面已经提及的那样，基督教在早期传播时，引进了“圣徒崇拜”的方式，主动迎合了基于罗马人和高卢人的多神教世界观，而“玛利亚崇拜”也正是这种做法的延伸。

其实，福音书中有关基督的母亲玛利亚的记述，也仅限于“处女怀胎”和“受胎告知”的程度，可见其最初的受关注程度并不高。可后来，作为“神的母亲”，玛利亚的地位开始不断提高。在 431 年的以弗所公会议（天主教的世界性会议）上，玛利亚被称作“圣母”（神的母亲），而“玛利亚信仰”也率先在东方世界传播开来。在西欧，“玛利亚信仰”是随着 11 世纪以后玛利亚的“神格化”才正式得以普及的。基督教声称，玛利亚在“无染原罪”的状况下（处女怀胎）生下基督，她死后尸体在墓中并没有腐烂且被天使带上了天堂。基于声明的前半部分，在 11 世纪时出现了“圣母无染原罪始胎节”（12 月 8 日）；而基于声明的后半部分，在 12 世纪时出现了“圣玛利亚升天节”（8 月 15 日），并予以庆祝，圣母圣子像也自此开始被大量制作出来。

对于一神教的基督教来说，玛利亚虽然并不是神，却是一位生下了神并带有几分“神性”的人物。她能将信徒的心愿传达给神，因此也就超越了其他的圣徒而身居最高地位了。除此之外，基督教在面向农村传播时，圣母玛利亚之所以能够发挥巨大作用，还在于她和民众原有的地母神信仰相结合的缘故。生下了基督的玛利亚是母亲，即“丰饶”的象征，在法国她被称作“我们的贵妇人（Notre-Dame）”，似乎也同样显示了她与母性信仰的关系。

无独有偶，除了“玛利亚崇拜”之外，这一时期另一个极为兴盛的现象是朝圣。朝圣者离开故乡后，会去弗泽莱朝拜抹大拉的玛利亚（《圣经》中另一重要人物）的遗骨或去图尔朝拜圣马丁的坟墓。诸如此类，他们一路上朝拜各种各样的圣物，最后直达罗马或西班牙的圣地亚哥·德·孔波斯特拉。这种朝圣活动一方面能够使人重新认识与神之间的关联，从而强化宗教信仰；另一方面对民众来说，也是一种现实祈愿的行为。

圣母圣子像（桑利斯 巴黎圣母院）

在一些强调玛利亚崇拜的异教起源的研究者之中，有人主张圣母圣子像的源流可追溯到古埃及，认为其形象源自怀抱着幼儿姿态之荷鲁斯（埃及神话中的天空之神）的母亲伊希斯（埃及神话中的再生女神）

由此可见，宗教改革之前的基督教，随着其在多神教世界中的推广普及，比起来世拯救更加偏向于治愈疾病等现世功利，且带有较强的宗教折中主义色彩。

这一时期的法国还建造了巨大的哥特式教堂。与农村的礼拜堂建筑相对应，由于受到了商业活动的影响，城市开始将原有教堂改建为规模大得多的新型教堂。而这时采用的式样就是所谓的“哥特式”。哥特式原本就是“哥特人”风格的意思，让人联想到野蛮人。在文艺复兴时期，这是个蔑称，在今天却成了评价中世纪精神世界的典型艺术样式。

哥特式艺术的精髓就在于教堂建筑，而这种建筑风格与之前的罗马式教堂大不一样。

一般认为哥特式教堂的特色就是对高度的追求，而这一点其实是在发明了飞扶壁这种结构方式后才得以实现的。之前的罗马式教堂依靠多重圆拱朝外侧抑制其重力，而哥特式建筑则是通过从外墙上部斜向下降的多个圆拱来控制朝外的重力，能实现这一点的就是飞扶壁。通过它就能减小作用于墙壁的力，从而建造出更高的建筑来。与此同时，也能将门窗等开口部位做得较大。在这些开口部位通常都会镶嵌表现《圣经》场景的彩色玻璃。

法国最早出现的哥特式教堂，是在1130年开始改建的圣丹尼修道院。之后直到13世纪，境内才建起了为数众多的哥特式教堂。法国北部哥特式教堂的特征是，朝西取一很大的正面，并在正中央配置一个称作“玫瑰窗”的圆形窗户。南北两侧建有钟塔与正面相连。正面的大门一般有三个，大门上方的门楣和拱门缘饰上配置了《圣经》题材的装饰图案。教堂内部以供神职人员举行仪式的祭坛和容纳普通信徒的主廊为中心，两侧配置小礼拜堂。

教堂的外侧通常设置许多取材于《圣经·旧约》的王、天使、圣徒及兼作排水设施的怪兽雕像。

哥特式教堂十分重视这种雕像、彩色玻璃窗及教堂本身的高度等可见要素。这些要素在向人们传播肉眼看不见的教义方面发挥了很大的作用。还有，如同重视玛利亚形象及雕像的写实性那样，比起罗马式艺术，哥特式艺术更具人情味，更直接地呈现在人们眼前。这一点在基督教的广泛普及过程中，恐怕也起到了十分巨大的作用。

（具有排水功能的）怪兽雕像

为了使外墙不受到雨水的侵蚀，安装了这种能够在离外墙较远处排出雨沟积水的装置。中世纪的雕塑家为此而塑造的狗、狮子等动物造型及现实世界中并不存在的怪物，现在成了观光客眼里饶有趣味的景致

除此之外，正如许多哥特式教堂都叫作圣母院那样，这种祭拜圣母玛利亚的形式很好地推动了传教。例如，巴黎圣母院的前身是一座建于 4 世纪祭拜圣艾蒂安（即最早的殉教者，又名圣斯蒂芬）的教堂，是巴黎大主教莫里斯·德·苏利下令将其改建并于 1163 年进行动工的。就这样，以巴黎为中心，后来努瓦永、桑利斯、拉昂、沙特尔、兰斯、亚眠、第戎、斯特拉斯堡等多个城市都将教堂改建为圣母院。由此，我们可以看出“玛利亚信仰”在法国的影响之大。

巴黎圣母院的朝东一侧

该教堂始建于 1163 年，14 世纪时，其规模、造型已经与今天人们所看到的十分接近。由于飞扶壁承受了落在墙壁上的重量，故而能将整个教堂建造得既高大又精细

圣塞尔南教堂（图卢兹）

这个始建于 1080 年的教堂，是法国现存最大级别的罗马式教堂。由于是靠墙壁承重的，所以其窗户都比较小

圣丹尼大教堂

由于这是早期的哥特式教堂，正面中央的玫瑰窗还比较小。左侧的钟楼在 19 世纪的大火中烧毁了。该教堂的地下，是历代法国国王的坟墓

兰斯大教堂上的微笑天使像

正如该像所代表的那样，尽管哥特式艺术曾被蔑称为“野蛮的哥特风格”，但其实已经充满了人情味

第四章

百年战争与瓦卢瓦王朝

百年战争

取得辉煌业绩的腓力四世去世之后，巨大的危机便悄然降临到了卡佩家族的头上。腓力四世的儿子路易十世继位两年就匆匆离世，而王妃刚产下的男孩（约翰一世）竟也在五天后夭折了。路易十世的弟弟腓力五世于 1316 年继位，但也在六年后一命呜呼，并且没有留下子嗣。之后继位的是路易十世最小的弟弟查理四世，1328 年他撒手人寰，也没有留下男性继承人。到了如此地步，长达 341 年的卡佩王朝就快走向尽头。

这时，查理四世的王妃正怀有身孕，便由瓦卢瓦伯爵腓力临朝摄政，等待王妃生下一个男孩来即位。可事与愿违，出生的是个女孩。于是大臣会议决定，通过选举产生新的国王，瓦卢瓦伯爵腓力众望所归，作为腓力六世而身登大宝。瓦卢瓦地区在巴黎的北面，起初是腓力四世的弟弟查理获得了该领地，并被封为瓦卢瓦伯爵，该家族即由此发端。腓力六世是查理的儿子，也是腓力四世的侄子。

然而，腓力六世登基之后，英法两国之间的关系陡然紧张了起来。

当时的英国国王是爱德华三世。其父爱德华二世娶了腓力四世的女儿伊莎贝尔，这意味着爱德华三世的身上也延续着卡佩王朝的血统。虽然爱德华三世于 1329 年在亚眠对腓力六世行了臣

卡塞尔之战（1329）

这就是描述了腓力六世镇压佛兰德各城市反叛之“卡塞尔之战”的《法兰西大编年史》（15 世纪）。书中认为，腓力六世正是因此次战役的胜利而使他的王位确立了正统的神圣意义

服礼，但由于法国公然支持他久攻不克的苏格兰，他以吉耶纳大公的身份拥有法国国内的领土（阿基坦地区），对法国西南部的领土也怀有野心，从而导致英法两国关系的恶化。1337 年，腓力六世想要没收加斯科尼，而爱德华三世对此不能接受，于同年 10 月撤销了对腓力六世的臣服礼，并以法国国王继承者的名义向腓力六世宣战。

法国的优势原本在于其领土的广袤，但国内的各种势力并不统一。于是爱德华三世便联合了佛兰德地区的多个城市，并介入布列塔尼公爵家的继承问题，成功地在布列塔尼地区布置了军队。1346 年，爱德华三世在诺曼底登陆，与从自己的领地阿基坦出发的儿子"黑太子"爱德华合兵一处，在克雷西与法军展开大战。此次战役中，英军的长弓队大显神威，将法军打得落花流水。英军继续进攻，于第二年占领了加莱，但仍难以取得决定性的胜利。

克雷西之战

在百年战争期间，英国军队射速为之前三倍的长弓让法军吃尽了苦头

1350年腓力六世去世，约翰二世继位成为法国国王，可他在1356年的“普瓦提埃之战”中一败涂地，自己也做了俘虏，被英军带回伦敦幽禁了起来。这时作为国王代理的是王子查理（即后来的查理五世）。他在1358年平定了艾田·马赛的“巴黎革命”和“扎克雷之乱”后，于1360年与英国讲和，签订了《布雷蒂尼－加莱条约》。1364年，因赎金问题而被幽禁的约翰二世在伦敦去世后，查理就即位了。

早在查理五世登基之前，为了筹措战争军费和父亲的赎金，他就实施了货币改铸和新增税收的财政措施。其中，税制改革尤为重要。在此过程中，他引入了作为直接税而对每个个人征收的户头税；作为间接税征收的消费税及针对食盐生产和销售

“好心人”约翰二世（1319—1364）

此画绘制于1358年。一般认为宫廷里开始绘制君主的肖像是受意大利文艺复兴的影响，并体现了对个人的重视

而征收的盐税等税项，建立起了日后支撑法国财政的税务制度。

因此，查理五世也称作“税收之父”。

1380 年查理五世去世之后，继承王位的是他才十二岁的儿子查理六世。查理六世患有神经性疾病，在 1392 年时精神完全失常。因此，朝政被他的四个叔伯把持着。到了 1400 年前后，这位国王几乎形同虚设，作为其监护人的表兄勃艮第大公（“无畏公”约翰）与国王的弟弟奥尔良公爵之间的关系也发展到了势不两立、形同水火的地步。1407 年，勃艮第大公竟然派人暗杀了奥尔良公爵。由此，“无畏公”约翰的势力得到进一步的发展。

这一时期的勃艮第家

约翰二世被俘

在 1356 年的普瓦提埃战役中，约翰成了“黑太子”爱德华的俘虏，根据《布雷蒂尼 - 加莱条约》以支付巨额赎金为条件，曾一度被释放。但由于法国仅支付了部分赎金，他又被带回伦敦并死在了该地

艾田·马赛（1315—1358）

艾田·马赛是巴黎豪族，大毛纺商人的后代，1355 年成为商人领袖，1357 年反抗国王政府，要求行政改革和强化议会职能。但在第二年，他因族人背叛而被暗杀。作为争取巴黎城市自由的著名人物，他的铜像被安放在了市政厅旁

族，是以查理五世的弟弟腓力（“大胆公”）于1363年被授予公爵，并拥有勃艮第地区为起源的。“大胆公”腓力于1384年同佛兰德女伯爵玛格丽特结婚，取得了佛兰德地区的统治权，而继承了其广袤领地的“无畏公”约翰又进一步扩大了势力范围。与此相对应的是，法国南部的贵族势力团结在了阿尔马尼亚克伯爵（即被暗杀的奥尔良公爵的岳父）身边。如此这般，到了15世纪初，法国的贵族们就分成了南部的阿尔马尼亚克派和东北部的勃艮第派两大阵营，双方剑拔弩张，将国内局势搞得一塌糊涂。

1364年5月19日在兰斯举办加冕礼时的查理五世

围绕在国王身边的十二位大诸侯，让人联想起查理曼的十二骑士。国王右手持握查理曼的手杖，表示法国国王是查理曼的继承者

查理六世（1368—1422）

1392年8月5日，他在前往勃艮第的路上，走到勒芒的树林里时突然发起疯来。他拔剑欲刺弟弟奥尔良公爵路易，结果杀死了四名随从

查理曼雕像

查理五世在举行加冕礼时所用的手杖上部

（卢浮宫美术馆收藏）

“无畏公”查理之棺

勃艮第家族的始祖“大胆公”腓力于1383年在勃艮第的首都第戎建造了尚波利翁修道院，作为勃艮第家族的墓地。“无畏公”约翰的棺材也安放在里面。但在大革命中该棺材遭到破坏，现在第戎美术馆里展出的是其复原品

“无畏公”查理之塔

勃艮第公爵曾在巴黎拥有巨大的豪宅，其塔楼部分一直残留到今天。这座被称作“无畏公约翰之塔”的建筑，如今已成了中世纪历史的博物馆

这一时期英国王位转移到了兰开斯特家族手中，其第二代家主亨利五世即位之后，便在1414年要求法王归还以前被征服的土地（阿基坦、诺曼底、安茹等地），并希望获得法国王位。第二年，他率军登陆诺曼底。10月，亨利五世与以阿尔马尼亚克派为主体的法军大战于阿金库尔，法军战败。由此，阿尔马尼亚克派的势力大减并离开了巴黎，而“无畏公”约翰的勃艮第派则趁机进入巴黎，掌握了大权。可到了1419年，“无畏公”约翰也惨遭暗杀，掌权的“善良公”腓力确信是王子查理（即后来的查理七世）在背后策划的暗杀行动，便于1420年与亨利五世缔结了《特鲁瓦和约》，并建立了同盟。

根据该同盟，查理六世的女儿凯瑟琳公主嫁给了亨利五世，并将他们所生的儿子亨利确定为法国国王的继承人。

1422年8月，亨利五世去世，10月，查理六世去世。于是，身处劣势的阿尔马尼亚克派的王子查理，便于10月30日宣告即位，是为查理七世，而亨利六世于同月登上了“英格兰与法兰西之王”的宝座。这时，查理七世居住在法国中部的布尔日，等待着东山再起、卷土重来的机会，这种胶着的状态一连持续了好多年。然而，到了1428年，阿尔马尼亚克派的大本营奥尔良被包围之后，却发生了一件令战场风云突变的事件，即圣女贞德登上了历史舞台。

1429年3月，一位声称是神的使者的少女，谒见了正滞留在什农城的查理七世。查理七世对她所说的“上帝命令我来解放奥尔良，并给王子（查理七世）在兰斯举行加冕仪式”深信不疑，并提供军队任她指挥。贞德随即奔赴奥尔良，于4月29日进入该城与守城军队会合，而后出城攻击。5月8日，她率军赶跑了英军，奥尔良解放。之后，紧随英军穷追猛打的查理军队又在6月的帕提战役中大获全胜。在贞德的催促下，查理七世终于在兰斯举行了加冕仪式。

然而在此之后，贞德与查理七世的命运就可谓天壤之别了。1429年，贞德在率军攻打勃艮第派占领下的巴黎时吃了败仗，并在第二年的贡比涅之战中做了俘虏。1431年，她在鲁昂被英军处以火刑。与此相反，查理七世却是吉星高照，顺风顺水。就在贞德被烧死的同一年，两派人马达成停战协议，紧接着，查理七世又展开外交攻势，试图将勃艮第公爵拉入自家阵营，并于1435年以《阿拉斯和约》的方式取得了成功。之后，查理七世便将重点转移到抗击英军上来，并于1436年收复了巴黎，而后又通过1450年的福尔米尼战役与1453年的卡斯蒂永战役所取得的辉煌胜利，成功将英军驱逐出了除加莱之外的欧洲大陆。

兰斯大教堂中的圣女贞德雕像

这是1889年波尔·迪布瓦雕塑的作品。平反昭雪之后，圣女贞德一度被人遗忘，直到19世纪编撰《国民故事》时，才再次受到重视

来到什农城谒见查理的贞德

这是贞德被处火刑不久之后，在瑞士的德语地区编织而成的壁毯。由此可知，圣女贞德的故事当时就在欧洲广为传颂了

查理七世（1403—1461）

尽管查理七世于1422年就宣告即位了，可在阿尔马尼亚克派之外，仍被称为王子或“布尔日之王”，不承认其正式即位

奥尔良攻防战（1429 年 5 月 8 日）

该画表现了查理七世的军队攻入城内时的景象。圣女贞德尽管肘部受伤，依然在鼓舞着士气

被处刑的贞德（15 世纪后期的绘画）

圣女贞德被作为异端处以火刑，后来教会又为她平反，于 1456 年宣布撤销她作为异端的罪名

成长为现代国家的胎动

终结了百年战争的15世纪，对于法国来说是一个重要的转型期。早在腓力二世时代就已经开始了的国内统治机构改革，得以在全国范围内全面开展。例如，将国王会议拆分为最高法院和审计院的工作，是早在13世纪路易九世的治下就已经完成了的，而到15世纪之后又得到进一步深入和普及。最高法院设置于图卢兹、格勒诺布尔、第戎、波尔多等地；审计院则推行到了格勒诺布尔、第戎、安茹等新征服的地区。还有，像“巴伊”“塞内香儿”这样的职司征税和司法的官员的人数也大为增多，并被配置到更多地区。前面我们已经提及，在查理五世统治下，就已经形成了后来那种税务制度的基本形态，这其实反映了国王自臣民那里收取金钱从依靠人际关系的临时“捐款”，向固定征收“税金”的转变。

在军事制度方面，这一时期也发生了重大改变。对中世纪的国家来说，军队并不是一直存在的，往往是等到战争爆发后，国王再根据封建制度的兵役义务，要求封臣提供军事服务并据此编成军队。因此，中世纪的军队基本上是以贵族为中心，在战争爆发之际临时集结而成的。这样的军队与其说是国家的军队，还不如说是私人军队的组合。正像百年战争中就十分典型地显示出的那样，贵族之间的对立会引发内战，而因联姻等因素导致主从关系发生变化后，军事形势也会风云突变。为了排除这些影响，国王有时也使用雇佣军，但在战事结束及解雇后，军人演变为盗贼的问题仍让人头痛不已。因此，查理七世创建了最早的常备军。根据1445年的国王命令，他创建了一支被称作“敕令队”的骑兵队伍，共有十五个中队（共有九千人）。而在1448年，又下令组建了以地方防御和维持治安为目的的弓箭部队（约有八千人）。之后，又于1449年设立了两千人左右的长枪队。这些常备军直属于宫内府，是皇家的“私人军队”。虽然常备军的设立并不能立刻导致贵族军事力量的解体，但至少表明在军事制度上正在不断脱离中世纪的框架。

除此之外，腓力四世为了与教皇对抗而创立的全国三级会议，也发展成了王权与居民代表展开协商的机构，并在1484年确立了由神职人员、贵族及平民（第三等级）这三个阶层代表所组成的模式。

以上所述的统治机构的改革，有时也被人称为是王政的“机构化”。也就是说，以这个时期为分界，国家的统治开始由原先直接的、个人化的、家长式的国王与臣民的关系，改变成物质性的、制度化的管理模式。

发生在15世纪的另一个重大变化是领主封地的废除。在13世纪之前，卡佩王朝的各个国王根据封建法统和婚姻政策，建立起与领主之间的君臣化关系，其领地也成了国王的领地。而这种崭新形式的领地又通过“亲王领地”的方式赏赐给王族。但在日后，这却反倒使王权受到威胁。由于亲王们不必对国王宣誓效忠，其独立性不断增强，经常出现臣属于别国国王而与法王发生利害冲突的问题。勃艮第公国的情况就是一个十分典型的例子。

到了 15 世纪末期，这种制度终于被废除了。香槟伯爵的领地一度归腓力四世所有，而在路易十世去世后，继承问题便频频发生。可是，瓦卢瓦王朝的查理四世即位时，他的母亲、女继承人珍妮放弃了该权利，于是该地就被并入了国王领地。

而曾经是法国最大威胁的勃艮第公国，是由查理七世的儿子路易十一摆平的。1461 年，路易十一即位后，便实行了使贵族臣属于自己的强制性手段，加强对贵族们的统治。此举自然激起了贵族们的不满，他们纷纷聚集在勃艮第公爵“大胆公”查理的周围予以抵抗。然而，人称“万能蜘蛛”的路易十一纵横捭阖，极尽权谋术策之能事，在南锡之战中打得“大胆公”查理公爵一败涂地。从此，勃艮第公国就开始分崩离析。除此之外，路易十一也同样施展手腕，使安茹、曼恩及普罗旺斯统统并入了国王领地，最后只剩下布列塔尼公国仍为领主领地。1491 年，查理八世觊觎其领地，以几近强迫的方式娶了布列塔尼的女公爵安妮。可是，他在 1498 年就暴毙了。然而，为了获得布列塔尼公国的土地，奥尔良家族的路易十二在继位后竟毅然与妻子（路易十一的女儿珍妮）离婚并立刻与安妮再婚。直到路易与安妮的女儿克劳德嫁给了后来的弗朗索瓦一世，布列塔尼公国才终于回到法国的怀抱。

百年战争对于法国的对外关系也产生了巨大影响。在战争结束时，除了加莱以外，英国丧失了在欧洲大陆上的所有领地，这标志着英王不再以法王封臣的身份在欧洲大陆拥有领土，或者说两国之间的封建隶属关系已经不复存在。从这个意义上来说，百

路易十二与安妮·德·布列塔尼女公爵的墓地

棺材上方塑有两人的雕像

加莱

加莱面临英吉利海峡，是极佳的贸易据点。1347 年被英国占领，也是百年战争之后英国在欧洲大陆的唯一领地。1558 年被吉斯公爵弗朗索瓦占领后，成为法国领地

年战争就不仅仅是一场王位争夺战，同时也是一场消除了国家之间原本封建制（采邑制）关系的战争。可以想见，倘若英国在此次战争中获胜的话，或许就会吞并法国的领地，创造一个统治英法两地的安茹帝国了吧。不管怎么说，百年战争之后，英法两国就作为两个独立的国家各自迈开了前进的步伐。

战争胜利和领主领地的消灭，充分显示了一元化统治这种现代国家理念的优越性。虽说这一理念的确立还必须再等上三百多年，但对于西欧各国的历史进程来说，15 世纪仍是一个关键的转型期。这一点确切无疑。

封建制度的危机

14、15 世纪，也是个充满危机的时代。百年战争对经济所造成的破坏自不待言，1310 年代与 1370 年代的荒年，也导致了大饥荒。最为著名的，恐怕还得数始于 1347 年的黑死病疫情。

黑死病是鼠疫的一种，根据现今的研究，它发源自西伯利亚，经由丝绸之路传播到西方，当黑海沿岸的热那亚船队于 1347 年初秋进入西西里岛的墨西拿海港后，黑死病也就此登陆欧洲。

在法国，黑死病是由马赛传入并沿着罗纳河一路传播的。与此同时，通过海路交通，黑死病也在诺曼底登陆，并于第二年在法国全境爆发。同时代的傅华萨在其编著的《编年史》中记述，约有总人口的三分之一死于黑死病，一般认为该数字是可信的。

黑死病之所以造成人口的大量减少，其实是有 14 世纪社会背景的。始于 11 世纪的土地开垦运动在这一时期走到了尽头，耕地扩大的速度跟不上人口增长的速度。过度耕种造成土地的贫瘠，人口过剩又导致普遍性营养不良，其结果就是对疾病的抵抗力大为降低，造成黑死病大规模传播。事实上在近代以前，正如贵族平均寿命普遍高于农民，营养状况对于人口数量的变动有着极大影响。

在黑死病流行之前，国王通过扩大审判权及雇佣带薪士兵等手段，王权就开始不断蚕食领主特权，从而导致领主经济基础的衰弱。而黑死病带来人口变动方面的危机，又造成劳动力不足和农产品价格暴跌，极大地打击了领主经济。

黑死病大蔓延

该图描绘的是法国北部图尔奈地区在埋葬病死之人的场景。画中棺材的数量，述说着死人数量之多。许多致力于埋葬死者的神职人员和掘墓人自己也都染上了黑死病

领主们虽然将领地经营的重点转移到了经济层面上，并极力提高其自营地的耕种效率，但最终还是放弃了领主直营地的经营模式，不得不改用佃农承包制。这一倾向自 13 世纪后半期逐渐抬头，到 14 世纪后半期已经成了一种普遍现象。在 13 世纪，所谓耕种承包，多为神职人员、小贵族及城市实业家的全面承包，但到了 14、15 世纪，上层自有农民和富农们纷纷接受分割承包，扩大自己的耕地面积。与此同时，地租（佃租）也渐渐趋于稳定，到了 15 世纪，地租的货币化成了普遍现象。不仅如此，自 1420 年后，世袭性的土地租赁越来越普及，承包者的土地自有化也得到了进一步发展。

尽管领主们采取种种措施，也依旧无法弥补他们从农民自有地上获得的租税减少，可见伴随着危机一同到来的社会变动，是朝着有利于农民阶层的方向展开的。不过，与此同时，我们也不应该忽略农民阶层内部贫富分化日益扩大的事实。正如上文所提及的，富裕的农民阶层通过租种领主直营地的承包方式，已经扩大了经营规模。可对于下层农民来说，租税降低的好处却被国王课税的加重抵消了。并且，这种贫富分化也是与时俱进的，最后导致大部分农村人口放弃了自有土地，转变成被称作“打短工的”或“做日工的”农业劳动者。

* 专栏 1

勃艮第公国的解体

瓦卢瓦家系的勃艮第公爵，其始祖是“奥古斯都”腓力，他与佛兰德的女伯爵玛格丽特结婚后，由于玛格丽特所领有的埃诺伯爵领地是神圣罗马帝国的封地，他跟神圣罗马帝国的皇帝之间就产生封建关系了。与此同时，正如“奥古斯都”腓力成为勃艮第公爵那样，当法国国王将领地赏赐给次子及以下的王子时，他们是不需要对法国国王宣誓效忠的，因此，他们与法国的关系就日益淡薄，从而导致了百年战争时期的混乱局面。之后，在“大胆公”查理公爵去世的时候，其独生女儿玛丽就成了女公爵。尽管路易十一世对玛丽有领土要求，可她却嫁给了神圣罗马帝国的皇帝马克西米利安一世，于是，马克西米利安一世就与路易十一世及其子查理八世之间爆发了继承纠纷。最后，根据《桑利斯条约》，尼德兰、亚多亚及弗朗什－孔泰归马克西米利安一世的儿子腓力所领有，而法国仅拥有勃艮第。至此，勃艮第公国也就解体了。如此分割领地，避免了法国国王与神圣罗马帝国皇帝之间发生封建关系。哈布斯堡家族所领有的原勃艮第公国的领地，在查理五世去世后被当上了西班牙国王的腓力二世所继承。1581 年，荷兰就是在这里独立的。而尼德兰除了南部（现在的比利时）之外的土地，在路易十四的时代均归法国国王所有。

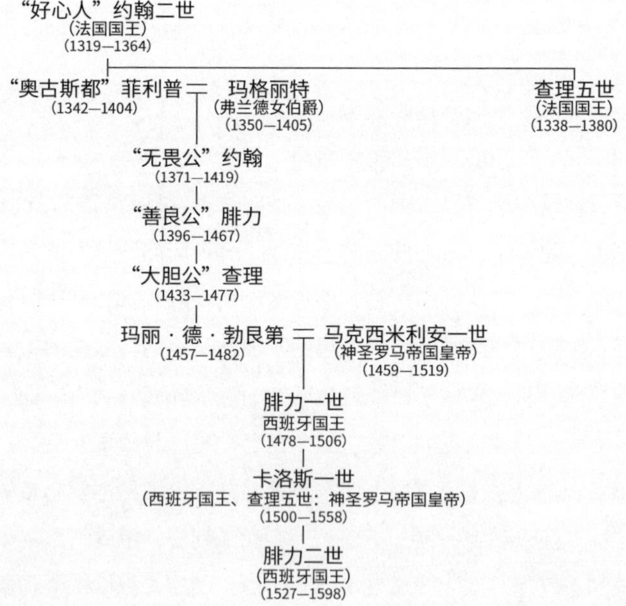

* 专栏 2

贝里公爵约翰一世的豪华时祷书

这本根据贝里公爵约翰一世的委托而于 15 世纪开始制作的时祷书，被认为是装饰最豪华的手写本。所谓时祷书，就是基督徒在做日课（天主教的仪式之一，作为日课规定的祈祷）时所用的书，书中载有祈祷文、赞美诗和日历等内容。贝里公爵约翰一世时祷书中的日历，描绘了当时农民的日常生活。我们可以通过这些图片，来了解当时农民们在一年里进行的农业劳动。

图中描绘了 10 月份劳动的场景

用碎土机松土并播撒小麦的种子。后面是 15 世纪时的卢浮宫。从图中可以看出，虽然中央的主塔依旧保留着，但通过装饰，这座腓力二世所建造的要塞已经变身为一座宫殿了

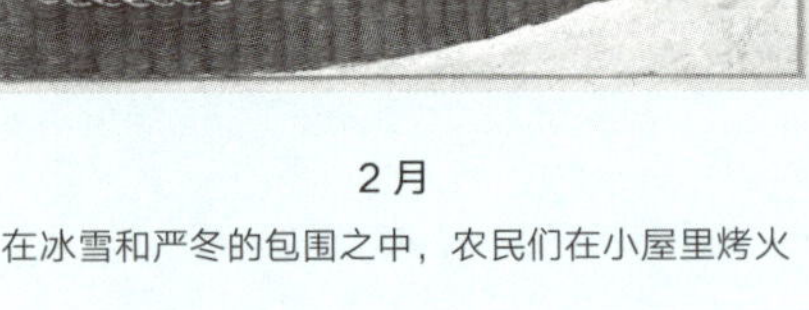

2月

在冰雪和严冬的包围之中，农民们在小屋里烤火

3月

用有两头牛牵引的重轮犁翻耕春耕地

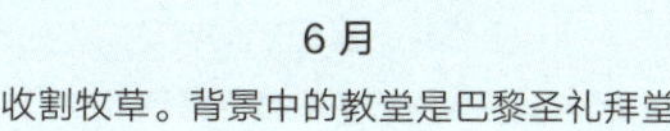

6 月

收割牧草。背景中的教堂是巴黎圣礼拜堂

7 月

收获小麦。右下部分是剪羊毛的场景

9月
收获葡萄。背景是安茹附近的索米尔城堡

11月
在树林里用橡子喂猪。养肥了的猪可制作成火腿和香肠，用以度过难以饲养家畜的冬天

第五章

文艺复兴式的君主制

意大利战争

1483 年路易十一去世之后，他年仅十三岁的儿子查理八世继位。查理八世十分崇拜查理曼，是一个热衷于骑士文化的梦想家。他急于扩大法国的势力范围，企图夺回被奥斯曼帝国征服的基督教世界。在 1492 年亲政之后，他开始了对意大利的远征，作为十字军远征的第一阶段。安茹家族的查理，自认为拥有眼下由阿拉贡家族统治的那不勒斯王国王位，这位查理当年不仅仅将法国国内的安茹和普罗旺斯，还将那不勒斯王国的统治权也一并转让给了路易十一。这就成了查理八世发动远征的理由，其实是蛮不讲理的故意找茬。

这理由是否成立尚且不论，反正查理八世于 1494 年 10 月，率领三万大军翻越了阿尔卑斯山，侵入意大利。这支以雇佣兵为主力的法国军队，战斗力极强，一下子就占领了多个意大利城市，并于翌年 2 月，攻占那不勒斯。然而，因不满其占领政策，不久之后意大利就爆发了反法浪潮，等到由教皇和威尼斯大公、米兰大公及神圣罗马帝国皇帝等人建立起反法同盟后，查理八世不得不撤兵。法军于 1495 年退出那不勒斯，并在敌军反攻下回到法国。对此，查理八世极不甘心，他处心积虑，以图卷土重来，可天不遂人愿，他因事故在 1498 年离世。由于他并无子嗣，便由祖上是查理六世弟弟的奥尔良家族继承人路易继位了（即路易十二）。

查理八世

(1470—1498)

查理八世的未婚妻是哈布斯堡家族的神圣罗马帝国皇帝马克西米利安一世的女儿玛格丽特。在皇后玛丽·德·勃艮第死后，马克西米利安与安妮·德·布列塔尼女公爵订有婚约，可查理八世在解除了与玛格丽特的婚约之后，却与女公爵安妮结婚了

进入那不勒斯城的查理八世

在以雇佣军为主力的三万法军的强势进攻下，意大利多座城市都显得不堪一击，佛罗伦萨和罗马不得不认可其自由通行。那不勒斯也在被围四个月后沦陷

安妮·德·布列塔尼（1477—1511）

身处法国王妃兼布列塔尼女公爵这样特殊地位的安妮，是首位在自己的宫殿里拥有家臣集团（侍从）的王妃。1492 年，其宫廷侍卫就有 244 人，其中包括 47 名女性

由于路易十二的祖母是维斯孔蒂家族最后的米兰大公的姐姐，于是他认为自己对于现在斯福尔扎家族的统治具有正统性，因而对意大利的野心就更大了，为了与先王查理八世的遗孀布列塔尼女公爵安妮结婚，他必须取消原先与路易十一的女儿珍妮订下的婚约。而这一举动得到了罗马教皇的许可，事实上，也正是以此为契机，他改善了与罗马教皇的关系。为了做好进攻意大利的准备，路易十二进而又与威尼斯建立了同盟，并于 1499 年攻入意大利，于同年 9 月占领米兰，第二年征服了那不勒斯。

然而，后来与罗马教皇尤利乌斯二世关系恶化之后，罗马教皇便联合诸豪强结成了“神圣同盟”与路易十二对抗。路易十二不得不退回法国，丧失了对那不勒斯的权利。

进入热那亚城的路易十二（1507）

覆盖在国王头顶上方的天幕，由 4 名热那亚贵族执掌。自文艺复兴时期以后，在描绘战争胜利的场景时，主要以国王为中心主题

1515年，路易十二去世，享年五十一岁。由于他并未留下男嗣，王位就由他叔叔的孙子，昂古列姆家族的弗朗索瓦继承。时年二十一岁的弗朗索瓦一世登上王位宝座后，立即就率军翻越阿尔卑斯山，侵入意大利境内；同年9月，取得马里尼亚诺战役的胜利，再度占领米兰；1516年在博洛尼亚与罗马教皇利奥十世会谈后签订《宗教协议》，翌年又与罗马教皇签订了《努瓦永条约》，达成和解，也实现了和平。

1519年，神圣罗马帝国皇帝马克西米利安一世去世，弗朗索瓦一世积极参与神圣罗马帝国皇帝的竞选。这场竞选争夺战十分激烈，最后弗朗索瓦一世败北，由哈布斯堡家族的西班牙国王卡洛斯一世就任神圣罗马帝国皇帝，是为查理五世（又称卡尔五世）。从此以后，法国便将哈布斯堡家族视为对头，这两家的对立关系也成了国际关系的轴心之一。

弗朗索瓦一世
（1494—1547）
估计这是在其尚未即位，还是昂古列姆伯爵时的肖像。这位作为艺术保护人而闻名的国王，对于法国文化的发展做出了巨大贡献

金锦营内的会见

1520 年 6 月 7 日，弗朗索瓦一世与英王亨利八世在加莱近郊举行停战谈判，却以失败告终。由于这两位年轻的国王争奢斗富，其营帐获得了“金锦帐”的美名

1521 年，欧洲各地都爆发了军事冲突，弗朗索瓦一世也于 1524 年再次率领大军攻入意大利。

然而，战况却对法军十分不利。1525 年，法军在帕维亚战役中一败涂地。不仅如此，连法王弗朗索瓦一世本人也做了神圣罗马帝国的俘虏，在马德里被关押了一年多。第二年，弗朗索瓦一世被迫签订了《马德里条约》，将自己对米兰、佛兰德和阿图瓦的宗主权让给了查理五世。之后，他以两个王子为交换获得自由，但又对条约所规定的割让勃艮第之事反悔了。由于担心查理五世一强独大，许多别的国家也都支持弗朗索瓦一世，于是他们之间的对立再次激化，并于 1527 年重启战端。然而，没等战争结束，弗朗索瓦一世就一命呜呼了。

弗朗索瓦一世的儿子亨利二世继位后，继承其父遗志，继续与查理五世开战，并在 1552 年，与德意志地区各新教徒诸侯缔结条约，占领了梅斯、图尔、凡尔登这三座城市。不过，法军在意大利的战争最终还是失败了，1558 年，吉斯公爵占领了加莱，第二年签订了《卡托 - 康布雷西条约》，结束了意大利战争。根据该条约，法国放弃了科西嘉、萨瓦、皮埃蒙特，而获得了北部国境处的一些地区并收复了加莱。意大利战争的终结对于瓦卢瓦王朝来说，也是个重大的转折点。就在为庆祝条约签订而举行的骑枪比武中，亨利二世受了伤，并最终因此丢掉性命。

意大利战争的终结给法国带来了巨大影响。在中世纪，国王的对外政策一般都是以承袭罗马皇帝之位，做基督教世界之盟主，建立普世帝国为目标的。然而，对于法国国王来说，这一希望已经随着意大利战争的终结而破灭了。

意大利是建立普世帝国必不可少的地盘，可由于《卡托－康布雷西条约》，通往意大利的大门对法国已然关闭了。而竞选神圣罗马帝国皇帝的败北，又彻底打碎了法王称霸欧洲的美梦。因此，法国就只能将资源集中到国内，推进中央集权，在有限领域内朝一元化统治的主权国家迈进。

为了在国内实现这一目的，就必须排除国外势力的干扰。这一点在16世纪之前已经基本完成。早在腓力二世的时代，他就拒绝了对神圣罗马帝国皇帝臣属，甚至像处理勃艮第公国时所显示的那样，两者之间不可能发生封建关系。再者，由于意大利战争后法国收回了加莱，英国在欧洲大陆的残存势力已经被清除殆尽。最后超越国家势力的就只剩下罗马教皇。由于法国没有参与宗教改革，无法像英国或德意志诸邦国那样完全信奉新教并与罗马教皇断绝关系。因此，法国就对国内的教会强调国王的宗主权（这被称为法国天主教教会自主论）。这一政策从查理六世时代就已经开始实施，具体来说，就是国王积极干预主教的任免及教会的行政，无视罗马教皇而对神职人员征税，甚至还介入教会的审判。另外，由于阿尔马尼亚克派支持法国天主教教会自主论，故而查理七世即位后，他更是坐实了这一倾向。查理七世于1438年发布了《布尔日国事诏书》，宣称国王对教会拥有监督权。之后，法国国王与罗马教皇之间就一直处于“拔河”的状态，到了弗朗索瓦一世的时代，他借着在马里尼亚诺战役中获胜的余威，于1515年以与罗马教皇利奥十世签订政教协定的方式，将法国天主教教会自主论正式确定下来。

至此，法国国王选任大主教、主教及修道院院长的权力就得到了认可。但是，这种权力的实际意义其实远远超出了宗教范围。一方面，高级神职人员的职位历来就是贵族家长子以外的诸子弟追求的目标，控制这条路径，也就强化了对贵族的统治。另一方面，通过这样的方式还能将教会组织纳入王权的统治机构。后来，国王又命令教区司铎将当地居民受洗（出生）、婚姻及安葬（死亡）等信息全都记录在案，开展了仅靠国家统治机构所不可能实现的居民管理。

有人将16世纪的法国王权定位为从封建君主制（又称等级君主制）到君主专制的过渡，称其为“文艺复兴式的君主制”。

自15世纪以降，法国国王统治的领地已经扩大了许多，但他的统治机构却依旧停留在原有水准上。因此，在某种程度上，王权也不得不承认地区的自治性，而所谓的统治也依靠与“咨议”所代表的臣民间的直接对话来实施。正因为这样，这一时期，像“三级会议”和“名士会议”等各阶层的代表会议才能充分发挥其职能，从而推动自身的政策落实。还有，为了弥补王权的薄弱，许多国家级的礼仪活动还在这一时期大力举办。在16世纪，王家宫廷在国内迁移是屡见不鲜的常态，弗朗索瓦一世及其孙子查理九世就举办过多次大规模的出巡。在此过程中，国王访问了许多城市，每到一处都必定举办宏大的入城仪式，除了通过这种仪式确认王权与各城市间关系，国王也通过具体的形象彰显了自己的权威。

亨利二世
（1519—1559）
因其兄长弗朗索瓦一世于1536年突然去世而成了王太子的亨利，即位后承袭了其父积极的对外政策，但终究没有在意大利建立起霸权来

文艺复兴

16世纪正是文艺复兴被引入法国的时期，而这一过程却与意大利战争有着密切关系。查理八世在远征意大利的时候，就从那不勒斯带回了大量艺术品。不仅如此，他在意大利接触到文艺复兴后，还邀请许多艺术家到法国。例如，莱奥纳多·达·芬奇

就被他请过来，入住安博瓦兹城堡。法国与尼德兰不同，可以说从一开始就十分乐意接受意大利的文艺复兴，没有任何抵触情绪，而这种接受其实从 15 世纪 80 年代就已经开始，并在建筑等领域逐渐取代了哥特式风格。

说到文艺复兴的风格，在法国虽然也被应用到了像巴黎的圣厄斯塔什教堂（始建于 1532 年）和卡纳瓦莱官邸（16 世纪中叶）等建筑上，但主要体现还是在宫殿建筑上。这一时期由于火药的普遍应用而导致战争形态发生了重大转变，原先作为国王府邸、带有高塔兼具防卫功能的中世纪城堡已经失去作用，取而代之的就是采用文艺复兴样式，仅以居住为目的的宫殿。弗朗索瓦一世

香波城堡

原本是弗朗索瓦一世外出狩猎时的行宫，从 1519 年到 1547 年，这里被改造成一座文艺复兴风格的美丽宫殿。可是，由于在气温较低的法国，文艺复兴风格的宫殿其实并不适宜居住，再加上附近没有城镇，事实上，弗朗索瓦一世几乎没有来此居住过

改造了卢瓦尔河沿岸的一大批城堡，如：安博瓦兹堡、布洛瓦堡、舍农索堡、香波城堡等。在巴黎，他于 1528 年下令拆除了卢浮宫的主塔，后在 1546 年命令建筑家皮埃尔·莱斯科，在原有建筑物的基础上建造了新的宫殿。

弗朗索瓦一世还在改建巴黎郊外的枫丹白露宫时，邀请了罗素·菲伦蒂诺、普里马蒂乔和尼科洛·德尔·阿巴特等意大利新锐艺术家，使宫殿充满了意大利情调。

在宫内的“弗朗索瓦一世的回廊”上，我们至今仍能看到罗素·菲伦蒂诺所创作的具有王权寓意的湿壁画。而参与这些工作的意大利和法国的艺术家们，被称作枫丹白露派，文艺复兴风格

圣厄斯塔什教堂

样式基本还是哥特式的，但文艺复兴风格部分也随处可见。以莫里哀的墓地及莫扎特在此演奏过风琴而闻名

卢浮宫美术馆

中间的“钟表间”右侧，原本是中世纪要塞朝西的正面。这里最早被拆除，并被弗朗索瓦一世改建成了“莱斯科翼”。整体装饰是拿破仑三世时代的风格。前面的玻璃金字塔则是密特朗政权“大卢浮宫计划”的产物，于 1989 年 4 月 1 日对外开放

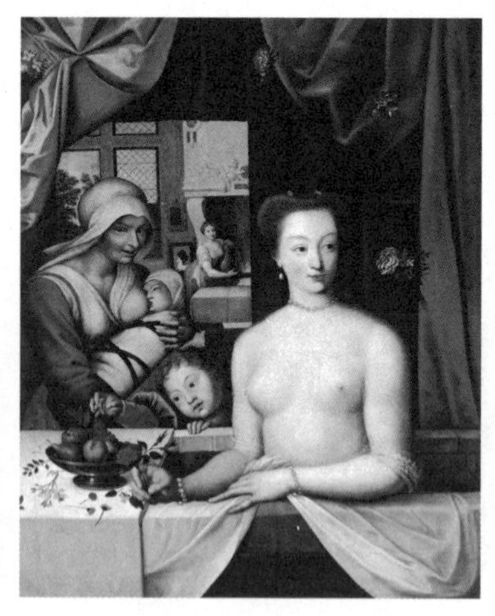

沐浴中的加布莉埃尔·德斯特蕾

这幅关于亨利四世情人的画作，是由枫丹白露派艺术家于 16 世纪末绘制而成的。亨利四世准备与妻子玛格丽特离婚后与加布莉埃尔再婚，可她在 1599 年就先死掉了

枫丹白露宫

该宫殿作为国王的居所，早在 12 世纪后半叶就已经存在了，是弗朗索瓦一世将其大体改造成现在的样子。1814 年，拿破仑就是在东侧正面的台阶处告别了他的亲兵卫队，前往厄尔巴岛

的艺术，就是通过他们渗透到法国的方方面面。文艺复兴风格的艺术于 1540 年左右在法国发展到顶峰后，就走上了具有法国本土特色的道路。在作为文艺复兴发源地的意大利，后来经由矫饰主义朝着巴洛克风格的方向发展，偏离了文艺复兴原本追求古典的初衷，而法国后来却成就了古典主义，并在 17 世纪达到极盛。

与建筑和绘画同时被引入法国的，还有文艺复兴的另一大特色——人文主义。我们知道，弗朗索瓦一世以保护艺术家、作家而闻名，他于 1530 年创建了如今法兰西学院的前身“王室学院”，用以推进古典语言的研究。与此同时，他在 1539 年颁布《维莱 – 科特雷法令》，规定审判文书必须使用法语，极大地推动了法语的普及。除此之外，他还奖励对古典作品的翻译。阿米约翻译普鲁塔克的《希腊罗马名人传》，就是根据王命完成的。事实上在这一时期，希腊、罗马的大部分经典都被翻译成了法语。作为人文主义者的神学家勒菲弗尔·德·埃塔普尔，致力于对《圣经》原典的批判，并将《新约》翻译成法语；还有当时首屈一指的希腊语专家纪尧姆·比代，被人称为“法国的伊拉斯谟”，这些都是极具代表性的人物。他们作为人文主义者大显身手的前提，则是活字印刷术的普及。这种于 1455 年因古登堡而实现了实用化的印刷术，到 16 世纪初就已经在法国各地普及。至 16 世纪 20 年代末，在巴黎发行的人文主义相关书籍的数量就已经超越了宗教类书籍。

在16世纪，意大利先进的宫廷文化也被引入了法国。1533年，弗朗索瓦一世的儿子亨利与意大利美第奇家族的乌尔比诺公爵洛伦佐的女儿凯瑟琳结婚，成了意大利宫廷文化传入法国的一大契机。正如后来凯瑟琳亲自对儿子强调其重要性那样，在此期间，各种各样的宫廷礼仪被导入了法国。例如，亨利二世就引入了“起床仪式”，并创立了“宫廷仪仗官”一职。诸如“起床仪式”“谒见国王顺序”之类，繁复的宫廷礼仪起到了将王权可视化的作用。在此之后，宫廷礼仪变得越来越精致烦琐，并在路易十四的时代达到了极盛。除此之外，意大利的饮食文化也传入了法国宫廷，为珍馐美味及精美餐具在法国的流行开了先河。

亨利二世与戴安娜·德·帕蒂亚

戴安娜·德·帕蒂亚是亨利二世的家庭教师，也是他的情人。在此画中，戴安娜·德·帕蒂亚被描绘成美神维纳斯，而亨利二世则被画成了战神玛尔斯的模样

纪尧姆·比代

（1468—1540）

图中上部为其执笔书写的场景。下部则是他将书籍呈现给国王的场景

宗教改革与法国

16世纪是欧洲宗教改革的重要时期。1517年，德国的马丁·路德率先发动了宗教改革。而在法国，也发生了基于基督教人文主义的宗教改革运动。

于1512年出版了《保罗书信注释》的勒菲弗尔·德·埃塔普尔在强调福音重要性的同时，还严厉批评了当前教会的堕落和腐朽，并在1516年与莫城的主教布理松内一起投身教会改革运动。然而，以索邦神学院（巴黎大学的神学院）为据点的保守势力将其视为异端，使“莫城小组”的改革运动遭到重挫。

早在1519年，路德主义就已经传播到了法国，到了1520年代，《九十五条论纲》《准备赴死的说教》《论基督徒的自由》等著述都被翻译成了法语。索邦神学院和最高法院将其列为禁书，可事实上收效不大，受这些书籍影响的人们继而爆发了“圣像破坏运动”。这些运动都是自发性的，也没有什么组织，直到约翰·加尔文出场后才得到了改变。

约翰·加尔文于1509年出生于法国北部的努瓦永，曾在多地接受教育，后来走上了人文主义者的道路。到16世纪30年代，他“心机陡转”，头脑中产生了宗教改革的思想。1534年受到王权迫害后，加尔文逃到瑞士巴塞尔，并于1536年出版了名为《基督教原理》的著作，一下子成为整个欧洲关注的焦点。到了16世纪40年代，加尔文派的教义已经在法国全境普及，他那基于“预见论”的禁欲性质的宗教伦理，不仅在以人文主义者为中心的知识阶层中得到传播，同时也渗透到了手工业者和小商人阶层之中，形成一股巨大的改革浪潮。而这样的运动又在 50 年代被组织成了改革派教会。改革派教会当时在全国超过了两千个，并于 1559 年在巴黎召开首次全国教会会议。一般认为，到了 60 年代的全盛时期，法国新教徒人数已达到两百万。

在宗教改革刚刚兴起的时候，弗朗索瓦一世对此是保持宽容姿态的。这固然是由于他偏好人文主义思想的缘故，同时也是出于与路德派的德意志诸侯保持良好关系的考虑，因为他们都是与神圣罗马帝国的皇帝相对抗的。可是，这种姿态却因发生于 1534 年的“告示事件”而出现了一百八十度的大转变。事情是这样的：出身里昂的安特瓦努·马尔库尔流亡在瑞士纳沙泰尔，他起草并印刷了大量激烈抨击天主教弥撒的布告，在许多法国城市里大肆张贴，甚至贴到了国王寝室的大门上。布告上措辞激烈的内容令国王大为震怒，开始在全国范围内对新教徒加以迫害。之后，弗朗索瓦一世就站到了索邦神学院及最高法院的一边，并于 1540 年下了《枫丹白露诏令》，将取缔异端的权限交给了世俗裁判所。下一任国王亨利二世统治期间，对于宗教改革派的迫害更是变本加厉。1547 年，异端特别裁判所（火刑裁判所）在巴黎的最高法院内设立。

其实，王权之所以如此害怕宗教改革，是加尔文主义在贵族阶层中大为普及的结果。1557年9月，一个在巴黎圣雅克大街某律师家里召开的改革派聚会，遭到了天主教方面的袭击，被捕的一百三十人中，就有三十个贵族。第二年在巴黎举行的改革派信徒的示威游行中，也有身为王族的纳瓦尔国王安东万·德·波旁等武装贵族参加。就这样，像安东万·德·波旁及其妻子珍妮·奥尔布列特、孔代公爵、沙提朗家族的弗朗索瓦·德·安德鲁及加斯帕尔·德·科利尼等王族和高等贵族之中，也出现了支持改革派的成员。由此可见，政治与宗教之间的关系一向是密不可分的。作为他们对立面的，则是支持天主教的吉斯公爵等。在贵族的势力之争及贵族与王权关系的复杂局面中，既然出现了选择改革派的高等贵族，就等于替作为其家臣的中小贵族及领地上的臣民选择了新教，毕竟当时个人的宗教自由尚未被认可。自16世纪50年代以降，改革派作为一种政治势力集结起来，给法国的政治带来了巨大的动荡。

第六章

宗教战争与波旁王朝的建立

宗教战争

1559年亨利二世死于事故之时，他与妻子凯瑟琳·德·美第奇之间已经生有四个男孩。可是，长子弗朗索瓦二世在继位仅十七个月之后就去世了，而下一个继承王位的查理九世年仅十岁，于是王太后凯瑟琳便临朝摄政。根据王国基本法，国王的成年年龄为十三岁，国王未满十三岁时，就必须辅以摄政。值此国王更替频繁，王室权威下降之际，由于大贵族改变宗教信仰而造成的宗派对立、政治对立日益显著，贵族之间也分成了新教派和天主教派两大阵营，且到了一触即发的态势。王太后凯瑟琳并不偏袒某一派，试图通过全国性的三级会议来融合新旧两大教派之间的关系，但两派之间的小摩擦却从未间断过。1562年3月，吉斯公爵一派袭击了在瓦西做星期日礼拜的新教徒，造成流血惨案，宗教战争正是由此而爆发的。

宗教战争有三股势力：一方是吉斯公爵领导的天主教派；一方是孔代公爵路易一世与加斯帕尔·德·科利尼将军领导的新教派；第三方则是以凯瑟琳为首的王权。凯瑟琳起初想通过起用大法官米歇尔·德·洛皮塔尔来平衡新旧两派力量，并以此来维持王权，然而事与愿违，反倒引发政治动荡，致使王室权威一落千丈。到1570年为止，法国已经爆发了三次内乱，而每次内乱都加剧了国家分裂的风险。在此局势下，为了重新融合两派势力，新教派的新任领袖——波旁家族的亨利（即后来的亨利四世）便决定娶查理九世的妹妹玛格丽特为妻。

追溯一下这个日后开创了波旁王朝的亨利的家系，可以一直上溯到卡佩王朝的路易九世。路易九世最小的儿子克莱蒙公爵之子路易，于1327年被国王查理四世封为波旁公爵。波旁家族的名称，就是从其领地而来的，他们在以穆兰为中心的波旁地区，以其辽阔的领地为背景，保持了政治上的相对独立性。按照当时习俗，公爵的称号该由长子继承，可夏尔三世于1527年去世时并没有留下继承人，于是这一血统就被该家族的始祖路易的次子雅克一世的子孙旺多姆伯爵继承下来（是为夏尔四世）。而他的两个儿子就是前面已经提及的安托万·德·波旁和孔代家族的始祖路易一世。安托万与纳瓦尔国王亨利二世的公主、王国唯一的继承人胡安娜·达尔布雷结婚后，于1555年成为纳瓦尔国王，又在法王查理九世年幼时曾被任命为法国总督。在胡安娜·达尔布雷的影响下，曾一度改宗为加尔文派信徒的安托万·德·波旁后来站到了天主教派的一边，并参与了爆发于 1562 年的宗教战争，在鲁昂攻防战中负伤，于同年 11 月死去。

安托万·德·波旁去世之时，他的儿子亨利尚在巴黎，不久就被其母亲带回了法国南部的领地贝阿恩，自其叔父孔代亲王在 1569 年的雅尔纳克之战中被俘并处死后，首席亲王亨利就成了新教阵营的领导者，宗教战争的主人公之一。

亨利与玛格丽特的婚礼是在 1572 年 8 月 18 日举行的。当时人们以为他们两人的结合或许会促成新旧两派的和解，但 8 月 23 日的暗杀加斯帕尔·德·科利尼将军未遂事件又导致风云突变。虽说并不清楚刺客到底是谁派出的，但加斯帕尔·德·科利尼将军当时确曾逼迫国王支援尼德兰的新教叛乱。

凯瑟琳·德·美第奇
（1519—1589）
因弗朗索瓦二世去世而临朝摄政的凯瑟琳·德·美第奇试图调和天主教和新教之间的矛盾，但天不遂人愿，在亨利三世被暗杀的八个月之前，她就去世了

在此事件之后，吉斯公爵亨利与国王制定了一个暗杀加斯帕尔·德·科利尼将军等新教领导者的计划，并于8月24日“圣巴托罗缪”节天亮之前实施了该计划。首先，吉斯公爵的手下袭击了加斯帕尔·德·科利尼将军的住宅并杀死了他，随后又将住在卢浮宫内的十多名新教贵族全部杀死。王族中的纳瓦尔国王亨利和孔代亲王路易虽被饶了一命，却被软禁起来。

然而，事态的发展却远远超出了王室的认识。在此之后，巴黎的民兵和一般民众对新教徒展开了不分青红皂白的杀戮，并一直延续到8月30日，与此同时，暴行还波及了奥尔良、特鲁瓦、波尔多和图卢兹等地。就受害人数而言，仅巴黎就达到三千人左右，而在法国全境约有一万人。

查理九世
（1550—1574）
十岁便登上王位的查理九世，体弱多病，政治上的实权一直由其母亲凯瑟琳·德·美第奇把持。至于他在多大程度上参与了1572年“圣巴托罗缪之夜”的大屠杀，历史学家们众说纷纭，意见尚未统一。查理九世于该事件两年之后去世，时年24岁

“圣巴托罗缪之夜”的大屠杀

新教徒画家弗朗索瓦·杜邦在目击该事件后，逃亡到日内瓦并创作了该作品。画中血淋淋地展示了男人被杀死、女人被剖腹、小孩被虐杀、老人被刺死的惨状

遭受这样的杀戮之后，新教徒们纷纷改宗或亡命天涯，而留下来的新教徒与天主教徒越发不共戴天。由于国王偏向新教徒，天主教徒认为必须将其除掉，提出了所谓的“讨伐暴君论”，坚决对抗到底。在此情形下，查理九世于1574年去世，年仅二十四岁。他的弟弟亨利三世继位成为法国国王。然而一方面，由于亨利三世重用宠臣且又失政，再加上西班牙战争的失败，令大家对他失望至极。另一方面，监禁中的纳瓦尔国王亨利不得不改宗天主教，并于1576年2月逃脱成功，根据5月份颁布的停战协定《博利厄敕令》而就任了吉耶纳的总督，到了6月份，他又在尼尔再次改宗新教。第二年2月，在蒙托邦召开的新教徒政治集会上，亨利作为新教徒领袖的地位得以确立。

就在新旧两派不断爆发零星战事的局势下，法国国王的弟弟安茹公爵弗朗索瓦于1584年6月去世了。由于亨利三世没有儿子，弟弟一死，瓦卢瓦家族就立刻面临香火断绝的危机。不仅如此，根据规定王位继承的《萨利克法典》，能够替代安茹公爵成为第一王位继承人的便是首席王族纳瓦尔国王亨利。因这一风云突变而大受刺激的首先是天主教派的势力。他们原本就因《博利厄敕令》所做出的让步而心怀不满，于是就结成了一个“天主教同盟”，企图阻止出现一个异端国王。这一运动在1585年变得波澜壮阔起来，不仅限于吉斯公爵亨利等贵族势力，以巴黎为首的各个城市都出现了自发性的组织，会同天主教同盟，一起对亨利三世施加压力。因此，国王于1585年7月签订了全面禁止新教徒做礼拜的《内穆尔协定》，并于9月宣布纳瓦尔国王亨利丧失了继承王位的权利。其结果是导致战端重启。由于每一方的领头人都叫亨利，所以这场战争被称作“三亨利之战”。虽说战事互有胜负，但受到巴黎等城市支持的吉斯公爵的天主教同盟的势力却在此过程中日益壮大。国王亨利三世对此十分害怕，于1588年12月，趁着在布洛瓦召开全国三级会议的机会，暗杀了吉斯公爵，并逮捕来自巴黎的代表。第二年，法国国王与纳瓦尔国王亨利时隔十三年后再次相会，承认他为正式的王位继承人，与他一起进攻巴黎，并在7月末将巴黎围了个水泄不通。

但是，就在进攻巴黎之前的8月2日，成功谒见国王的多明我会修士雅克·克雷芒刺杀了国王。于是，纳瓦尔国王亨利继承了法国王位，是为亨利四世，从而开启了波旁王朝。

天主教同盟的游行队伍

通过巴黎市政厅前面的游行队伍。天主教同盟的游行起初是为了反对“专制者”亨利三世，后来则是反对“专制者”加“撒旦”的亨利四世，并愈演愈烈，规模不断扩大。这样的抵抗一直持续到 1593 年亨利四世改信天主教为止

亨利三世

（1551—1589）

这幅威严的国王肖像是由画家弗朗索瓦·魁奈绘制的。画中的亨利三世身披 1578 年由他亲自成立的圣灵骑士团绶带。作为家中三子的亨利于 1573 年被选为波兰国王，后因哥哥去世而归国。之后，尽管波兰方面宣布他的王位已经失效，但亨利一直到死都自称为波兰国王

吉斯公爵被暗杀

这是当时制作的铜版画。正是由于这类铜版画的传播，“叛徒之王”的形象在加入了天主教同盟的巴黎等地广为流传

亨利三世被暗杀

该图描绘了四个场面：暗杀者雅克·克雷芒的告解（天主教徒的“七圣事”之一，在神父面前忏悔受洗后所犯的罪）（左上）、雅克·克雷芒袭击国王（右上）、将王冠授予纳瓦尔国王亨利的亨利三世（左下）、处死雅克·克雷芒（四马分尸）

波旁王朝的建立

虽说亨利四世成了“法兰西和纳瓦尔的国王”，但战争尚未结束，他的前途依然多灾多难。天主教同盟将亨利四世的叔叔、波旁红衣主教奉为新国王，并称他为查理十世，信奉天主教的各个城市也都支持天主教同盟。尽管亨利四世对与他为敌的这些城市发动进攻，但战事并不顺利，两次围攻巴黎均以失败告终。然而，这样的状况也在逐步发生变化。其中之一就是波旁红衣主教于 1590 年去世后，天主教同盟召开了全国性的三级会议，试图选出新国王，但由于企图让自己女儿成为女王的西班牙国王腓力二世的介入，导致选举新国王一事搁浅了。与此同时，以蒙莫朗西公爵为代表的，讲究现实主义，谋求以和平方式解决宗教对立的“政治家派”活跃起来。虽说该派早在亨利四世即位之前就已经成立，但到这时，其呼声越发强烈。甚至在天主教徒之中，也出现了许多承认亨利四世的人。于是，仿佛与此相呼应似的，亨利四世于 1593 年 7 月在巴黎郊外安葬着历代法王的圣丹尼大教堂改宗天主教。

改宗效果极为巨大，直接导致天主教同盟的瓦解。在此背景下，法王亨利四世于 1594 年 2 月在沙特尔大教堂举行加冕仪式，并于同年 3 月进入巴黎，出席了在巴黎圣母院举行的弥撒，受到民众的欢呼和欢迎。在巴黎表示恭顺之意后，亨利四世又在 4 月 10 日的复活节对超过六百位瘰疬病人施行触手礼，表示自己是个名副其实的天主教国王。

改信天主教的亨利四世

该图描绘的是亨利四世在圣丹尼大教堂改信天主教时的场景：布尔日大主教来到前庭、国王的告解、弥撒。教堂四周是高呼“国王万岁”的民众

亨利四世的加冕仪式

1594 年 2 月 27 日，星期天，在沙特尔大教堂（位于厄尔 – 卢瓦尔省省会沙特尔市）举行了亨利四世的加冕礼。原本国王的加冕仪式应该是在兰斯举行的，但兰斯市政府加入了天主教同盟，且兰斯大主教是吉斯家族的成员

如此这般，国内的局势业已稳定，但对外的问题及与新教徒之间的关系依然悬而未决。在法国宗教战争期间，西班牙是支持天主教派的，直到因签署《韦尔万条约》而结束战争为止。

碍于与罗马教皇和天主教派的关系，就如何处置新教徒，国王伤透了脑筋，最终还是于1598年4月颁布了有条件地认可新教徒宗教信仰自由的《南特敕令》，总算达成了与天主教派的和解，结束了历时三十六年的宗教战争。

给宗教战争拉上帷幕的《南特敕令》，保证了宗教信仰自由及新旧两派教徒在社会、政治上的平等地位，并允许两派可以设立各自的特别裁判所，用以裁决宗教争端。根据此敕令，王室将为新教牧师支付工资，并对新教城市的民兵予以财政援助。但在实施这些优惠政策的同时，敕令也对新教在信仰方面做出限制：仅在业已确立新教地位的一百个城市内允许新教信仰，而巴黎五法分（法国古长度单位，约合四公里）之内的区域则是禁止信仰新教的。该敕令同时也规定国民必须遵守天主教的宗教节日，教会须交纳收入的十分之一作为税收。

然而，这道敕令并没有保障每一个人的宗教信仰自由。政教不分，一直就是近代以前的社会特色。其实，之所以允许市民信奉新教，是因为城市拥有自主权，能够独立解决内部问题。而在广大农村，天主教教会历来就承担一部分统治职务（居民的管理），一旦认可农村也可以信奉新教，意味着国家将要丧失对农村的统治能力。事实上，以尼德兰地区为中心的一些农村就有许多新教徒，而他们也一直是被镇压的对象。

亨利四世的统治

亨利四世即位后，立刻致力于国内的复兴与统治秩序的恢复。1600 年，他采取一系列保护农民的政策，诸如减免针对农民的直接税、禁止扣押牲畜与农具、下令降低借贷利息等。一方面，早在宗教战争期间亨利四世就已经遍访法国各地，通过向各阶层、团体、土地拥有者承诺其既得权益的方式强化了他们与王权之间的关系，但一些在战争中坚决反抗到底的贵族没有完全屈服，不得不采取怀柔的方式来笼络他们，保障其年金与名号，例如吉斯家族就得到了三个地方的总督头衔。而另一方面，对于那些已然成为国家再度统一障碍的天主教同盟根据地，亨利四世责令这些城市拆除城墙，并通过增加财政支出，来维持当地驻军与耶稣会学院的经费开销。与此同时，国王还通过介入城市官吏的选举，让亲信就任市长或市参议会成员，令其服从国家的统治。

除此之外，亨利四世还从自己的身世背景上，极力强化自己的正统性。他将 1601 年诞生的王太子取名为“路易”，突出与“圣路易王”之间的传承关系，强调了波旁家族王位继承的正统性。自此之后，法国王太子的名字就都叫路易了。亨利四世又通过改建巴黎的杜伊勒里宫、“新桥”、国王广场（即现在的孚日广场）、王太子广场及建立崭新纪念碑的方式，来提高自己的威望。他还将自己对瘰疬病人行触手礼等政务活动的场景制成铜版画广为传播，包括让作家为自己歌功颂德等，其做法令后世国王争相效仿。正是通过这些策略和手腕，亨利四世给后世留下了诸如“君主制度的复兴者”“善良之王”“人民之父”的美好印象。

其实，亨利四世即位后面临的最大问题就是财政问题。为此，他任命一直支持他的新教徒苏利为财务大臣，让他重建法国的国家财政。苏利上任之后，以从战时财政过渡到日常财政为要务，尽力缩小财政赤字，极力保持收支平衡。他最先着手的工作就是税制改革。税改的首要问题则是直接税的适当分配与合理征收。

当时，直接税是以由中央政府分配税额到各地，再由村落共同体将其分配到各家各户的方式来征收的。在尚无居民登记制度的当时，采取这样的征税方式似乎也顺理成章。然而，在此“分配”的过程中也存在着较大的舞弊空间。于是，在1598年，苏利开始往各个税区派遣亲任官员，在反腐的同时重新调整分配方

给病人行触手礼的亨利四世

自亨利四世起，这种记录国王活动的铜版画开始被制作。这对国王形象的传播起到了极大的作用

案。他还降低了直接税中户头税的征收比例，并用提高间接税中盐税的税种比例来加以弥补。由于拥有免税特权的神职人员与贵族原本就不用缴付户头税，因此这项措施相当于减轻了底层人民的税负，并将其转嫁给拥有特权身份者。

亨利四世于1604年制定了《波莱特法》，作为另一项重要的财政政策。在法国，为了确保财源，自查理八世时代起，就创设了财务官制度并允许其买卖，而到了16世纪，这一做法又扩大到行政、司法和军事等领域。对于买官者来说，可将买到的官职用于世袭或转手倒卖。在此背景下，《波莱特法》规定在缴纳官职价格六十分之一的条件下，认可官职的世袭，也就是说，通过对官职保有者征税，增加国库收入。自16世纪以降，买官者

亨利四世
（1553—1610）
在历代国王之中，他是第一个认识到行为表现与形象重要性的君主。因此，即便是在如今的法国，他也是波旁王朝中人气最旺的国王

多为经商致富的资产阶级。因此，一方面该法律事实上起到了让资产阶级进入官僚机构，从而产生出一个拥有官职的精英阶层，并间接从官僚组织中清除大贵族影响的作用；但另一方面，官职变作家庭财产的同时，在社会上也成了一种可自由买卖的商品，这不仅产生了一些不合格的官员，还直接导致国王无法自由任免官员。就官员的数量而言，17 世纪初期约为二万五千人，后来加上为了增加国库收入而卖官鬻爵的因素在内，到了 17 世纪 60 年代猛增至四万五千人。

1610 年 5 月 14 日下午 4 点钟，亨利四世为去阿森纳与苏利商讨国务而离开卢浮宫。当他乘坐的马车经过巴黎中央市场旁边的费罗内里街时，有一名年轻男子飞身跃上马车，用短剑刺了亨利四世两下。由于第二剑刺穿了心脏，亨利四世很快就死去了。

孚日广场

这个在大革命之前被称作“国王广场”的场所，在亨利四世的时代是不种树的，是一个能够举行大游行的纯粹的广场。到了路易十三时，广场上设立了他的塑像。现在耸立在广场中央的这座路易十三塑像，是大革命之后重建的

凶手名叫拉伐亚克，是一名狂热的天主教徒。尽管被实施了严刑逼供，他却始终没有供出幕后指使者，因此，关于刺杀国王的真相至今仍是一个谜。经历了宗教战争，奠定波旁王朝基石的法王亨利四世，就这样结束了他辉煌的一生。

亨利四世被暗杀

在欧洲媒体的大肆报道之下，亨利四世被刺成了轰动一时的重大事件。时至今日，巴黎图书馆仍保存着以此为题材的 173 个文本和 15 种以上的版画。上图为在德国出版的一幅版画

* 专栏

让 · 博丹和国家主权论

16 世纪时，以王权的普遍性衰退和印刷术的进步为背景，出现了好多种国家理论。其中心内容虽是对王权的本质做理论上的考察，而实际探讨的问题却是作为权力源头的上帝与国王及人民（其实是拥有自治能力的贵族）之间的关系。一种上帝将权力赋予人民，再由人民选出国王作为人民代表的理论由此逐渐形成。这对于王权的限制作用是毫无疑问的。将这种理论再往前推一步，就成了宗教战争时期的“讨伐暴君论”了。也就是说，当国王乱用其手中权力的时候，人民有权予以抵抗。“圣巴托罗缪之夜”大屠杀之后，新教徒就是如此强烈主张的。

而与此针锋相对的是，自 16 世纪初起，另一种基于王权的集权化理论也在逐步形成。该理论认为，上帝是直接将权力赋予国王的，因此国王完全有理由统治人民。向往绝对王权，以平息宗教战争时期的混乱，政治家派就将该理论奉为圭臬，而将该理论体系化的则是让·博丹，他于1576年出版了《国家六论》。为了驳斥“讨伐暴君论”，让·博丹创造出了主权概念。他提出“所谓国家……即是依据主权的正当统治”这样的定义，主张国王拥有绝对权力。不仅如此，他还提出“所谓主权，就是国家的绝对且恒久的权力”，以及主权并非国王个人的权力，而是公权力的源泉。这一思想有着划时代的意义。后来，让·博丹的思想为路易十三时期的卡丹·鲁·布莱，以及路易十四时期的波舒哀所继承，最终因主权承担者的转换，变为了现代意义上的国民主权论。

由此可见，《南特敕令》尽管造就了天主教徒与新教徒和平共处的局面，但鉴于上述国家统治方面的问题，其内容就是各方妥协的结果。因此，要在伸张王权的同时维持这一状况，就成了一件极为困难的事情。

第七章

君主专制的光辉

路易十三与主权国家

亨利四世去世之后，继承王位的是年仅八岁的王太子路易。1572 年，亨利四世曾与亨利二世的女儿玛格丽特结婚，但夫妻关系很快就破裂了。由于他们没有生下王位继承人，所以亨利四世于 1599 年获得罗马教皇关于该婚姻无效的判决，并于翌年与托斯卡纳大公的女儿玛丽·德·美第奇结婚。两人于 1601 年生下的儿子，正是这位王太子路易。1610 年 5 月 14 日亨利四世去世，在去世的第二天，玛丽就带着路易奔赴巴黎最高法院，坐在国王亲裁席上接受了关于自己临朝摄政的判决。这就是国王正式即位的宣言。同年 10 月 17 日，路易十三在兰斯举行加冕仪式，又于数日之后在科尔布尼的圣马尔库尔大教堂举行触手礼。

玛丽在担任摄政之初，在维勒鲁瓦等由亨利四世宠臣所组成的法官团体的辅佐下，处理国内外一切事务。对外，她奉行和平主义外交路线，与法国的宿敌西班牙多方交涉，于1612年谈成了路易十三与西班牙公主奥地利的安娜，以及路易十三的妹妹伊丽莎白与西班牙王太子腓力（后来的腓力四世）之间的婚事；而在国内事务方面，则将主要精力用在对付大贵族上面。这些大贵族原本就对亨利四世加强中央集权的政策心怀不满，又因财政拮据导致王权支持的年金状况每况愈下，包括玛丽重用意大利籍侍女及其丈夫孔奇尼等因素，进一步加深了大贵族与王室之间的裂痕，最后竟直接导致了1614年孔代亲王领导的武装暴动。面对如此严峻的国内局势，玛丽接受孔代亲王的要求，承诺于年内召开王政改革的全国性三级会议。

卢森堡宫

1612年，玛丽·德·美第奇买下了位于巴黎的卢森堡公爵的土地和宅邸，命令建筑家萨罗蒙·德·布鲁斯将其建造为一座宫殿。从该宫殿的内外装饰细节，可以看到位于玛丽故乡佛罗伦萨的庇蒂宫的诸多影子

玛丽·德·美第奇（1575—1642）

1622 年，玛丽 · 德 · 美第奇让画家鲁本斯以自己的生涯为题材创作了系列画作。本画为已完成的 24 幅画作之一，内容为路易十三的成人仪式。在与黎塞留的争斗中败北的玛丽曾被软禁于贡比涅，1631 年，她逃到了布鲁塞尔，后又辗转欧洲各地，最终住在鲁本斯位于科隆的宅邸中，直到 1642 年去世

1614 年 10 月，全国性的三级会议在巴黎召开。

作为政府，召开三级会议的目的在于申述王政改革的必要性，希望借此增强羸弱的摄政体制，但结果事与愿违，反而导致各阶层间冲突的表面化，在未形成任何有效决议的前提下于 1615 年散会了。而下一次召开全国性的三级会议，则要等到大革命爆发的 1789 年了。在此期间，全国性的三级会议一直没能召开，表明各阶层之间合议这一文艺复兴式的王政已经丧失了应有的功能，以国王为顶点的官僚机构开始占有主动权，并以此来调整各阶层、各团体之间的利益，即统治模式开始朝君主专制的方向转变了。

就在召开全国性三级会议的那一年，路易十三达到了法定成人年龄，然而，他母亲却不肯轻易将王政实权转交给他，母子之间产生了明显对立。与其生性豪放的父亲不同，路易十三的性格之中有些神经质的成分，遇事冥顽不灵，斤斤计较。路易十三认为，母亲玛丽之所以不肯交出实权，全都是躲在她背后并实际掌权的孔奇尼搞的鬼，因此开始设计将其铲除。1617 年 4 月，路易十三接受其心腹吕伊纳的建议，让自己的随从在卢浮宫暗杀了孔奇尼。

如此一来，路易十三与母亲玛丽之间的权力之争就全面爆发了。1619 年，遭到幽禁的玛丽从其幽禁地布洛瓦逃了出来，纠集了一批对吕伊纳的政府班底心怀不满的大贵族，公然向国王路易十三发起挑战。这场争斗最终以签订《昂热协定》，同意玛丽回归巴黎为条件而告一段落。而这一时期在国王路易十三与玛丽之间斡旋调停的则是黎塞留。

黎塞留出生于普瓦图地区的中等贵族之家，1606年曾在其家乡吕松就任主教，1614年以神职人员的身份出席全国性的三级会议。他在三级会议上的言行举止受到了王太后玛丽的青睐，开始受到她及其心腹孔奇尼的重用。在他们的提拔下，黎塞留于1616年出任国务卿。但在第二年孔奇尼遭暗杀后，黎塞留也被赶下了国务卿的宝座，蛰居于阿维尼翁，但他对玛丽的影响力依旧为人所看重，于是就做起了居中调停的角色。事实上，他的政治影响力也确实起到了决定性的作用。之后，黎塞留就开始平步青云，走上了飞黄腾达的政治道路。1622年，他就任红衣主教，1624年4月成了国务会议的成员，同年8月又成了国务会议的议长，即所谓的首相。

如此快速升迁的背后，其实不无王太后玛丽基于自己的如意算盘所做的推波助澜。因为她想通过黎塞留来实现自己的影响力。然而，黎塞留却利用自己的身份斡旋于王太后与国王之间，展开协调工作。但是，飞黄腾达的黎塞留遭到了其他贵族的反感与嫉恨。结合三十年战争时期黎塞留在外交政策上与玛丽相对立等因素，这些贵族在17世纪20年代末结成了一股反黎塞留的势力。不过，他们的企图在1630年的“愚人日事件”中化为了泡影。

原来，玛丽联合了国王的弟弟加斯东·让·巴蒂斯特，向国王提出罢免黎塞留的请求，并于1630年11月10日，在卢森堡宫宣布解除黎塞留的职务。第二天早晨路易十三去拜访玛丽时，黎塞留先出现在他们的会谈现场，之后又走出了宫殿，因此，他被解除职务的传闻一时间闹得沸沸扬扬。然而，傍晚时分国王赶

黎塞留（1585—1642）

这是由画家腓力普·德·尚帕涅绘制的肖像画。佛兰德地区出身的腓力普·德·尚帕涅于1620年左右来到巴黎，起初受到玛丽·德·美第奇的庇护，后来又受到黎塞留的庇护。作为宫廷画家，他绘制了许多国王与宫廷人物的肖像画

赴凡尔赛宫跟黎塞留会合，表明了支持黎塞留的立场，并做出反击，更换掌印官马里亚克等大臣。身在卢森堡宫并陶醉于胜利的玛丽及其党羽，在得知消息后立刻土崩瓦解。第二年，玛丽被软禁在了贡比涅，黎塞留终于独揽大权。

首相黎塞留在国内面对的重大问题之一，就是如何应对那些大贵族。1630年以后，一些大贵族依旧在密谋废除黎塞留。为了让他们屈服，黎塞留也推出了多项政策。早在1626年，法国就颁布了《禁止决斗令》。用决斗来洗刷污名的做法曾经是被公开认可的，是中世纪解决纷争的手段之一（自力救济）。但是，16世纪之后，随着王权论的进一步发展，产生了只有作为上帝代理人的国王才拥有裁决权的思想。《禁止决斗令》就是在此背景下颁

布的，明文规定将对违反者处以严惩。因此，翌年5月在国王广场进行决斗的布特维尔伯爵和德·夏泊尔就被判处了死刑（事实上到了17世纪之后，政府又多次颁布过《禁止决斗令》，但其真实效果颇为可疑）。除此之外，黎塞留还于1629年颁布了《米肖法典》，命令贵族们拆毁不必要的城堡并禁止收藏多余的武器。这些政策体现了由国王独占军事、司法等“暴力机构”的思想，因其符合现代国家的理念而为人所认可。

黎塞留在国内面临的另一个问题，则是如何对付新教徒。前面我们已经讲过，近代以前的国家体制是政教一体的，正因为这样，在一个国家内同时存在两种宗教是不可调和的事情。更何况看到国王在婚姻等方面亲近西班牙的姿态后，新教徒们对于政府亲天主教的政策极为不满，并采取了抵制行为。为此，黎塞留也开始压制新教徒。1627 年，英国接受了法国新教徒的求助，将海军舰队派到新教徒的大本营大西洋沿岸城市拉罗谢尔附近的海上，于是，拉罗谢尔的新教徒就举行了武装起义。为了镇压暴动，法王路易十三带着黎塞留亲自上阵，于同年秋天包围了拉罗谢尔。国王的军队在海港里筑起长长的防护堤用以防止英军舰队的攻击，最后于 1628 年 10 月攻陷该城。翌年 6 月，《阿莱斯敕令》颁布。这一敕令取消了原先《南特敕令》中有关政治、军事的某些条款。尽管一如既往地承认新教徒的宗教信仰自由，却大幅度削减其享有的特权。之后，随着王权的进一步强化，所谓“一位国王，一部法律，一个信仰”的绝对国家主义的强势理念逐渐形成，《南特敕令》中那些宽容的规定也就越来越形同虚设了。

路易十三进入拉罗谢尔

本画作描绘了 1628 年 11 月 1 日法王路易十三带着黎塞留进入拉罗谢尔的景象。该城市的陷落标志着法国宗教战争的真正结束。与此同时，由于他攻陷了这座城市，却又允许人民信仰新教，作为“既严厉又宽容之王”的国王形象取得了很好的宣传效果

拉罗谢尔攻防战

画面的下方描绘了前来救援的英军舰队，以及阻止其进入海湾的长堤。陆地上，法军正在攻打城市

路易十三（1601—1643）

该画由画家腓力普·德·尚帕涅绘制。画中的国王身披铠甲，头盔放在一旁。表明他既是一位君主，同时也是一位战士。右侧的维克托瓦尔（胜利女神）给他戴上桂冠的这一场景，表现了国王在拉罗谢尔战胜新教徒的功绩

黎塞留对统治机构也进行了改革，其背景则是一个被称作“穿袍贵族”的新兴统治阶层的出现。根据亨利四世时期的《波莱特法》，官职的世袭是被认可的，于是，官职也成了富裕起来后的平民阶层投资的对象，社会上就出现了一个被称作“官职拥有者”的阶层。他们所拥有的官职，以与税务、司法相关的居多，其中尤以最高法院、审计院和租税院等机构的职位威望最高，世袭几代之后，其家族往往会被视为贵族。相对于原有的“佩剑贵族”，这些以最高法院官僚为代表的新兴贵族就被人称为“穿袍贵族”。

黎塞留所重用的，就是与这些“穿袍贵族”相关联的官僚阶层。因为传统的“佩剑贵族”往往敌视这些新兴的“穿袍贵族”，故而重用他们能够牵制大贵族阶层。除此之外，为了胜任司法相关的官职，就必须掌握法律知识，而这些“穿袍贵族”所拥有的

路易十三的书信

这是法王路易十三于1627年写给黎塞留的书信。时值拉罗谢尔战争时期，信中写有因为有可能与英军交战，劝解黎塞留不要乘坐战舰的内容，表达了对黎塞留人身安全的关切之情

法律知识对王国的统治十分有用。就这样，黎塞留开始在国务会议上起用有能力的实务型大臣，以此来推动官僚机构的合理化，提高其运行效率。在地方统治方面，为了征收战争费用及维护地区治安，黎塞留扩充了原有的由中央向地方派遣“检察官”的人数，与此同时，还正式设立了“地方长官制度”。该制度最大的特征就是，地方长官为亲任官员。相对于官职拥有者，亲任官员的任务和任期都有着特殊规定，国王能够自由任命或解任，有利于王权对官员的统治。因此，为了加强对不安定地区的统治，国王会授予地方长官强有力的国王保留裁判权，并将他们派往各地。

这样的派遣始于1635年，在1642年至1643年的改革之后，官员又被以“司法、财务、治安监察官”的名义配属到了各个地区，

而在不久之后，他们的权限就不仅限于财政方面，而是统括了管区的方方面面。针对军队，王权也同样派遣了军政监察官，与此同时，还强化了国防大臣的权限，以期牢固掌握军队的控制权。

黎塞留在“国家理性”的旗帜下，通过种种军事、外交手段，实施了发扬法兰西荣光及国家利益优先的外交政策。所谓“国家理性”，就是一种以维护国家及国家制度为最高目的，即使在宗教、伦理等价值观方面略做牺牲也在所不惜的思想。而最能体现该思想的做法，就是法国在“三十年战争”中的表现。

1618 年，波希米亚的新教贵族们因反抗波希米亚国王哈布斯堡家族的斐迪南的镇压，爆发了“三十年战争”。战争初期，还仅仅是神圣罗马帝国皇帝（斐迪南是皇帝的堂弟）与国内新教诸侯之间的争斗，但因牵涉神圣罗马帝国的皇位继承问题，于是西班牙加入了神圣罗马帝国皇帝的阵营，而丹麦和瑞典站到了新教诸侯一边，后来整个欧洲都卷入了战争旋涡。在法国国内，以天主教为中心的主张占了上风。他们认为，理应与神圣罗马帝国皇帝建立同盟而对新教诸侯一方实施圣战。但在 1630 年放逐了王太后玛丽而执掌大权的黎塞留所采取的政策，则是联合新教徒势力与哈布斯堡家族分庭抗礼。黎塞留于 1631 年与瑞典签订了《贝尔巴尔德协定》，决定向古斯塔夫二世阿道尔夫每年提供一百万里弗尔。到了 1635 年，形势对新教徒阵营不利之时，他又与荷兰及瑞典缔结了同盟关系，直接向西班牙与神圣罗马帝国皇帝宣战。

对瑞典的经济援助和在“三十年战争”中的直接参战，无疑扩大了法国的军事开支，从1630年到1635年，国家支出已经增长到了原来的四倍。为此黎塞留采取了增加税收的政策，在充分利用地方长官制度增收直接税的同时，也强化了盐税、关税及消费税等间接税。关于间接税的征收，当时政府采用的是“包税制”。由被称作“包税人”的金融从业者与国王签订承包合同并向国王预付税额，然后再利用自己所拥有的组织来进行征收。由于立刻就能得到全部税款，所以对国王来说，这种征税制度十分有利。由于“包税人”会将预付部分的利息及自己的收益添加到实际征收的税收上，因此遭到了纳税人的怨恨。

三十年战争之惨状

该绘画取材于洛林地区画家雅克·卡洛的连环版画《战争之惨状》（1633）中的《绞刑者之树》，描绘了被军队处以极刑的人，但在被吊死的人数等细节方面，与原作略有出入

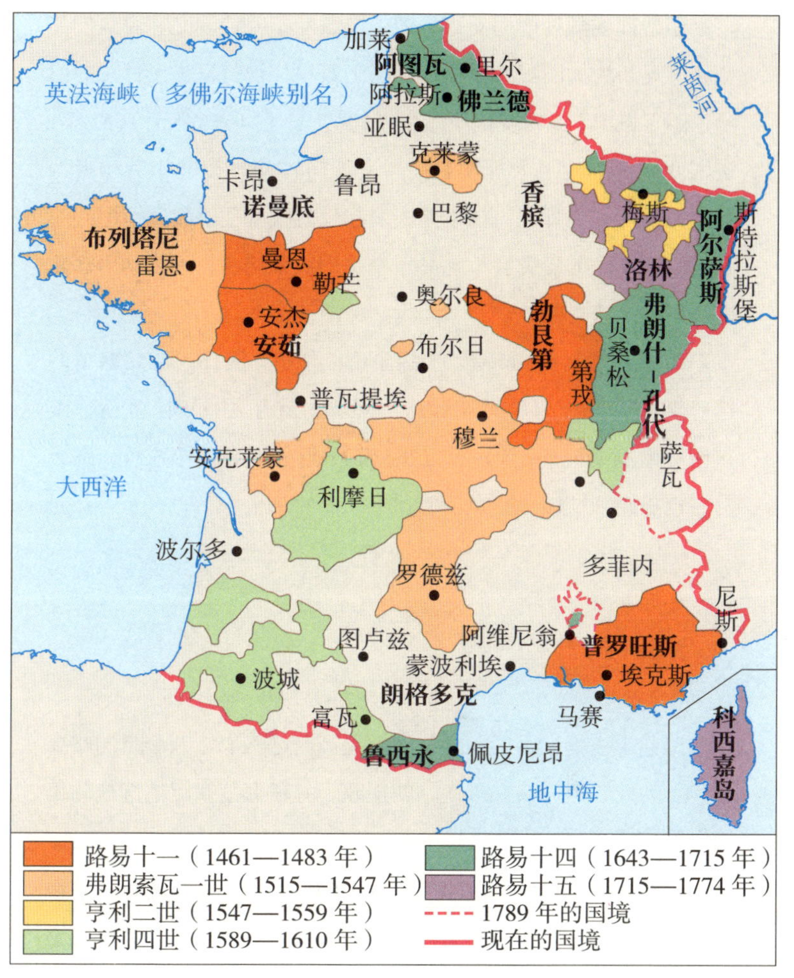

路易十一以后法王领地的扩张

到 16 世纪为止，法国领土的扩大几乎都是靠继承等人际关系而实现的，靠战争获得领土要等到 17 世纪

随着征税额度的提高，各地纷纷爆发了武装起义。民众们高喊着“无新税的国王万岁！”“国王万岁！税务官去死！”的口号包围了城市，或者烧毁不愿合作的村庄。自1636年至1637年，法国西南部爆发了大规模农民起义。1639年，以盐田劳动者为骨干力量的“赤脚党”在诺曼底发起反盐税暴动。黎塞留担心对现状心怀不满的贵族会与起义、暴动的民众结合，不惜动用军队进行严酷镇压。

诸如此类，1630年代的法国可谓内外交困，但在黎塞留的运筹调配下总算是硬撑了过去。然而，到了1642年10月，黎塞留突发高烧一病不起，并在同年12月去世。翌年5月，路易十三也身患肺结核，结束了他四十二岁的一生。

路易十四

路易十三去世之后，继位的就是当时才四岁零八个月的路易十四。为此，他母亲安娜便临朝摄政，并任命黎塞留的亲信马扎然为首相。

马扎然原本是罗马教皇的家臣，他作为罗马教皇的特使滞留法国时，受到黎塞留的赏识。黎塞留高度评价了马扎然的外交手腕，并在1638年王太子路易诞生之际，让他当受洗时的教父，由此可见对他有多么的信任。

1639年，马扎然加入法国国籍，1641年就任红衣主教。黎

安娜·奥地利与路易十四

1615 年与路易十三结婚的奥地利的安娜婚后一直没有生育，因此，她 37 岁时生下的路易可谓盼望已久的宝贝。然而，有关路易十四的出生，却流传着多种猜测和谣传

塞留在弥留之际，就指名道姓让马扎然做自己的接班人。

就任首相之后，尽管马扎然沿袭了黎塞留制定的政策，但在黎塞留当政时期受到压制的，积压于社会各阶层的不满和矛盾却仍在不断增长。当时的社会问题纷繁复杂，其中之一就是身份等级制度的混乱。第一等级即神职人员，由于神职人员是不允许娶妻生子的，因此其成员就必须在世俗人家中加以选拔。一般来讲，贵族子弟（长子除外）是高级神职人员的来源，而像农村里的祭司等低级神职人员往往由第三等级的人出任。这种出身上的巨大差别自然也就造成了心志上的巨大反差。也就是说，第一等级其实隐含在第二等级与第三等级之中，却各自代表着不同阶层的利益。这一点在日后的大革命中可谓暴露无遗。

在第二等级之中，“佩剑贵族”与“穿袍贵族”之间的对立与冲突同样十分尖锐。有着古老家族背景的“佩剑贵族”们，由于14世纪的危机及之后的经济萧条，其领主经济受到巨大打击，后来更是丧失了自立的能力，只能在新编制的军队或宫廷中寻找饭碗。可与此相反，富裕起来的第三等级却依托其财富，通过买官等手段获得了社会地位上升的通道。正像前文提到的那样，有些人甚至借此进入政权的中枢机构。尽管“佩剑贵族”对他们极端蔑视，称其为“卑贱而得势的小市民”，但“穿袍贵族”在法律上却拥有与传统贵族相同的特权，并逐渐成为贵族的主流。

占人口数量98%的第三等级其实包含多个社会阶层，上至正通往贵族阶层的官职拥有者，下至乞丐、流浪汉等，原本就不

马扎然
（1602—1661）
在反黎塞留集权化的“投石党运动”中，作为黎塞留的接班人，马扎然成了人们的攻击目标。当时还出版了许多反马扎然的文献。这些文献最大的收藏者，就是以马扎然的藏书为基础的马扎然图书馆

是铁板一块。第三等级成员的社会地位是由其拥有特权之多寡而决定的，而以农民为主没有任何特权的阶层，心中累积着强烈的不满。即便是在官僚阶层之中，也同样矛盾重重。由于黎塞留自当政时起就倾向于重用亲任官员，故而又导致自有官僚的强烈不满。如此这般，在路易十四继位之时，之前社会动荡及黎塞留变革带来的弊病，使得法国国内的不满情绪达到了临界点。

种种社会矛盾导致的总爆发，就是所谓的“投石党运动”。1648 年 1 月，“三十年战争”已进入最后的阶段，而法国政府也陷入了严重的财政危机。同年 4 月，政府决定废除《波莱特法》并停止支付官员的工资。对此，官职拥有者们立刻加以抵抗，他

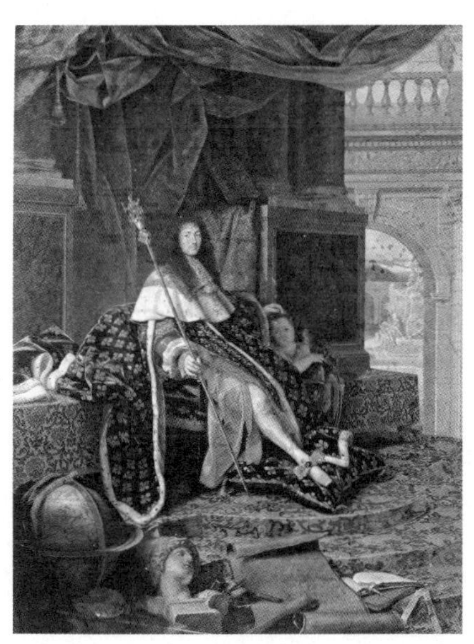

路易十四
（1638—1715）
这幅由画家亨利·泰德兰绘于 1668 年的画作，是由法兰西学院定制的，显示了国王作为艺术保护者的身份。绣着金色百合花的蓝面鼬皮斗篷、查理曼的权杖及圣灵骑士的绶带，这些都是加冕礼上国王的装束，这一姿态也经常出现在国王的正式肖像画中

们召开最高法院的联席会议，审议了国制改革方案。7 月 9 日，他们宣布，废除地方长官制度、包税制，降低直接税，并颁布了规定最高法院权限的《圣路易室宣言》（圣路易室为凡尔赛宫的一个房间）。对此，政府先假意接受了，但在《圣路易室宣言》的实施上则采取拖延策略，还在 8 月 26 日逮捕了改革派的中心人物布鲁赛。

于是，巴黎人民在第二天发动了暴动（即所谓的“街垒事件”），投石党运动自此开始。官职拥有者与民众的抵抗使政府不得不做出妥协。10 月 22 日颁布的《圣日耳曼布告》即表示政府全面接受《圣路易室宣言》。然而等到 10 月 24 日《威斯特伐利亚和约》缔结，宣告三十年战争正式终结之后，马扎然就策划了武装反击，并于翌年 1 月 6 日协同国王一家逃出巴黎，随即指使孔代亲王的军队包围了巴黎。对此，最高法院一方企图借助反马扎然的贵族势力予以抵抗，却终归失败，不得不在 3 月份与政府签订了《吕埃和约》，结束了巴黎的反政府暴动（史称“最高法院投石党运动”）。

以巴黎为中心的反政府暴动虽然就这么平息了，但暴动本身已经扩展到了巴黎以外的地方。对现状心怀不满的地方小贵族与领地内的农民结合起来，纷纷开展反对国王征税的斗争。诸如此类，围绕各自利益关系，产生了一系列因集权体制崩溃所带来的动乱。在巴黎镇压“最高法院投石党运动”有功的孔代亲王，由于对自身所受的待遇极为不满，便联合其弟孔代公爵和表兄隆格维尔公爵，尝试问鼎中央政权。察觉到这一点的马扎然于 1650

投石党运动（1648—1653）

孔代军围攻巴黎。投石党运动之后，孔代亲王离开法国，在佛兰德地区加入了西班牙军队并与法国开战。其后，根据1659年的《比利牛斯条约》，他又回到了法国，之后又活跃在荷兰战场上

年1月逮捕了这三人。然而，这一举动又触发了各地贵族的反马扎然运动，爆发了“贵族投石党运动”。这些贵族纷纷要求恢复被国王剥夺了的政治权利。次年2月，被逼得走投无路的马扎然只得在释放了孔代亲王等三人后，径直逃到德意志。其后，孔代亲王于1652年7月，以孔代派贵族为核心创建了临时政府，但由于人们不满于新政府的实际状态及孔代军队对居民的掳掠暴行，没过多久，临时政府也土崩瓦解了。同年10月，四处颠沛流离的法王路易十四回到了巴黎。翌年2月，马扎然也回到巴黎，投石党运动即告终结。

投石党运动中的敌我阵营其实不甚分明，因而各派之间的离散聚合也十分频繁。这是由于他们的争斗始终围绕着各自的特权及与特权密不可分的保守势力而进行。正如后文还将叙述的那样，

由于承认并保护各种特权的是法国国王，所以所谓的反乱事实上仅仅反对马扎然，并不反王权反国家。1648 年爆发的最高法院投石党运动之所以会在翌年 3 月做出妥协，不仅表明他们无意颠覆作为立身之本的王权，并且与 1649 年 1 月邻国英格兰查理一世的被处决及对国家体制转换的考虑，无疑是直接相关的。结果就是，经过了投石党运动之后，由于反对势力的弱化，贵族的大规模反叛就此终结，王权的中央集权化得到进一步加强。

马扎然恢复首相地位后，殚精竭虑，努力恢复统治秩序，然而天不假年，他竟于 1661 年 3 月去世了。

之后，路易十四就不再设立首相一职，并宣称一切都将亲力亲为，并实施对国家的统治。也就是说，路易十四的亲政，自此正式开始了。

路易十四改组了决定国家意志的最高国务会议，将王族和大贵族排除了出去，取而代之的则是“穿袍贵族”阶层成员。1661 年，财政大臣富凯因侵吞公款而遭逮捕之后，勒·泰利埃（国防大臣）、里约内（外务大臣）和柯尔贝尔（财政大臣）就成了辅佐国王的“三人小组”。其中，兼任海军大臣和建筑长官的柯尔贝尔又实际掌控了除军事和外交之外几乎所有的部门，并全力推动重商主义政策。在中央政府的统治之下，实施地方行政的则是投石党运动之后得到恢复并在路易十四亲政后普及全国各地的地方长官。这些地方长官一般都出自最高法院等官职拥有者阶层，但作为国王的亲任官僚，他们的心态又与一般的官职拥有者有所不同，形成了一个可称为“行政官僚”的系统。但是，这也并不意味着现代意义上的官僚制度就此确立。因为，这一时期的官僚几乎都是官职拥有者。此外，任职于中央政府的大臣和地方长官在执行具体任务时，利用诸如保护人与被保护人及亲属之类的人际关系，是一种必不可少的手段。

从 17 世纪 60 年代到 70 年代，法国王权就是在如此体制下得以逐步强化的。就司法改革而言，政府于 1667 年颁布了《民事敕令》，于 1670 年颁布了《刑事敕令》。自中世纪以来，某一地区并入王国时，作为惯例，当地的法制体系一般都会作为一种特权而原封不动地保存下去。正因为这样，作为习惯法而存在于各个地区的法律并没有得到统一。《刑事敕令》虽然针对叛逆罪、假币制造罪、走私等几种重大犯罪制定了相关的规程，但仍然没有制定出全国统一的刑法和民法。制定这些法律的目的，仅仅停留在规范诉讼手续（起诉、审讯、逮捕、传唤证人的方法及判决形式）的层面。可即便是这样，这些法律仍与《商务敕令》等其他法典一起，构筑起了法国大革命之前的法律体系。

在此之前，国内政治的重点一般都放在用司法解决纷争方面，从路易十四亲政起，就转变为如何统治社会的行政管理方面了。例如 1667 年，“警察总监”一职在巴黎创设，表示国家机构将取代原先的城市自治体，在维持治安、管束风纪与公共卫生及粮食供应等方面实施监管。另外，从 17 世纪 50 年代开始，在救济穷人方面也从原先以教会为中心，改为由国家设置救济院承担社会慈善。到了 18 世纪，为了管理贫民及其引发的社会问题，警察又改组、扩充为骑警巡逻队，开始体现出国家意志。

司法改革

这是凡尔赛宫“镜子回廊”天花板上的顶棚画，表现了司法改革的内容。画中，路易十四手持法典，左边是手持天平的“正义”女神。路易十四脚下踩着的文件包喻示着无用的诉讼手续

作为实施这类政策的基本前提，这一时期还进行了国内的一系列普查工作。1664 年，柯尔贝尔要求地方长官们对管区内的人口及产业、租税等状况进行调查后上报。事实上在路易十四统治时期，同样的调查后来又进行了两次。1684 年，科学院利用研究成果绘制、出版了法国地图；1690 年代，沃邦基于国情调查做成了人口普查报告。这些都表明王权开始利用统计手段或试图从空间上把握整个王国，了解王国的实际情况。又如威廉·配第出版的《政治算术》所显示的那样，从这一时期开始，尽管还不够完善，政府已经试图通过计算国民经济来衡量综合国力了。

在军队建设方面，勒·泰利埃与他的儿子卢福瓦·勒·泰利埃一起实施了一系列的制度改革。当时的军队已经脱离了封建制

模式，作为国家编制而存在，无论是连队还是下面的中队，都是靠国家提供的军费运营的。但是，由于指挥官阶层依旧实行着卖官制（世袭制）及兵员的承包制，使得部队带有某种经营性实体的性质，被普遍认为是指挥官的私人家产，因此也产生了军队的独立倾向、军令不畅及指挥官的营私舞弊和士兵素质低下等诸多问题。针对这些状况，勒·泰利埃父子明确了指挥系统及各级职务的具体内容，采取了废除诸如名誉职务等虚职、禁止兼职等措施，试图确立一种合理的等级制度。与此同时，还通过向军队派遣行政官僚的方式来实施军队的运营、管理和监督。这些官僚负责检举揭发军队里的不正之风，配合管理军队的调动、补给等后

勒·泰利埃（1603—1685）和卢福瓦侯爵（1641—1691）

勒·泰利埃一家就是通过购买官职而实现了社会地位的提升，是典型的“穿袍贵族”家系

勤保障工作，在尊重军人特权的同时，尽量提高军队的运营效率。

从1668年起，为了从农村征募士兵，政府设立了国王民兵制。而实施这一系列改革的背景，则是路易十四不断发动的连续对外战争。

路易十四认为，要想实现国家统一，首先必须统一宗教，因此，他积极推行“一个国家，一种宗教”的政策。自他亲政起，就重新开始了针对新教徒的迫害。1679年以后，他让骑兵住进新教徒的家里，强迫他们改变宗教信仰，推行了一种被称为Dragonnade（武力迫害）的政策。1685年，他颁布了《枫丹白露敕令》，正式废除《南特敕令》，还采取了将新教牧师流

路易十四像

这是安东尼·柯塞沃克的作品。大革命前曾被放置在巴黎市政厅。现在则矗立在卡纳瓦莱美术馆的大门口。在大革命时期，巴黎的国王塑像绝大部分都遭到破坏，现在所能看到的几乎都是在19世纪重塑的。但这一尊塑像却在大革命中幸免于难，故十分珍贵

放到国外、关闭学校、强迫小孩子改信天主教等严厉措施。据说因此逃亡的新教徒人数多达二十万，由于这些新教徒多为工商业者，他们的逃亡也对法国经济造成重大打击。与此同时，基于“法国天主教教会自主论”的理念，路易十四也极力排除罗马教皇对本国宗教问题的干涉。1673 年，路易十四因主张国王有权委任大主教而与罗马教皇产生尖锐对立，且国内的神职人员全力支持路易十四，由此，“法国天主教教会自主论”也就确立了牢固的地位。

取代富凯成为法国财政负责人的柯尔贝尔，通过惩治腐败缩减了国家债务，与此同时，又实施了增收间接税等税收政策，曾一度改善了财政收支状况。然而，自 1672 年的法荷战争后，用于战争的军事开支已占到了国家财政总支出的 70% 以上，令法国陷入严重的财政危机。为此，政府创设了名为 Capitation（人头税）的新税种，开始对所有国民征收与其身份相符合的税款。这标志着原本具有免税特权的神职人员和贵族阶层开始纳税了。1697 年，这个人头税曾一度被废止，但又于 1701 年恢复了。到了 1710 年，政府又开始征收被称为 Dixième（什一税）的所得税，即征收收入的十分之一。但是，无论哪个税种，时间一长就逐渐违背了向全民征税的理念。不过，向特权阶层征税的尝试，标志着一个巨大的转折。其实，在 18 世纪征税问题屡屡成为财政改革的对象，也是引发大革命的因素之一。

除此之外，重商主义也是柯尔贝尔大力推动的财政政策之一。由于在欧洲流通的货币量是一定的，所以柯尔贝尔试图通过这种

柯尔贝尔（1619—1683）

柯尔贝尔是继富凯之后的法国财政负责人，在发展产业的同时，他还作为掌管建筑的大臣统管王室的艺术政策，在路易十四亲政后的王权宣传方面做出巨大贡献

被称为“柯尔贝尔主义”的政策，从贸易差额中给法国带来财富。为此，他还推行强有力的关税保护政策，大力扶植国内产业，对于重要的行业国家予以特殊保护。在海外贸易方面，柯尔贝尔设立了东西印度公司（1664）、利凡特公司（1670）、塞内加尔公司（1673）等，使其垄断海外贸易。在产业方面，他在矿业、冶金、奢侈品（刺绣、玻璃、挂毯等）、高档毛纺业等领域设立了特许权手工工场（一种工业生产的初期形态），同样实现了垄断。垄断性特许权的赋予其实是资本介入国家经济的一种方式，这给那些拥有特许权的企业带来了巨大利益，而重商主义政策的目的就是让财富回流国库，使国家富裕起来。

路易十四时代在对外关系方面的基轴之一，就是与哈布斯堡家族对抗，即法国与西班牙的对抗。尤其是除了西班牙本土之外，该家族还拥有佛兰德（即现在的比利时、卢森堡和法国北部）和弗朗什–孔泰，因此两国争端不止。即便在 1648 年三十年战争终结之后，西班牙与法国之间的战争也依然持续着，直到 1659 年签订了《比利牛斯条约》，两国之间才终于结束了战争状态。该条约使法国获得了占领下的阿图瓦地区的大部分，并确定了路易十四与西班牙国王腓力四世长女玛丽·特蕾丝之间的婚姻关系。他们两人于翌年在巴斯克地区的圣让德卢斯教堂举行了婚礼。

当时西班牙与法国约定，在路易十四与玛丽·特蕾丝结婚的时候，西班牙将付给法国高达五十万埃居（13 至 18 世纪发行于法国的金、银币）的嫁妆，条件是玛丽放弃对西班牙王位的继承权。然而，这笔嫁妆一直没有兑现，而西班牙国王腓力四世却于 1665 年去世了。因此，路易十四便以“王后的权利”声称对西班牙治下的佛兰德地区拥有继承权。1667 年，他派兵入侵该地，占领了里尔等主要城市，又于第二年攻占了弗朗什–孔泰。由于担心法国日益强大，英国、荷兰和瑞典出面调停，于 1668 年 5 月签订了《亚琛和约》。根据该条约，法国不得不归还了弗朗什–孔泰，但确保了佛兰德地区的主要城市。

在海外扩张方面，法国力图介入先行者英国与荷兰之间的争斗，在此“佛兰德战争（遗产归属争夺战）”的过程中，法国与荷兰在贸易问题上产生的冲突不断升级。1672 年 5 月，路易十四亲率大军渡过莱茵河，攻入荷兰境内，法荷战争就此爆发。翌年，西班牙和神圣罗马帝国皇帝与荷兰结盟，使战火进一步蔓延开来。此时，法国以西属尼德兰地区为主战场，继续战斗着，但形势已日趋孤立，于是便在 1678 年签署了《奈梅亨条约》。在此次战争之后，法国拥有了弗朗什－孔泰和佛兰德地区的其他多个城市。

17 世纪 80 年代初期，法国在莱茵河左岸大力推行其被称作“兼并政策”的领土扩大政策。一些对法国的扩张心怀戒备的国家于 1686 年结成“奥格斯堡同盟”。而法国则针锋相对，声称自己对普法尔茨地区拥有继承权并向该地区出兵，于是在 1688 年爆发了“奥格斯堡同盟战争（又称普法尔茨战争）”。这一年，英国爆发“光荣革命”，被赶下王位的詹姆士二世逃到了法国。为此，英国也加入了奥格斯堡同盟。法国几乎与整个欧洲为敌，

佛兰德战争

1667 年 8 月 18 日，法王路易十四亲自指挥军队，攻占了佛兰德地区的中心城市里尔。本图为戈布兰制造所生产的挂毯《路易十四的时代》中的一块

战局逐渐开始对法国不利。1697 年签订了《里斯维克和约》后，法国不得不做出让步，退还了已兼并的洛林地区。

路易十四发动的最后一场对外战争，是“西班牙王位继承战争”。1700 年西班牙国王卡洛斯二世去世，身后并未留下继承人，西班牙哈布斯堡家族一脉就此绝嗣。由于卡洛斯二世生前曾指定路易十四的孙子腓力作为腓力五世继承自己的王位，但要求西班牙不能与法国合并，而路易十四却无视这一规定。因担心法国日

西班牙王位继承战（1701—1713）

该图描绘的是 1702 年维拉尔元帅在弗里德林根战役中打败神圣罗马帝国军队的场景。位于画面右侧正在指挥的，就是维拉尔元帅。源自 1703 年的年历

《里斯维克和约》（1697）

代表各参战国的多个人物，正在种植和平之树。背景是签订和约的里斯维克城堡。源自 1698 年的年历

后过于强大，神圣罗马帝国、英国及荷兰为了与之相对抗而结成了“海牙同盟”。1702 年，战端开启，战火不仅燃烧在欧洲大陆，还一直扩大到了海外殖民地。再加上当时法国国内歉收，出现了严重的经济危机，故而战争期间法国一直是在咬紧牙关苦撑着。所幸的是，1711 年神圣罗马帝国皇帝约瑟夫一世去世了，国际形势风云突变，1713 年交战双方缔结了《乌德勒支和约》，战争终于结束了。尽管法国根据此条约成功地使西班牙承认了波旁王朝，但不得不将纽芬兰和哈德逊湾等海外殖民地割让给英国。

事实上，法国的国力有相当大的部分都消耗在这一连串的战争之中了，而实际所得却寥寥无几。因此，可以说法兰西的霸权主义并未真正得逞。不过，由此而获得的佛兰德地区的多个城市及弗朗什－孔泰地区等，使其领土已接近今天的规模，也同样是不争的事实。

法兰西君主专制

在一定的疆域内可行使排他性权力的国家，也即拥有领土、国民和国家主权的国家，被称作主权国家。这种国家形态自 16 世纪开始形成，一直保持到了现代。一般认为，法国的君主专制正是主权国家的初级形态。作为主权拥有者的国王，在国内能够独立行使立法、征税及发动战争与媾和的权力。在黎塞留的“国家理性”思想中，“国家利益优先”也是主权国家的特征之一。

与此同时，国际关系作为主权国家得以存在的前提，被称为主权国家体系。正如《威斯特伐利亚和约》已明确地显示，罗马教皇与神圣罗马帝国皇帝的普世统治权已遭到否定，构筑起了以各国势力均衡为原则的国际关系。

但是，如果要问国王在疆域内是否能够实现彻底的一元化统治，那么，最新的实证研究表明不能。因为即便是在路易十四治下的法国，也同样存在着复合式的统治方式。

那么，这种复合式的统治方式的存在原因又是什么呢？答案是王权的统治力还相当薄弱。在近代以前，由于不具备像今天这样的居民登记制度，国王是不可能对单个臣民进行直接统治的。虽说到了路易十四时代，官员的数量已经增多，但官员与总人口的比例还是远不能与今天相比，行政文件的发布系统也极不完备。因此，王权必须与国内自古以来就形成的各种社会团体相结合，并以此为媒介对臣民实施间接统治。例如，中世纪的城市为了保卫自己的财富，通常都会在其四周筑起城墙，并发展自治组织和保卫城市的军事力量。国王必须开恩，以授予特权的方式保证城市自治传统及其他各种传统习俗。作为回报，城市要对王权宣誓效忠，必要时提供财政援助。

这些被授予特权的团体，一般称为“社团”，而在当时的法国，存在着贵族、官职拥有者、基尔特（同业行会）、村落共同体等各种各样的社团，王权正是以特权为媒介与这些社团建立关系，并将社团纳入自己的统治范围。作为“特权”而被广泛接受的社会集团，正如“古来之良法”这话所喻示的那样，越是历史悠久的习俗，生命力也就越强。因此，王权无法一下子将其全盘否定，再另推行一套全新的制度。

例如，作为里尔在佛兰德战争中的投降条件，在其媾和条约中就有这样的记述："里尔的城市和 Chatellenie（西欧封建社会中具有军事、司法、行政统治权的城堡与服从其统治的乡村的组合，被称为'封建制的细胞'）能够享受早就被法国的国王们和本地统治者们认可的所有特权，以及其他习俗、权利、自由、判决权、治安和行政权。"也就是说，只有在承认、维持市民们原有特权的基础上，国王才能统治里尔这个城市。战争结束后，法王路易十四造访里尔，不仅举行了尊重传统的入城仪式，还重申了古老的佛兰德伯爵的宣誓。在西班牙王位继承战期间，里尔一度被荷兰占领，根据 1713 年的《乌德勒支和约》才回归法国，就在归还的第二天，国王派遣的地方长官就对里尔的城市管理者们宣告："国王的宣誓依然有效。并且，国王陛下非但不会削减本市的特权，还会有所增加。"

在王国中，上至贵族，下到属于农村共同体的农民，几乎所有的人都在不同程度上拥有某种特权。在当时这种人生来就不平等的社会中，拥有特权的多寡也就等于拥有自由的程度。事实上，在当时的语境中，"特权"就是被当作"自由"的意思来运用的。因此，正如王权受制于自古以来的自然法，国王也很难推行取消社团特权的政策。

话虽如此，在君主专制时期，社团也并不是以与王权相对立的方式来实现自治的。在君主专制时期，"社团的自治权和自由权”转化成了“由国王所赋予的特权”。从这个意义上来讲，在立足于社团之上的君主专制国家里，“王权的伸张”是得到广泛认可的。这就意味着以宗教战争的混乱期为分界，原本与王权统治毫不相干的社会集团自中世纪后不再独立存在，开始逐渐寻求王权的保护。与此同时，正如城市中逐渐形成寡头制那样，社团内部权力结构的变化也被人们逐渐认可，而城市管理阶层与王权相互协作的方式则被普遍接受。

如上所述，根据今天的研究，所谓“专制主义”，并非表示国王可以“专制”地为所欲为，而是也要受到各种各样的制约。

正在打桌球的路易十四

图中描绘的是凡尔赛宫正殿里的一个场景。画面最左边的是王太子，其右边则是沙特尔公爵。在宫廷里，娱乐其实也是一种体现王权的手段

国王之荣光

那么，在王权如此受限制的前提下，为什么当时的王权会比中世纪时更为强大，或者说同时代人为什么会这样认为呢？这其中的关键就在于国王的权威，即在实际权力之外，国王拥有的让被统治者接受的王权正统性，包括其影响力。事实上在路易十四亲政时期，法国大力实施“国王之荣光”的王权宣传政策。

1664 年，柯尔贝尔执掌国王艺术宣传部门，而他所推行的一系列艺术政策就是弘扬“国王之荣光”的核心。柯尔贝尔在前一年设立了小型艺术院，让院士们对法国的艺术政策建言献策。1666 年，他又在罗马设立了法兰西学院，让具有艺术天赋的人去那里留学，以培养出色的艺术家。1667 年，戈布兰制造所正式开始运行，生产挂毯、版画及家具等产品。戈布兰制造所里聚集了如荷兰的范・德・曼兰等不同国籍的优秀艺术家，制作了大量具有现实意义的作品。

在宣扬“国王之荣光”方面，首屈一指的还得数宏伟壮丽的凡尔赛宫。该宫殿最初是作为路易十三狩猎时的行宫而建造的，1668 年，路易十四决定对它进行大规模的改造，并将政府机构迁入其中。担任建筑设计的路易・勒沃采取了围绕旧址增建新馆的策略，建造了日后成为国王公开活动场所的正殿；1678 年，路易十四又决定拆除宫殿西侧的阳台部分，建造镜子回廊（镜厅）。为了表现“国王之荣光”，各个房间的室内装饰都是由首席画家夏尔・勒布伦精心设计的。

戈布兰制造所

是由柯尔贝尔将巴黎各处的挂毯作坊合并后建立起的制造所。照片正面是 17 世纪的建筑物，正中央是礼拜堂

沃子爵城堡（又称沃乐维康宫）

这是路易十四的财政大臣尼古拉斯·富凯请路易·勒沃（建筑）、夏尔·勒布伦（室内装饰）和安德烈·勒诺特（景观设计）这三位巨匠建造的豪宅。后来，这三位还一起改造了凡尔赛宫

正殿以设有宝座的“阿波罗厅”为中心，每个房间的天花板上都描绘着代表各个行星的众神。穹顶部分则画着与其神性相符合的古代英雄们的故事。正如“墨丘利厅”（墨丘利为罗马神话中的商业之神）中的《托勒密二世（古埃及托勒密王朝的法老）在亚历山大图书馆里与学者们交谈》，它表现了皇家图书馆的宏伟壮丽及国王对文化艺术和艺术院的庇护，这些以古代英雄们的事迹为题材的画作，同时也表现了路易十四的丰功伟绩和当时的伟大人物。1684 年完工的“镜子回廊”，天花板上装饰了包含夏尔·勒布伦及其团队绘制的三十幅画作，其中包含了十二幅大型绘画，以此大力颂扬路易十四的文治武功。在“镜子回廊”建造的同时，其南北两侧还建有“和平厅”和“战争厅”。这其中陈列了一系列画像，表现了路易十四自 1661 年亲政起，到因法荷战争获胜而给欧洲带来的和平，显示了法兰西和路易十四相比其他国家及其君王是多么的优越与高贵。

不仅如此，事实上法国各地都建造了这种表现“国王之荣光”的建筑物。在 17 世纪 70 年代的巴黎城市改造时期，新的凯旋门建成，其中圣丹尼门和圣马丁门便表现了法荷战争的胜利场景；1686 年由宠臣拉·费拉德元帅建造的胜利广场上，装饰着多块路易十四时期战争胜绩的纪念碑。除此之外，法国北部的主要城市里尔，也于 1682 年建造了巴黎门，并装饰了因胜利而接受桂冠的路易十四和战神玛尔斯、大力神赫拉克勒斯的雕像。1685 年之后，法国主要城市里建造路易十四骑马雕像的计划又被推行，并在巴黎、雷恩、蒙彼利埃、里昂、第戎这五大城市获得了成功。

在这些雕像中，路易十四都身穿罗马皇帝的服饰，雄姿英发地跨坐在高头骏马上，威风凛凛，不可一世，完全一副“战士”“征服者”“皇帝”的姿态。这些堪与马其顿国王亚历山大大帝相比肩的大手笔，无疑是凸显路易十四威严的重要元素，也包含着依靠罗马皇帝般的权威和军事实力开疆拓土的意味。

与此同时，表现“国王之荣光”的绘画作品也在紧锣密鼓的制作中。遵照路易十四的命令，大画家夏尔·勒布伦自1661年起开始创作表现亚历山大大帝生涯的系列画作。在最初完成的《跪求亚历山大大帝的波斯王妃们》的画作中，描绘了在伊苏战役中

夏尔·勒布伦的画作《渡过莱茵河》

该画画在凡尔赛宫镜廊的天花板上，表现了对荷兰开战的内容。这种表现手法是赋有寓意性质的，路易十四坐在战车上，后面跟着的是赫拉克勒斯（希腊神话中的大力神），他们一路践踏着荷兰的城市。右侧翻身跌倒的老人则喻示着莱茵河

大获全胜的亚历山大大帝来到大流士三世的露营地，接受战败方母亲和王妃们请求的场景。一般认为，该画作隐喻了路易十四获得以《比利牛斯条约》为标志的法西战争的胜利、亲政宣言及平定投石党暴动的功绩。路易十四希望通过显示自身与亚历山大大帝的相似性来彰显自己的权威，因此，他命人创作了许多以亚历山大大帝为题材的画作，诸如其他的四幅系列画作及凡尔赛宫正殿中的五幅画作等。

除此之外，路易十四的真人肖像也制作了许多，尤其是国王身穿加冕仪式服装的画像，还作为路易十四的正式肖像被送到国外。为体现王权的威严，这一时期的画作中有很大一部分是描绘战争题材的。画家范·德·曼兰还时常亲赴法军所攻占的城市，通过实地写生记录下当地的景观。这些画作在成为挂毯图案底稿的同时，还形成了“战争画”这样的艺术门类。范·德·曼兰和他的团队所制作的表现“路易十四之征服事业”的众多战争画，被装饰在 1683 年完工的马尔丽宫“国王厅”里。

不仅是绘画，国王的形象还出现在了挂毯这种当时宫殿和场馆的重要的装饰物上。这些挂毯主要由戈布兰制造所生产。编织而成的挂毯有许多种类，包括前面提到过的亚历山大大帝的传奇故事，既有源自绘画的图案，也有原创的图案。但不论是哪一种，都表现了“国王之荣光”。在这些原创作品中，有的寓意“四元素”和“四季”，有的在背景中配以国王的城堡，还有表现国王与宫廷官员时令活动的《国王宫殿》等。

而从 1663 年到 1673 年花了十年工夫制作而成的系列作品

夏尔·勒布伦所作《跪求亚历山大大帝的波斯王妃们》

该画表现了公元前 333 年，在伊苏战役中大败波斯军之后，亚历山大大帝来到逃亡中的大流士三世露营地的场景。由于路易十四开始亲政时年龄与亚历山大大帝差不多，所以希望通过亚历山大大帝的形象来彰显自己的权威

夏尔·勒布伦（1619—1690）

夏尔·勒布伦在巴黎学习绘画后，又于 1642 年赴罗马投在尼古拉斯·普桑的门下深造。1646 年回国后，他充分发挥自己的才能，成为国王的首席画家，在绘画雕塑学院担任艺术指导，在实施国王的艺术政策方面发挥了巨大影响力

国王访问戈布兰制造所

这是一幅表现国王于1667年10月15日访问戈布兰制造所时景象的挂毯。左侧头戴帽子、手持权杖的就是国王，站在一旁为他解说的则是柯尔贝尔。柯尔贝尔的左边，手里拿着帽子的那个是夏尔·勒布伦。画面表现了各种各样的挂毯作品被搬运进来的场景

渡过格拉尼库斯河

这是戈布兰制造所根据画家夏尔·勒布伦描绘的《亚历山大大帝的生涯系列》画作中的一幅所制作的挂毯

《路易十四记》，更是以十四块挂毯描绘了国王的婚礼、加冕仪式及佛兰德战争中的战斗场景等，充分表现了路易十四一生中重要的经历和丰功伟绩。

然而，与绘画和挂毯相比，版画在传播国王形象方面的作用似乎更大。戈布兰制造所里也有像塞巴斯蒂安·勒克莱尔这样的版画家，他们运用在17世纪已经较为成熟的铜版画技术，协助夏尔·勒布伦的工作，制作了大量版画。版画分为两大部分：一部分是对绘画作品的复制，如范·德·曼兰的战争画，有许多都被翻制成了版画，以便让更多的人看到；另一部分则是原创性的，主要表现国王的宫殿和重大仪式。由于版画要比绘画便宜得多，并宜于批量生产（一幅版画能印刷两千份左右），因此比起绘画和挂毯来，国王的形象能在更为广泛的社会阶层传播。而在这一方面，作用最大、效果最好的，则首推运用版画技术制作的年历。这种单张印刷的年历，通常会印上前一年发生的重大事件。路易十四的时代也正是年历的黄金时代，通常年平均发行十种以上，而就题材来说，超过九成都与国王的活动有关。所谓国王的活动，包括王族的诞生和婚姻，内政、外交上的重大事件，国王的建筑物，战场上的胜利场景与和平的到来等。其中还有诸如攻击英王威廉三世为篡位者之类树立敌对意识的图画。通过对战争场景与国际对立局势的描绘，除了宣扬国王的光辉形象之外，年历也在造就法兰西国家形象方面发挥了巨大作用。

总而言之，尽管与实际情况有所差异，但在路易十四亲政时期，法国确实在视觉传播中创造了一个强势国王的形象。王权在

路易十四访问巴黎

这是由塞巴斯蒂安·勒克莱尔创作的版画，表现了国王路易十四于1687年访问巴黎时的景象。路易十四在前一年曾身患疾病，为了庆祝他的康复，巴黎举行了盛大的欢迎仪式。从这幅版画中，我们也能看出国王与城市社团巴黎之间互惠互助的关系

国王形象的创立和传播方面竭尽全力，通过各种各样的媒介将这一形象渗透到人们的心里。

与此同时，法国的宫廷及宫廷礼仪也在创立国王权威的过程中发挥着巨大的作用。源自中世纪的加冕仪式和针对瘰疬病人的触手礼，作为一种宣扬国王神性的国家礼仪，具有巨大的影响力，特别是在文艺复兴式的君主制时期，葬礼和入城仪式的重要性极为突出。在国王的葬礼上，新任国王并不出现，而是用已故国王的替身（或塑像、画像）表现王权的不灭。在入城仪式中，国王访问某城市时会首先来到城门外，城市管理者会献上象征城市自治的钥匙，国王接过该钥匙后要马上还给城市管理者。这套仪式其实在用视觉的方式表现城市向国王效忠，而国王承认城市的特权。

路易十四骑马雕像

该画表现了巴黎的路易大帝广场（旺多姆广场）上，为雕塑家吉拉尔东创作的路易十四骑马雕像举行落成仪式时的场景（1699）。雕像周围的骑马人士，是巴黎市的官员们。该图是 1700 年的法国年历

范·德·曼兰（1632—1690）

范·德·曼兰在布鲁塞尔师从彼得·斯奈德斯学习之后来到法国，1664 年得到了柯尔贝尔的资助，并进入了戈布兰制造所。在以历史画为中心的法国画坛，专攻风景与战争画的范·德·曼兰成了推行宣传政策不可或缺的人才

然而，到了路易十四的统治时代，在公众面前表演礼仪的作用有所下降，取而代之的是宫廷礼仪。在凡尔赛宫尚未完工的17世纪60年代到70年代，路易十四在其中举办过多场大规模的盛宴。这些盛会是包含芭蕾舞表演、化装舞会、各种竞技比赛、戏剧演出、宴会和烟火等项目的综合游艺活动。如在1664年，为了纪念外交胜利而举办的一场名为“魔岛之乐”的盛宴上，首次上演了莫里哀的戏剧《伊利斯的公主》。然而，在凡尔赛宫完工后，表现国王权威的重心就转移到弥撒、起床、就寝这些日常礼仪上去了。在如此形成的“宫廷社会”中，随着国王日常生活的仪式化，以大贵族为中心的宫廷人士通过参加这些仪式而与国王接触，这种行为本身就成了他们自身权力的源泉。也就是说，在国王起床时自己轮到第几个谒见？国王狩猎时自己能否随同前往？国王用晚餐时自己坐在哪个座位上？国王将自己安排在凡尔赛宫的哪个房间里？诸如此类，国王如同太阳一般居于中心，自己与国王之间的距离是与宦途前程直接相关的。换句话说，如果国王起床时未被召见而一直在门房里坐冷板凳，那就是失宠，意味自己政治生命的终结。

如果国王一直待在宫廷里的话，普通臣民就看不到其光辉形象了。为弥补这一缺憾，一方面是设置在各大城市里的国王骑马雕像及版画等视觉媒介，另一方面则是一种被称作赞美颂（Te Deum）的礼仪。所谓赞美颂，其实是一种在王太子出生、王族结婚等皇家喜事及战争胜利之时，全国各地教堂所举行的谢神仪式。普通臣民出席该仪式后，便可切身体会到国王的影响和功绩。

那么，以上所述种种表现“国王之荣光”的传播手段，在作为一般受众的普通臣民那里到底产生了多大的效果呢？对此，我们不得而知。但是，正像农民在暴动时喊出的口号“国王万岁！杀死税务官！”，臣民们似乎把国王当作能够将自己救出苦海的大救星。由此看来，路易十四的宣传策略确实具有一定的影响力。

凡尔赛宫

这是 1722 年描绘的，从凡尔赛宫东侧所看到的景象。靠里边的部分是路易十三建造的猎宫，其外围则是建筑师路易·勒沃和弗朗索瓦·芒萨尔增建的巨大的建造物。建筑物之外，西面是宽广的园林

1674 年的庆功晚会

这是为庆祝攻陷弗朗什－孔泰而举办的庆功晚会。在被路易十三建造的宫殿三面围住的大理石庭院中，上演了吕里（1632—1687，法国作曲家）创作的音乐悲剧（法语歌剧）《阿尔塞斯特》

胜利广场

广场中央原本有一座路易十四因获胜而被授予桂冠的雕像，出自荷兰雕塑家杜雅尔丹之手，大革命时期被拆去。建筑家芒萨尔设计的环绕广场的建筑群，常引发人的思古之幽情

* 专栏 1

路易十四的巴黎城市改造

将首都功能转移到凡尔赛宫的路易十四，也对巴黎进行了积极的城市改造。随着巴黎的不断扩大，历代国王都拓展了巴黎的城墙，而路易十四基于巴黎不可能受到外国攻击的判断，于1670 年下令拆除巴黎的城墙，并将其遗址改造成供人散步用的步行道。不过当时的城市改造尚未达到 19 世纪时那种整体改造的水平，路易十四的改造理念只是在巴黎市内配置象征王权的建筑物。

在卢浮宫，中世纪的城郭被拆除，建造了“方形的花园”和“阿波罗回廊”；在杜伊勒里宫，其北侧建造了侧殿，而国王一家所居住的正殿装饰则改为以阿波罗和赫拉克勒斯（对应于国王）、阿喀琉斯（对应于王太子）、密涅瓦（对应于王后）为题材的画像。在为纪念法荷战争胜利而建造的圣丹尼门上，装饰了表现“渡过莱茵河”“攻克马斯特里赫特”的浮雕，在圣马丁门上则装饰了表现“三国同盟之瓦解”“攻克贝桑松”“攻克林布尔”及“大败德意志”等浅浮雕。在广场建设方面，除了胜利广场之外，自1686年起，路易大帝广场（即旺多姆广场）开始建造，并在该广场的中央矗立着一座身着罗马式服饰的路易十四骑马雕像。除此之外，为了制服巴黎这个屡屡反抗波旁王朝王权的共同体城市，路易十四还建造了各种各样的纪念碑。他的继任者也建造了路易十五广场（协和广场）。

圣丹尼门

在这座由建筑家勃朗德尔设计建造的高约24米的凯旋门上，表现了“渡过莱茵河”和“攻克马斯特里赫特”等法荷战争中的场景

* 专栏 2

17 世纪的商店和商人

由于蚀刻技术在 17 世纪已经相当普及，铜版画技术也取得长足进步，许多版画因而得以出版。这些版画不仅应用于国王的宣传，也成了表现流行服饰、庶民生活及讽刺批评的手段。在此，我们介绍一些版画中所反映的 17 世纪法国人的职业。

亚伯拉罕 · 博斯的《面包师傅》

老板跟两名伙计在烤面包，老板娘在看店

让 · 巴蒂斯特 · 博纳尔的《修鞋店》

作坊里三个修鞋匠人正在修理客人交给他们的鞋子

亚伯拉罕·博斯的《鞋店》

鞋店是不同于修鞋店的另一种店铺。鞋店在听取客人要求的基础上，量取尺寸后为客人制作鞋子

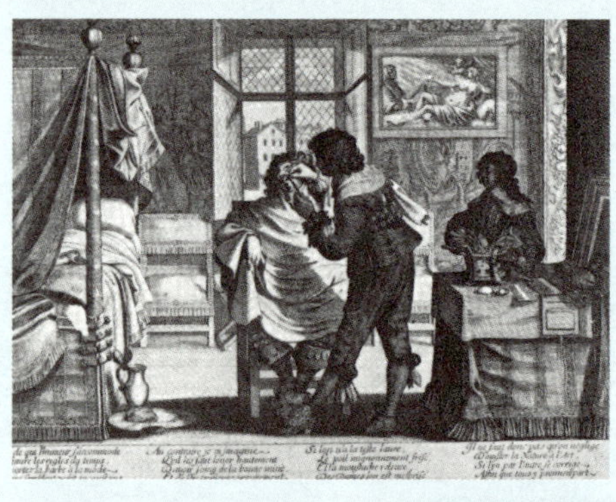

亚伯拉罕·博斯的《剃须师傅》

由于使用的刀片是一样的，这一时期的剃须师傅和外科医生并无分工

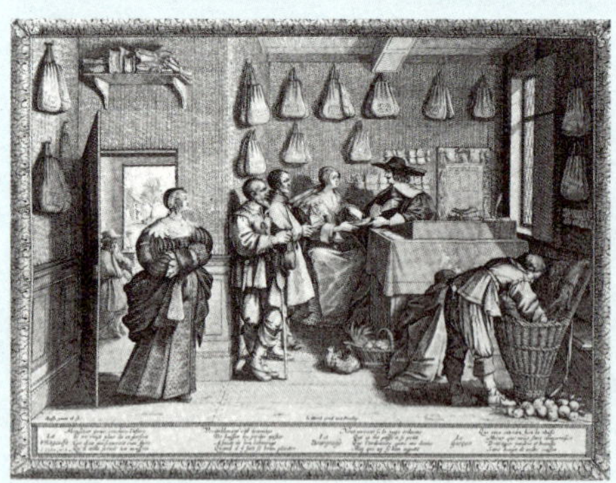

亚伯拉罕·博斯的《代诉人》

由于司法制度已经相当复杂，诉讼时需要代诉人作为中介。墙上挂着的那些口袋里，装的都是跟诉讼有关的资料

让·巴蒂斯特·博纳尔
《小百货商人系列》之砍柴人

让·巴蒂斯特·博纳尔
《小百货商人系列》之卖扫帚的小贩

让·巴蒂斯特·博纳尔
《小百货商人系列》之卖奶制品和黄油的小贩

18世纪的肉店（作者不详）

第八章

18世纪的政治与文化

从路易十五到路易十六

号称“太阳王”的路易十四于1715年去世，享年七十七岁。然而，正是由于他的长寿，导致他的后继者一个个都先他而去。王后玛丽·特蕾丝在婚后第二年生下王太子路易，在她四十四岁那年（1683）撒手人寰。王太子路易长大成人之后，有三个儿子，而他自己却于1711年先路易十四而去。不仅如此，王太子路易的长子，曾以英明聪慧而大受宫廷期许的勃艮第公爵，也于翌年去世。因此，以五岁稚龄继位的路易十五，其实是路易十四的曾孙。

此时担任摄政的是路易十四的侄子，奥尔良公爵腓力。这位思想自由且放荡不羁的奥尔良公爵，不喜欢路易十四后期那种严格又专制的（高度集权的）统治模式，开始推行一种与之截然相反的政治制度。首先他将宫廷班子迁到了巴黎，同时又撤销了财政大臣和国务卿，终止了通过最高咨询会议决定政策的政治制度，取而代之的是设立包括财政、外务、军事在内的七个评议会，并以“摄政会议”来加以统括，建成了一种被称作“Polysynodie(多部议会制)”的政治体制。而在这些评议会、摄政会议中担任中心骨干的正是在路易十四执政时期被赶出政治中心的大贵族阶层。因此，驱除“穿袍贵族”，让名门贵族东山再起也是该体制的宗旨之一。但这种会议制度事实上难以确定国是，各评议会也无法制定明确的政策，到了1718年，多部议会制寿终正寝，以财政大臣和国务卿领头的大臣制又被恢复了。

路易十五继位之际也正是法国财政深陷危机之时，度过这一危机就成了当务之急。当时，财政完全依赖财务评议会的主持人诺阿耶公爵，尽管采取了一些削减公债和惩治贪腐的措施，却仍然难以补救由于货币政策失败而导致的经济萧条。面对如此局面，苏格兰出身的银行家约翰·罗推出了被称作“约翰·罗体系”的

从巴黎圣礼拜堂出来的路易十五

1715年9月15日，在路易十五亲自到场的情况下，巴黎最高法院设置了亲裁席，决定了奥尔良公爵的摄政地位。该图描绘的是之后举办弥撒时的场景

经济政策。约翰·罗在路易十四执政的后期来到法国，于1716年设立了私人银行，并于1718年将其改组为皇家银行，在金融层面进行经济改革。

他以皇家银行作为中央银行并发行纸币，又在1717年设立垄断路易斯安那（美国州名，当时为法国殖民地）开发的“西方公司”，让它兼并其他拥有特权的贸易公司。1719年，约翰·罗将其改组为“新印度公司”。他的构想是，通过发行纸币来偿还债务，弥补之前货币的不足。但由于这样做会导致通货膨胀，所以又促使充斥市场的纸币对新印度公司进行股票投资。新印度公司以此回收大量纸币之后，将其用于拓展海外贸易。然而事与愿违，自1719年年底开始，法国爆发了狂热的股票投机潮，新印度公司的股票市值一下子涨到了其面额的二十倍以上，随即又在

路易十五（1710—1774）

这是由洛可可派肖像画家莫里斯·康坦·德·拉图尔在1748年绘制的路易十五肖像画。这位被称为“被喜爱者 ”的国王拥有众多情人，得益于18世纪的大好形势，使他能并无重大过错地稳坐王位59年

数月后崩盘。为此，约翰·罗不得不在翌年5月底黯然离开法国。虽说这场经济动荡花了五年时间才终于平息，但不得不说，“约翰·罗体系”在缩小财政赤字、削减个人债务、激活殖民地贸易等方面还是卓有成效的。

由于奥尔良公爵在巴黎日益不得人心等原因，法国宫廷于1722年6月再次从巴黎迁回凡尔赛宫。同年10月，路易十五在兰斯举行加冕仪式，数日后，又对瘰疬病人举行触手礼。翌年2月15日，路易十五迎来十三周岁生日，并在第二天终止摄政制，进行成人宣言后，踏上了他的亲政之路。

伴随着国王成年而来的紧要课题，则是确定其结婚对象。1721年，路易十五已与西班牙国王腓力五世的公主，也即他的表妹玛利亚·安娜·维多利亚缔结婚约。然而，玛利亚·安娜·维多利亚当时只有三岁，如果等她成人再与路易十五完婚，则有王统断绝的风险。因此，到了1725年3月这一婚约被解除，同年9月，路易十五与前波兰国王的女儿玛丽·蕾姗斯卡结了婚，她比路易年长七岁。该婚姻带来了包括两个男孩在内的多达十人的子嗣，彻底化解了王统断绝的危机。

国王路易十五虽已成年，但他对于政治毫无兴趣，故而又延续了设置首相处理政务的传统。自1726年起，他就让自己的家庭教师弗勒里作为事实上的首相，执掌政务长达十七年。应该说，弗勒里在任时期，国内外局势还相当平稳。他延续了与英国始于摄政时代的和谐关系，奠定了法国、奥地利、英国三足鼎立的国际局面。

王后玛丽·蕾姗斯卡（1703—1764）

对于老是生不出男孩的这位王后，路易十五日趋冷淡。为此，王后于1734年在父亲跟前告了路易十五的状，以发泄心中的不满。该图是画家让·马克兰蒂于1748年绘制的肖像画

1733年，前波兰国王奥古斯特二世去世。以此为契机，波兰王位继承战争爆发，与哈布斯堡家族势不两立的法国，同西班牙、撒丁岛建立了同盟。1738年各方签署了《维也纳条约》，路易十五虽然没让他的岳父斯坦尼斯瓦夫·莱什琴斯基重新登上波兰王位，却成功获得了洛林公国和巴尔公国，而在他岳父死后，这两个公国也成了法国领地。

两年后的1740年，神圣罗马帝国皇帝卡尔六世去世，继位的是哈布斯堡的玛丽亚·特雷莎。欧洲各国纷纷对她提出领土继承要求。新兴国家普鲁士国王弗里德里希二世（大帝）主张有权

继承西里西亚的领土，并派兵将其占领，奥地利王位继承战争就此爆发。法国面对如此局势，以贝尔·伊尔元帅为首的强硬派，压制了以弗勒里主教为首的温和派，不仅对普鲁士提供财政援助，还由贝尔·伊尔元帅带兵占领了布拉格。自此，法国也正式卷入了奥地利王位战争。与此同时，由于法国联合西班牙对抗奥地利，而英国则是站在奥地利一边的，所以之前一直奉行与英国和谐共处的外交路线也不得不改弦更张了。不仅是欧洲大陆，这场王位争夺战还在印度和美洲新大陆引发了殖民地战争（乔治王之战）。1748 年各方签署《亚琛和约》，虽说对于法国仅仅是维持现状，但通过此次战争，法国与英国开始了围绕经济霸权的斗争。

1743 年，正值奥地利王位继承战激战方酣之时，弗勒里去世了，享年八十九岁。以此为契机，路易十五终于正式亲政。然而，比起国家公务来，路易十五显然更喜欢打猎，经常将制定政策等重大决策全权委托给财政大臣和国务卿。即便是在凡尔赛宫中的生活，路易十五也与其曾祖父路易十四大异其趣。路易十四的做派是将自己所有的活动都仪式化。而路易十五则修建了多个密室，喜欢待在私密空间，与少数几个密友共度时光。尽管如此，路易十五在位期间法国的经济还是有所好转，社会局势也比较安定。在一些有能力的官吏推动下，社会改革也取得了一定进展，具体实例我们可以举出大法官亨利·弗朗索瓦·达盖苏编撰的法典、财政大臣欧里引入的“国王赋役”制度及由此推行的道路整修工作。

君主专制时期的老问题，即租税改革，由于租税承担者的承受力已到达极限，政府无法再增加直接税或者创设新的间接税税

宫廷晚餐盛景

这是由画家让·费朗索瓦·德·特鲁瓦于 1735 年描绘的画作，表现了路易十五宫廷内的宴会场景。国王坐在画中右边靠前处。这些宫廷贵族正在大吃牡蛎。放在餐桌旁的葡萄酒和地板上的大量牡蛎壳颇为有趣

种，能采取的唯一手段，就是废除神职人员和贵族的免税特权，从他们身上征收税款。路易十四时期创设的什一税仅仅是一种临时性的税种，人头税到了这一时期也已经变得有名无实了。于是在 1749 年，一种被称作二十分之一税（Vingtième）的税种被提了出来。这是个日常征收的税种，对象包括所有的土地和官职，因此针对社会所有阶层。但由于遭到特权阶层的强烈反对，因此政府豁免了种种例外情况，结果主要的税赋者还是农民。与 17 世纪抗税暴动频发截然不同的是，这一时期抵抗税收改革的主要是特权阶层。尤其是最高法院，由于牵涉“詹森主义”（由荷兰人康内留斯·奥图·詹森创立，他认为天主教教会最高权力属于公议会而不属于教皇，竭力反对教皇的荒淫）的宗教对立等原因，逐渐与王权之间产生了对立，自路易十五时期起，一种批判王权的氛围开始酝酿。

再说回到路易十五本人，这位自小形同孤儿却被赞为波旁王朝第一美男的国王，生性好色，为了满足自己的欲望，不断物色红颜佳丽，拥有数不清的情人，其中最负盛名的首推蓬巴杜夫人。这位庶民阶层出身的女性受到路易十五的青睐之后，一跃成为“侯爵夫人”，并于 1745 年进入王宫。与国王大异其趣的是，蓬巴杜夫人对政治怀有浓厚兴趣，故而她的所作所为远远超出国王情妇的范围，给法国带来了巨大影响。蓬巴杜夫人保护并推动了学术与艺术的发展，鼓励并支持《百科全书》的编撰和启蒙运动，设立了塞夫勒这一皇家御窑等，凡此种种，不一而足。与此同时，她还积极参与政治活动，不仅介入大臣与军人的人事安排，还暗中策划外交革命，在法国的对外政策转变方面发挥了巨大作用，以至于有人将法国的这一时期称为“蓬巴杜夫人的法兰西”。

秉承蓬巴杜夫人旨意，自1758年起舒瓦瑟尔公爵一直执掌着法国的政治中枢，直到1770年才下台。他不仅增加了法国陆海军的实力，还进行了具有自由主义性质的经济改革。在农村，他推动耕地扩大化（奖励开垦）和土地私有化（允许圈地，允许分割公共用地）。在工业方面，他允许农村在不宣誓加入同业公会的前提下发展纺织业，并推行国内谷物流通的自由化。然而，这种保持领主制度的农业改革具有很大局限性，其他方面的改革也遭到最高法院的抵制而推行得不够彻底。因此，在舒瓦瑟尔公爵之后就任大法官的莫布，于1771年断然进行了司法改革，在缩小巴黎最高法院权限的同时，还设立了能够自由任免法官的新型最高法院。这种司法改革一直波及地方最高法院，同时对处于上一级的评定院也进行了改组和限权。改革自然也遭到穿袍贵族们的抵制，但由于他们的步调并不一致，故而就某种程度而言，改革还是取得了一些成功。但是，在路易十五于1774年去世之后，这些改革就被全盘否定，一切恢复旧貌了。

从蓬巴杜夫人到舒瓦瑟尔公爵执掌法国王政的这一时期，国际局势也发生了一些变化。奥地利王位继承战战败之后，奥地利就将普鲁士视为第一大威胁。因此，奥地利首相柯尼次试图与法国建立同盟关系。这方面的交涉一开始并不顺利，后来法国看到普鲁士跟英国越走越近，才与奥地利签订了《凡尔赛条约》，建立防卫同盟关系。所谓的“外交革命”，也因此得以成功。

蓬巴杜夫人（1712—1764）

这是画家莫里斯·康坦·德·拉图尔所描绘的肖像画。国王对她的宠爱与提拔，引发了宫廷与巴黎的反感。据说巴黎的民众不称她为蓬巴杜夫人，而是根据她父亲的姓，称她为“波瓦松（‘鱼’的意思）小姐”

其后，俄国与奥地利也缔结了同盟关系，但普鲁士国王弗里德里希二世抢占先机，于1756年8月入侵萨克森，从而引发了“七年战争”。对法国来说，这场战争的重点在于与英国争夺海外殖民地（即所谓的“法兰西－印第安战争”）。法军分别在加拿大、西印度群岛和印度与英军展开激战，但统统吃了大败仗，不得不与英国于1763年2月签订了《巴黎条约》，丧失了在加拿大和美洲路易斯安那的殖民地，虽说位于西印度群岛的一部分殖民地依旧保留，但总地来说，法国在与英国的殖民地争夺战中彻彻底底地败下阵来。普鲁士则由于确定了西里西亚的占领权，在此次“七年战争”中以大获全胜而收场。奥地利为了与之相抗衡，继续维持着与法国的同盟关系。1770年，有着“奥地利国母”

之称的玛丽亚·特雷莎将小女儿玛丽·安托瓦内特许配给了法国王孙路易。但由于英国霸权的扩张、俄国的崛起及同盟国家波兰被瓜分等因素，在路易十五统治的后期，法国在国际社会的影响力已经无可挽回地凋落了。

路易十五于 1774 年患天花而去世，享年六十四岁，继位的路易十六是路易十五的孙子。兄长勃艮第公爵和父亲分别于 1761 年和 1765 年相继去世，才让路易十六有幸登上法国王位。也正因为这样，路易十六并未受过所谓的“帝王教育”，而温和的性格也使他缺乏作为国王的领袖威严。

路易十六登上法国王位时年仅二十岁，辅佐他的则是曾经被蓬巴杜夫人派驱逐在外的七十三岁高龄的莫勒帕伯爵。莫勒帕伯爵掌权之后，任命自由主义者蒂尔戈出任财政大臣，让他推动改革。蒂尔戈于 1774 年 9 月发布了允许谷物交易自由化的敕令。他废除价格管制等限制性规则，希望通过自由交易实现“适当的价格”，从而激发生产者的积极性，达到振兴农业的目的。但是，有人预见到谷物歉收及其价格上涨的可能性，开始大搞投机，导致自翌年4月谷物价格开始暴涨，各地都爆发了被称作“面粉战争”的抢粮暴动。蒂尔戈于 1776 年又提议包括废除基尔特在内的六道敕令，并不顾巴黎最高法院强烈反对而予以强制执行。废除基尔特，虽然是通过保护营业自由来实现经济自由化的重要手段，但也会与基尔特的特权阶层发生正面冲突。除此之外，蒂尔戈的改革构想还涉及恢复《南特敕令》、设立针对所有阶层的单一地租、设置地方议会等，但他的这些措施引来了铺天盖地的口诛笔伐，国王不得不在1776年5月将他罢免，并废除了那六道改革敕令。

1775年，美国爆发独立战争。法国因为与英国处于敌对状态，所以与北美的殖民地政府缔结了攻守同盟条约，并直接参与了美国独立战争。法国向美洲新大陆派出数千名远征军，直接帮助大陆军在约克郡之战中大获全胜，也为美国在1783年签订《巴黎

玛丽·安托瓦内特（1755—1793）

这位王后曾因挥霍无度和轻薄无行而饱受诟病，但根据最近的研究，她的经济支出远没达到败坏国家财政的程度。不过，正像“首饰事件”所显示的那样，她的做派也确实具有容易被人歪曲放大的一面

路易十六（1754—1793）

这是由画家安东尼奥·卡雷里戈于1778年描绘的，穿着加冕礼服装的路易十六肖像画。该画明显受到了著名画家里戈描绘的路易十四肖像影响。然而，鼎盛时代早已一去不复返，故而该画也表现出了国王的困惑和不安

条约》实现独立提供了有力支持。由此，法国的国际地位有所提高，但与投入的战争费用相比，其根据条约所得到的领土实在太少了。虽然在战时的经费筹措及战后的财政运营方面，也不乏刺激经济的作用，因为这一切并不依靠必遭反对的增税措施，而是依靠借款来完成的。然而，自 18 世纪 70 年代后期法国的农产品价格持续低迷，导致农民收入减少，购买力下降，从而引发经济萧条，负债剧增，致使政府面临难以挽救的财政危机。

1786 年，法国财政已经到达崩溃边缘，当时的财政大臣卡洛纳为了避免与最高法院直接冲突，召开了由国王指名参加的临时性“名士会议”，试图创设一种针对社会各阶层的新税种。然而，在翌年 2 月召开的会议上，新税种被大会以身份特权为由否决了，同年 4 月，卡洛纳本身也遭到罢免。接替卡洛纳担任财政大臣的是布里耶纳，他解散了反对设立新税种的“名士会议”，并将这一提案交到了最高法院。然而，与“名士会议”一样，最高法院以设立新税种必须召开全国性的三级会议为由，也对此表示反对。同年 8 月，布里耶纳强制实行了新税种的登记，并将最高法院的成员流放到了特鲁瓦。但是，路易十六那优柔寡断的性格在关键时刻暴露无遗，他看到反对派声势浩大，就收回了流放和设立新税种的敕命。之后，政府与最高法院之间始终保持着严重的对立关系，1788 年 5 月，前者设置了新的裁判所，将“王命登记权”和“建议权”从最高法院那里夺了过来，结果这一措施却引发了全国性的大规模抗议运动。

在这场被称为“贵族之叛乱”的动乱中，人们拥护以贵族为中心的固有特权。面对如此局势，王权不得不再次做出妥协，决定将原本定于 1792 年召开的全国三级会议，提前到 1789 年 5 月召开。

启蒙思想

路易十四死后，法国诞生了一股新兴的启蒙思潮。该思潮彻底批判了维护教会、国家等传统权威的知识与观念体系，提倡发扬人性的光辉，倡导社会的发展和进步。

这股新思潮继承了笛卡尔等人的批判精神，重视经验和观察，并受到 17 世纪科学革命的影响极大。“启蒙”这个词在英、德、法语里有“光”或“用光来照亮”的意思，引申而言，就是用光来驱除蒙昧无知，找回原本就普遍存在的人之理性，并用这种理性来认识人类社会。启蒙运动的思想家们认为，不仅仅是在自然世界里，即便是在人类社会中也同样存在着某种理性法则，理解并揭示它，就能创造出更加美好的社会。与此同时，强调人类的普遍理性，还导致了“平等”观念的产生。因此，启蒙思想也是一种否定等级制度和君主专制的思想。

主张理性的启蒙思想同时也对基督教展开了尖锐的批判。因为这些提倡者认为，基督教本身就是利用了民众的愚昧无知而被捏造出来的，是充满迷信和矛盾的怪物。启蒙思想家中的许多人都持一种名为“自然神论”的立场，他们承认上帝的存在，却否定耶稣的神性。这种认识的思想背景，其实源自 17 世纪发展起来的以文献学、历史学的方法来研究《圣经》，以及科学革命所带来的对于自然现象的理性认识。在法国，伏尔泰通过对“牛顿神学论”的研究及对《圣经》的批判性探讨，承认了创造世界的上帝存在，却对基督教和它狂热的信仰持否定态度。作为信奉“自然神论”的具体体现，伏尔泰积极介入了 1762 年发生在朗格多克的迫害新教徒事件（即“卡拉斯事件”）和 1765 年某青年因渎神被处死的“拉巴尔骑士事件”。不仅如此，他还根据参与这些事件及旅居英国的经验，猛烈批判了天主教教会的不宽容，并于 1763 年出版了著作《论宽容》。

“自然神论”反对单一教派的绝对性，主张“宽容”，提倡多宗教、多教派共存，这一思想直到现代才结出了宗教信仰自由的果实。与此同时，由于受到科学知识不断增加的影响，还出现了一些主张世界的本质和基本原理在于物质的唯物主义者。其代表性人物有达朗贝尔，以及编撰《百科全书》的狄德罗，和出版《自然体系》提出力学唯物论的霍尔巴赫。他们不承认物质以外的存在，进而成了否定上帝存在的“无神论者”，彻底否定了宗教本身。

就经济思想而言，启蒙思想在重农主义方面结出了丰硕成果。路易十四推行重商主义，旨在国家主动介入经济活动，通过对特定产业的保护和培育，来增加国家财富，其重点是放在流通环节上的。

重农主义者的思想则与此截然不同。他们认为土地是财富之源。因此，他们主张国家不应对经济活动加以干涉，并且必须排除所有形式的垄断。其中具有代表性的人物是魁奈。他于1758年出版了经济学著作《经济表》，提出只有自由地开展农业生产活动，才能保证恰当的农作物价格，从而促进地租收入的增加和农业生产效率的提高。他的这种主张，实际上是在提倡一种经济领域的自由主义。从某种意义上来说，是他在人的逐利本性中发现了理性色彩的成分，认为通过自由竞争便可促进经济，结果则是税收的增加，即增加国家的财富。因此，重农主义者们在经济领域内提倡自由放任，并主张根本性的税制改革，认为应该只对农业的产品征税。在这种主张的影响下，社会上也掀起了一轮追求经济活动自由（经济自由主义）的高潮。其中最具代表性的，就是在工商业界废除基尔特，争取自由经营的权利（职业选择自由）；在流通行业实现谷物流通的自由化。具体而言，就是要求废除运输方面的限制和国内关税，在农业方面允许圈地后进行自由耕作。由于当时的财政大臣蒂尔戈本身也是一名学者，并且深受魁奈的影响，故而在其改革中对重农主义者的主张进行了多方面的尝试。后来，英国的亚当·斯密接受这种经济层面的自由主义思想，开创了古典经济学派。

然而，凡此种种都与原有群体的特权利益相抵触，在君主专制的统治框架内很难变为现实。更何况农业的自由化等于否定了共同体体制及其作为基本耕作方式的三圃制，对于只拥有少量土地又无法放牧的农民，便成了一个关系到生死存亡的大问题。

启蒙思想也涉及了国家政体理论，其中之一就是对专制制度的批判，希望实现合理的君主制（有限君主制）。该思潮的代表性人物就是孟德斯鸠。孟德斯鸠在其 1748 年出版的《论法的精神》中，将国家政体分为“共和制政体（民主制和贵族制）”、“君主制政体”和“专制政体”三种，认为专制政体是最坏的政体，而君主制政体也有堕落为专制政体的危险。为此，他认为为了防止专制政体的出现，为了保证“自由”，“温和的君主制政体”是必需的，并将由国王、贵族（上议院）、平民（下议院）三者分享政治权力且相互制约的英国式政体当作典范。孟德斯鸠认为，在法国让贵族、最高法院、神职人员还有城市中这些“中间团体”拥有一定的权力，能对国王形成制约，便可避免专制政体的出现。孟德斯鸠接受社团与国王在某种程度上相关联的君主专制政体结构，希望能在此前提下获得政治自由。但这种态度正体现了他的保守性。当时最高法院正在开展与王权“专制”相对抗的活动，而孟德斯鸠的言论正好应和了他们的行为。

而一步越出这种体制内改革框架的是卢梭。卢梭在其著作《论人类不平等的起源和基础》（1755 年出版）中提出，人在自然状态中原本是自由的，形成了社会且出现私有财产后，才导致个人自由的丧失。为了抑制人们争夺财产，形成国家之后，人类的不平等又被加固并扩大了。在他的另一本著作《社会契约论》（1762 年出版）中，他又探讨了人们怎么才能找回失去的自由。他主张，所有市民可通过缔结社会契约，将自己完全托付给共同体，以市民自由的方式来实现原本在自然状态下所拥有的自由。通过契约形成的共同体（即国家）被托付了每一个个体所拥有的权利。因此，在共同体内，每个个体的自由都应该获得保障，应

孟德斯鸠（1689—1755）

孟德斯鸠是贵族出身，曾一度当上波尔多地区最高法院的评议官。人们常说是孟德斯鸠提出了三权分立的理论，其实并不正确

狄德罗（1713—1784）

1745 年，勒 · 布雷顿书店要狄德罗翻译英国的百科全书时，他提出，与其翻译还不如独自写一本更为详尽的百科全书，由此促成了法语版《百科全书》的出版

卢梭（1712—1778）

卢梭出生于日内瓦，1728年离开故乡，来到法国。1762年，其出版的著作《爱弥儿》一书中有关于自然宗教方面的记述，结果遭到索邦神学院禁止发行的判决。其后，他浪迹天涯，最后用假名再次进入法国并终老于斯。这张照片拍摄的是其位于日内瓦的雕像

由共同体全体成员通过“人民集会”的方式来行使主权并制定法律。主权所有者是人民，人民的公意就是法律，从这个意义上来说，政府只不过是法律的执行者罢了，并且应该在任何时候都服从于公意。卢梭主张通过“人民集会”实行直接民主制，这在现实中是很难实现的。但是，他将主权承担者从之前的国王转换为人民的思想，对之后的政治变革产生了巨大的影响，事实上现在的国民主权论就是由此产生并逐步形成的。

启蒙思想不仅仅针对自然界，也同样试图在人类社会中寻找出某种具有普遍意义的规律。自由、平等并不仅限于具有特定身份的人或社团，而是适用于所有人。启蒙思想对此提供了理论基础。在经过了美国独立战争和法国大革命之后，这种思想越发深入人心，成为一种社会共识。但是，在强调人之共性的同时，也产生了另一种轻视人个性的倾向。尤其是当拿破仑把法国大革命的思潮“输出”到德意志等地后，这种倾向就越发地强烈，并产生了民族高于个人、情绪重于理性的浪漫主义，这在一定程度上助长了民族主义的产生。

文化之改观

从 17 世纪末到 18 世纪，社会状况发生了很大的改变。与此同时，不仅仅像启蒙思想所代表的精英文化，更为广泛意义上的文化也发生了巨变。

举一些社会方面的实例，首先就是人口动态结构的变化。自中世纪农业革命后，法国人口就从 11 世纪后期开始增加，至 14 世纪初期，已经达到两千万。然而，经过黑死病和百年战争这样的天灾人祸，到了 15 世纪 50 年代，法国人口又丧失了三分之一到二分之一。之后人口再次增多，16 世纪 70 年代时恢复到两千万人左右。但因为整个 17 世纪里饥荒和战乱接连不断，出生率与死亡率差不多正好抵消，所以人口的增长也就停滞不前。得益于近年来历史人口学的长足发展，我们对 17 世纪的人口动态结构了解得相当清楚。对于营养状况远不如今天，并且时常受到饥荒威胁的当时民众来说，生孩子带来的经济负担简直是事关生死存亡的重大危机。而在基督教文化中，堕胎、避孕和溺婴都是犯罪，所以，为了少生孩子，就只有晚婚。因此，当时人们的平均结婚年龄比较高。一般来说，男子是 26 岁到 27 岁，女子是 25 岁到 26 岁。可即便如此，女人一生所生的孩子平均数依然有 5 人之多。

与此对应的是，婴幼儿的死亡率也很高。一般而言，新生儿在成长到 20 岁之前，会死掉一半左右。

再结合成年女性的独身率考虑，人口的代际更替大约是一比一。因此，多产多死是这一时期人口动态结构的主要特征。宏观方面大致如此，可如果我们研究一下人口动态的细节，不难发现人口的出生数和死亡数也并不总是保持平衡的。在正常情况下，出生数要比死亡数高一些，但每过几年，就会周而复始地出现饥荒和瘟疫，而此时的人口死亡率就高达平时的三四倍。这种情况

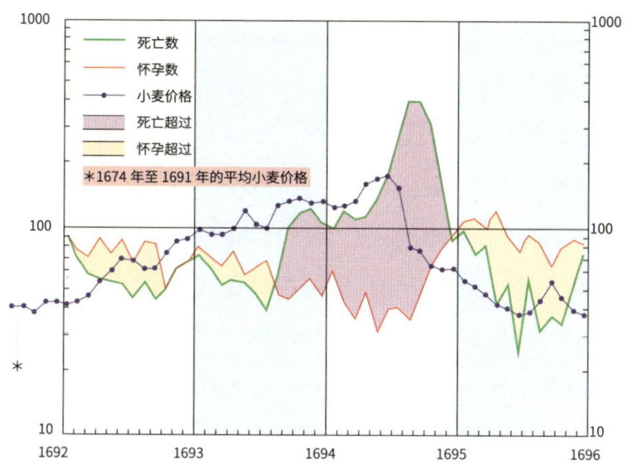

近代以前人口动态方面的危机（亚眠：1693—1694）

由上图可知，因饥荒导致小麦价格上涨后，死亡数会随着怀孕数的降低而上升，于是就出现大量的死亡超额。而小麦价格开始下降后，则情况发生反转，会朝着怀孕超额方向发展

出处：Pierre Deyon, *Amiens, capitale provinciale,*1967

也是那一时期的特征之一。

到了 18 世纪，法国的人口结构又发生了变化。因饥荒和瘟疫造成大量死亡的威胁降低了，特别是进入 18 世纪后半叶，这种危机已经几乎销声匿迹。与此同时，自 1740 年起，人口的出生数就一直超过死亡数，以至于到大革命爆发时，法国人口已经达到了两千八百万。人口增加的主要原因是婴幼儿死亡率的降低。例如，年满 10 岁的儿童存活率，在 18 世纪上半叶为 60%，而到了 18 世纪末，就已经上升到约 70%。这种变化的原因又可归结为农业生产效率的提高及谷物流通的便捷。就谷物流通而言，各

种限制取消便于流通后，谷物便可较方便地被输送到价格高的地方（卖个好价钱），这样自然就会平抑物价，从而不会因粮价高涨而爆发饥荒。随着死亡率降低，自 18 世纪末开始，婴儿的出生率也逐渐降低。也就是说，在当时要养活因死亡率降低而增多的孩子，还是比较困难的，必须采取某种措施来降低出生率。因此在 18 世纪末，女性初婚年龄的提高是被认可的，但在进入 19 世纪后年龄又开始下降了，同时出生率依旧呈下降趋势。这是法国在 18 世纪末普及节制生育（避孕）措施的一个明证。就这样，法国的人口动态结构经过“多产多死”“多产少死”之后，慢慢地转换到近代“少产少死”的模式。

农业发展带来的营养状况改善是 18 世纪人口死亡率下降的原因之一，其中气候变暖又是首要原因。17 世纪的欧洲，气候十分寒冷，寒潮周而复始地袭来，从而导致一次次大规模的饥荒。

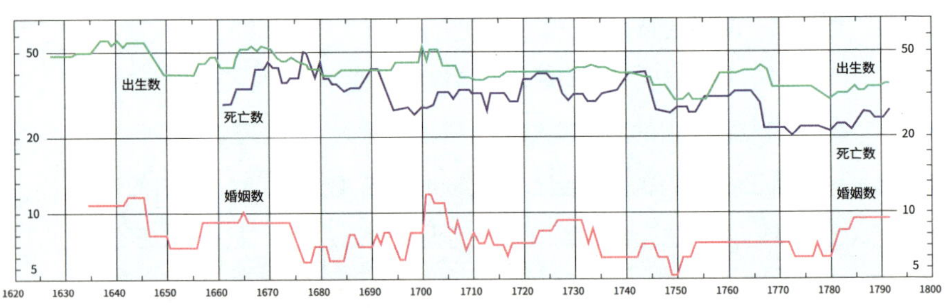

18 世纪人口动态结构的变化（博韦地区欧诺以村）

图表所显示的是出生人数、死亡人数及结婚人数每隔九年的推移中位数。由此可知，该村自 1750 年起，出生人数一直超过死亡人数，人口数量开始有规律地上升

出处：Pierre Goubert, *Beauvais et le Beauvaisis de 1600 à 1730*,1960.

进入18世纪之后，首先气候渐渐暖和起来。其次是农业技术取得了进步。在三圃制农业中，农民一般都是利用休耕地进行放牧，因为家畜的粪尿作为肥料能够恢复地力。这一点十分重要，但也有明显的缺点：如果纯粹依赖放牧的话，能饲养的家畜数量极其有限，由此带来的肥料自然也不充分，肥料不足又会直接影响农作物收成。对此，人们所采取的对策是放弃放牧，在休耕地上种植牧草（三叶草和苜蓿）或块根类植物（芜菁等），然后用这些饲料来饲养关在栏中的家畜。事实上在18世纪之后，这种新型农业生产法就已经开始普及了。

运用这种方式，可以增加饲养家畜的数量，还能获得比家畜自然排泄物效率高得多的厩肥（将家畜粪尿与稻草混合发酵后得到的肥料），极大地提高了农业生产效率。在法国，18世纪末与18世纪初相比较，谷物生产量增长了1.5倍，畜牧业增长了近3倍。尤为重要的是，家畜的增长同时也提高了民众食品中肉类与乳制品（奶酪等）的比例。

最后，则是导致农业生产发展的农村社会的变化。新型农业生产方式的变革，必然需要新型的社会形态加以承载。然而，法国没有英国那种大范围的自营农民，因此，仅在法国北部区域，有一些富农从领主或地主处租赁了土地后，推行新型的农业生产方式。而在法国的中部和南部，依旧实行着老式的农业生产方式。

新型农业生产方式不需要三圃制，它具有单个经营体独立完成一切的个人主义特性，以前那种村落共同体内的共同放牧只会损坏自家草场的牧草，没有一点儿好处。也就是说，为实行新型农业生产方式，必须打破原有的村落共同体限制。商品经济在农村内部展开后，又进一步拉大了村落内的贫富差别，其中富农们希望按照自己的方式来开展农业生产，开展了废除已然成为障碍的共同放牧运动。于是，尽管在程度上还不如英国那么深，富农们也都将自己的土地围了起来。为畜养家畜仍在实行三圃制的贫农感受到了越来越大的压迫，这进一步瓦解了原有的村落共同体。于是，像舒瓦瑟尔公爵在其领地上允许圈地和就公共土地进行分割那样，渐渐地，政府在农业领域内也开始推行自由化了。

不仅仅是农业，18 世纪法国工业领域也出现了一些变化。在各大城市里，工业原本受到工商业联盟的限制。也就是说，不成为其中一员，就不能从事工商业活动。然而随着经济发展，人们的生活逐渐富裕起来，对于那些希望从事工商业活动的人来说，基尔特制度就成了一种障碍。因此，有人就在基尔特鞭长莫及的农村寻求工业基地，发展起了农村工业。这种也可称为“原基性工业化”，在 18 世纪的法国首先以农家作坊式的纺织业为起点，由此形成了工业革命的前提或背景。这种原基性的工业化与农业本身的变化也是密切相关的。也就是说，由于农业生产效率提高，导致剩余农产品增加，从而有可能出现非农业生产者。再者，村落内贫富分化的加剧，导致贫农（仅靠耕作无法维持生活的农民）人数的增加，也确保了农村工业的从业人数。随着农村工业的展开，农村出现了获得农业收入以外的机会，而这又导致人们初婚年龄下降。因此，在原基性工业较为发达的地区，人口数量出现了加速增加的态势。

伴随人口与社会的变化，在18世纪，精英文化与大众文化发生了巨大的背离。我们一般将自中世纪以来以共同体为基础的大众世界文化，称作大众文化。为了维持以农业生产为主要内容的日常生活，文化活动自然是必不可少的。而大众文化不仅以支持这些活动的共同体存在为前提，也以此为目的。随着节日逐渐成为年复一年的循环标志，它也与农历及基督教出现之前就已经存在的民俗节庆紧密结合在一起。例如基督教的圣诞节，就被设定在收割与冬藏准备结束并要庆贺新年（太阳的诞生）的冬至时分。许多节日都与自然崇拜和祈祷丰收密切相关。并且，正如狂欢节中“颠倒了的世界”所代表的那样，这种将日常生活中关系逆转的玩笑，能够释放平日里积压的不满情绪，并起到强化共同体凝聚力的作用。除此之外，还有一种被称作“喧闹制裁”（中世纪以后对违反共同体准则之人施加的一种礼节性惩罚。违反准则的人被以年轻人为主的人群喧闹一番后，交出罚金即可再次被共同体接纳）的仪式，主要是针对年龄相差很大的再婚者及对丈夫施以暴力的恶妻等。对这种扰乱共同体及家庭秩序的行为，一些年轻人会去他们家大吵大闹，以公开羞辱的方式对其进行制裁。当时的人民大众都不识字，所以，所谓的大众文化其实是一种口耳相传的文化。在农村，到了晚上，近邻的家庭或年轻人会聚在一起，举办一些“夜间集会”。在那里，他们会进行一些游艺活动及纺织等室内劳动。与此同时，口才好的人也会讲一些故事和宗教传说，从而形成民众的共有知识。

大众文化十分重视自古以来的习俗。在18世纪，由于经济

喧闹制裁

这是“愚人节”中“喧闹制裁”的场景。图中描绘了手持各种响器的游行队伍。由此可见，“喧闹制裁”有时被作为节日活动的一部分来加以表现

自由主义的抬头，在发生大饥荒时，政府往往不能采取禁止流通和统一价格的政策，而民众考虑到自己以往的传统权利遭到侵害会直接发生暴动。民众蜂拥到囤积居奇的奸商那里，但即便在这种时候，人们也不是简单施行暴行和掠夺，而是代替当权者规定

勃鲁盖尔的画作《狂欢节与大斋节的喧闹场景》（1559）

狂欢节是为了让人们能够度过严冬的非基督教节日，在此画中却跟基督教的大斋节（复活节前长达 40 天的禁欲期）组合在了一起。画面左下方手里拿着肉的胖男人身处狂欢节，右边拿着鱼的老妇人身处大斋节。周围则正进行着各种各样的娱乐活动

粮食价格后，留下适当的金钱才将粮食搬走。可以说，这是一种相当理性的行为。

那些神职人员、贵族及富裕的第三等级人员（有产阶层）等，原本也与大众一起参加节庆活动，包括种种社会行为，因为在某种程度上来说，他们所拥有的文化是相同的。可是，自 16 世纪以后，精英们就渐渐远离大众文化，并形成了一种新的文化（精英文化）。出现这种现象的原因多种多样，由于宗教改革造成的信仰净化，无疑是其中之一。批判天主教的新教徒自不必说，即

便是在天主教内部，自 1545 年接受了特兰托宗教会议（从 1545 年到 1563 年以特兰托为中心召开的天主教会议，以对抗宗教改革、整顿教会、确定教义为宗旨，为近代天主教的形成奠定了基础）精神后，也加强了对神职人员的教育并对其进行了思想更新。无论是在教义还是在作为其实践的日常生活上，教会都提出了明确的主张，认为“灵魂的救赎”是其最高准则，而不是世俗的财富和权力。在文艺复兴之后，古典文化的普及和启蒙思想重视理性与科学的做法，也是形成精英文化的原因之一。对于拥有严肃宗教信仰和科学思考方式的精英们来说，之前与自己密切相关的大众社会里充满了“迷信”和“野蛮”。于是，他们便开始远离大众文化了。

如此形成的精英文化具有几个明显特征。首先就是“凡事中规中矩”。在法国宫廷里，从 16 世纪起就已经开始“彬彬有礼”了。这一做派后来在上层社会得以普及，到了 17 世纪，精通各种礼仪并能够抑制内心冲动被认为是有教养之人的理想境界。其次，精英们开始将民众的行为视为野蛮并予以排斥。他们将在大众文化中有着制裁与恢复秩序功效的“喧闹制裁”视为“野蛮的私刑”，将“狂欢节”视为“粗俗的胡闹”，并统统予以否定。这样的精英文化发源于宫廷和大城市，并逐渐传播开来，为小城市和农村里的名门望族所接受，而在此过程中，这两种文化也产生了冲突。例如，在 17 世纪盛行一时的猎杀女巫活动就是一个典型事例。被当作女巫的人，多为擅长念咒的妇女。她们往往存在于大众文化之中，帮人解困消烦或接生婴儿。但是，基督教思想经过宗教改革得以净化之后，教会就将这些妇女看作从恶魔那里获得超自然力量的女巫而予以否定。接受精英文化的农村豪强们又加剧了这一倾向，他们为巩固自己在农村的支配地位，对“女巫”们实施了残酷的迫害。

再次，在对待贫民的态度上，这两种文化也出现了分歧。在中世纪，贫困是基督教施以慈善救济的对象，并不会被当成一种罪恶。难以糊口的贫民不用劳动便可慵懒度日，曾经被理想化为“安乐之国”。可是，到了 16 世纪，精英阶层中就出现了这样的苗头：将“无法劳动的贫民”和“不劳动的贫民”区分开来，只有前者才是慈善救济的对象。这种“社会性规范”的倾向在 17 世纪后越发强烈，到了 18 世纪，王权就将贫困视为因懒惰和不信教所产生的罪恶，并派出骑兵巡逻队来搜捕贫民，将他们关进收容所强迫劳动。其实，如果我们换一种思考方式，即需要被启蒙思想光辉照耀的正是“蒙昧”大众，那么，18 世纪后半叶

猎杀女巫之场景（1571）

在阿姆斯特丹被处以火刑的安娜·亨德里克斯

出现的精英文化与大众文化间的巨大鸿沟便是无法避免的。

在如此讲究规则的社会大背景下，自 17 世纪起，学校教育开始在精英阶层普及。相对于耳口相传的大众文化，精英文化是立足文字和印刷物的，因此，为了获得识字能力以接受精英文化，教育就成了不可或缺的一环。尤其是自 17 世纪以后，一种名叫 Collège（现在一般译为“初中”，但在当时显然不是现代教育制度下的“初中”的意思）的中等教育机构成了法国社会的一股风潮。而 Collège 之中还有“大学”和“修道会系学院”之分，当时以耶稣会和欧拉多利会设立的修道会系 Collège 为主。Collège 其实是一种寄宿制学校，主要教授以拉丁语为主的古典语言和宗教内

勃鲁盖尔的画作《懒汉的天堂》（1567）

每天都是吃饱了就睡，睡醒后只要一伸手就有东西可吃。对为糊口而日日辛劳的民众来说，这样的世界简直就是“天堂”

容，并不重视地理、物理、化学等现代人习以为常的课程。由此看来，这是一种给现实社会领导者提供教养、陶冶情操的教育场所。据推测，Collège 的学生多达五万人左右，绝大多数是贵族、官职拥有者和自由职业者（医生、律师、教师等）。

初等教育自 17 世纪起，就以教会为中心开始推广识字教育。教会在进一步扩充城市里已有教区学校的同时，还与虔诚的信徒一起设立慈善学校，教贫苦人家的小孩子读书写字。在农村，居民共同体雇用教师的做法是得到奖励的。国王曾于 1698 年和 1724 年两次下令，要在所有教区都设置教师，居民共同体也有义务让孩子上学。其实这也在是废除《南特敕令》后，消灭新教徒的政策之一，目的在于支持天主教教会的社会实践。因此，无论是在城市还是在农村，承担起教育职责的都是神职人员，由此可见天主教教会的影响力之大。初等教育的普及提高了识字率，有调查显示，在 17 世纪末法国男性的平均识字率为 29%，女性为 14%，之后便出现了大幅增长。到了大革命爆发的前夜，男性识字率已经上升到 47%，女性则增长到 27%。

人口增加和产业变化导致了共同体的衰落，也改变了人们的“社会相关关系”。在此之前，所有的社交和娱乐都是以诸如农村共同体和职业团体等为中心开展的，然而，到了 18 世纪，自由结合的团体和新型的人际关系就开始形成。到 18 世纪上半叶为止，在城市里一般都是由宗教协会（信心会、兄弟团）等具有宗教背景的团体在开展活动，之后出现了一些宗教色彩较为淡薄的社交形式，其中首推沙龙，以满足人们的求知欲望。譬如说，在 18 世纪上半叶有唐桑夫人、朗贝尔伯爵夫人和曼恩公爵夫人等举办的沙龙；而在后半叶，则有德芙兰夫人和莱斯皮纳斯小姐举办的沙龙。这些女性主持的沙龙在巴黎十分活跃，里面聚集了一大批大贵族、官僚、学者和艺术家。他们在沙龙里高谈阔论，引领时尚，对学术、艺术和思想等拥有左右其动向的影响力。甚至可以说，离开了沙龙，启蒙思想也就无从发展了。除此之外，从英国传入的俱乐部和共济会也是新型的社会组织，一些贵族、上层有产者和知识分子常聚集一起，充分享受交谈的乐趣。在 17 世纪后半叶，巴黎出现了一些咖啡馆。这些场所虽然是商业性的，但常常成为小资产阶层和行动派知识分子的滞留地。他们在那里阅读报纸，讨论政治和艺术。当时在法国农村也出现了一些自发性的社交团体，比如在法国南部就出现了一种被称作“尚布蕾”的娱乐性团体。事实上，就精英阶层而言，创造新型的人际关系已十分接近现代意义上的“个人”了。因为他们能够根据自己的意愿来选择与他人的社交方式。但在普通民众阶层中，这种新型社会关系的探索过程其实是为了寻找一种人与人之间的新型纽带，以取代正在分崩离析的共同体。换言之，他们是在寻找一种人与人之间的共同性。

这一时期法国社会的另一大特色，是人口的流动性。就空间上而言，流入城市的人口不断增加。之所以出现如此现象，有城市方面的原因，也有农村方面的原因。城市方面主要是指：经济发展后城市的财富得到增长，出现新的劳动力需求，由于神职人员和独身者较多而导致出生率降低，无法实现人口的扩大再生产等。农村方面的原因则是，由于贫富分化加剧，导致部分农民不得不放弃土地，尝试到城市里寻找新的生存机会等。

另一种人口流动则是社会阶层之间的流动。由于18世纪的经济状况比较好，一些富裕起来的有产者希望晋升为贵族，而有些贵族则想在实业界一展身手。因此，在18世纪末期，通过婚姻和社交，一方面开始出现了一些贵族与上层有产者混合而成的“新型精英阶层”。但从另一方面来说，由于富裕阶层人数增加及出生率上升所导致的总人口数量大增，也使得有产阶层通往社会上层的通道变窄，导致许多人无法实现社会地位的提升，从而形成了一个“焦虑阶层”。正如前文提到过，在18世纪，政府对贫民的管理加强了，因为贫民的总体数量大为增加。也就是说，原本中上层的人群从社会阶梯上滚落下去，向下的社会性流动在这一时期也有所加剧。总而言之，如此这般的种种流动性加剧，给原有的社会秩序造成了巨大的冲击。

以沙龙、咖啡馆、地方性学院、文艺协会和读书俱乐部等形式为代表的新型社交模式，促成了一种王权鞭长莫及的“自律性公共空间”。与此同时，由于道路网络的逐步完备，人们在各城市间的往来日益频繁，印刷物的加速流通，大量的信息都在王权监控之外传播着。人们可以在“公共空间”里讨论政治事件，形成的意见四下传播开后，就形成了“公共意见”，即所谓的“舆论”。王权虽然可以通过新闻审查和出版管理来弹压“舆论”，但在18世纪，这种管制手段的效率还十分低下，一些禁止发行的书籍会在伦敦、阿姆斯特丹或瑞士的纳沙泰尔印刷后，再走私

咖啡馆内的场景

这种作为新型社交场所的咖啡馆，在有着自由主义思想的奥尔良公爵府邸——巴黎皇家宫殿附近开设了许多

进来，防不胜防，要想完全封锁住，几乎是不可能的。王权及与之相对抗的最高法院都会诉诸“舆论”来宣扬己方立场的正当性。因此，“舆论”在政治上的重要性就愈加显著了，甚至还在未来形成了一种崭新的政治形态。

“非基督教化”或者说“脱离教会”的现象也是18世纪的特征之一。我们可以从各种各样的事件上看到它的影子。根据遗产目录的藏书研究，揭示了宗教类图书在18世纪急剧下降的现象。不过，这种现象相对于社会各阶层还是有所差别的，在巨贾身上特别明显，贵族、官职保有者和自由职业者紧随其后，而小

德芙兰夫人的沙龙

该画表现了 51 个人聚在一起，聆听伏尔泰戏剧《中国孤儿》中的演员卢刚朗读的场景。德芙兰夫人的沙龙常有伏尔泰、狄德罗等许多启蒙时代的文化名人参加

商贩和工匠阶层的变化并不显著。在性生活方面，以大城市为中心，大约自 18 世纪 50 年代起，婚外产子的现象有所增加，而大概到 60 年代起，以下层民众为主的婚前生育有所上升。在 18 世纪末期，道德方面的世俗化开始得到认可，这一点从避孕措施的普及便可推测到。在 18 世纪，死后要求做弥撒的人口比例也有所下降。正如精英阶层的子弟之前一直是神职人员的接班人，而他们在上大学时情愿选择法学院而不是神学院，这是人们不愿意出任神职所造成的结果。

自特兰托改革以来，天主教教会通过加强对志愿从事神职者的教育，以及强化主教对司铎的监督，努力提高神职人员的素质;

在对信徒日常生活的道德化和禁欲主义实行褒奖的同时，还极力排除迷信行为和异教习俗。这些努力取得了一定的成功，以17世纪末期《南特敕令》的废除为标志，天主教大规模扩张，藏书方面，宗教图书的比例也有所上升。但正因为这样，到了18世纪，民众脱离教会的倾向越发强烈。关于其原因，可谓众说纷纭。就发生在城市里的脱离教会现象而言，我们可以找出在18世纪较快发展的物质文明与教会所提倡的生活方式不相符的原因来。巨贾阶层的藏书世俗化越来越明显，就是个极好的例子。除此之外，关于古代文明的历史研究获得了进展，人们的交流不单是基督教文明，还包括流入欧洲的亚洲文化，使得基督教文明有了新的参照，而这与启蒙思想对基督教的批判也不无关系。

与此相对应的是，脱离教会的现象在农村并不怎么明显。在农村识字率上升的背景之下，这一时期的农民接触宗教信仰书籍的机会大增。因此有人认为，这反倒是农民排除异教因素，皈依纯正宗教的大好时机。事实上，在此之后，基督教教会通过教育等手段确实将自己的重心转移到农村去了。因此，所谓脱离基督教的现象仅仅是发生在城市精英阶层中，而他们脱离教会，实际上还有着脱离王权的意味。因为，王权利用强调家长式权威的教会来教导民众，用于巩固王权统治的意识形态。

总而言之，在18世纪，由于对原有的权威有所不满及新的言论空间形成，人与人之间的关系发生了一些变化。之后经由法国大革命形成的现代社会所需的各种条件已经逐步完善起来了。

* 专栏

儿童的“诞生”

法国历史学家腓力浦·阿利埃斯在其著作《儿童的“诞生”》中指出，17 世纪之所以被称作“儿童的发现时期”，原因就在于教育的普及。他认为在中世纪，是不存在“儿童”这个概念的，或者说儿童是被当作“小大人”来看待的，长大到七八岁能进行语言交流后，他们就直接进入大人的世界了。而到 17 世纪之后，一些神职人员和道德家们开始宣扬，孩子刚生下来时都纯洁无邪，故而在其长大成人之前必须加以特别的保护。这就是所谓“儿童期”的发现。之后，儿童就成了被保护、被关爱、被教育的对象，并且为了将儿童与成人世界隔离开来，政府开始不断建立学校。这些新建学校一般都是寄宿制，根据儿童成长的需要，再将相同年龄的儿童编在一个班级。虽说对于腓力浦·阿利埃斯的这一说法也存在不同观点，但总地来说，包括婴幼儿死亡率在内，这一时期社会、文化方面的变化使人们对儿童的观念也发生了转变，这些都是不争的事实。

勃鲁盖尔的画作《孩子们的游戏》（1560）

画中很多孩子都穿着大人的衣服，玩着大人的游戏

◆第九章◆

法国大革命与拿破仑

法国大革命

1789 年 5 月 5 日，全国三级会议在凡尔赛召开，议题是君主制改革。出席会议的人员数量分别是：第一等级（神职人员）代表 291 名，第二等级（贵族）代表 285 名，第三等级（市民）的代表则多达 578 名（根据 1787 年的州议会决议，第三等级的代表人数应为其他两等级代表人数之和）。会议刚一开始，就在表决方式上出现了对立。第三等级代表在加上思想与之接近的神职人员和贵族后，于人数上占有绝对优势。他们要求三级会议以每人一票的方式来表决，同时坚决反对根据等级分别进行身份审查及表决。如此对立，导致三级会议无法进行，一直拖到 6 月 12 日，经西哀耶斯提议，第三等级同意了身份审查，同时也邀请其他等级的人员参加。在接受了 19 名神职人员加入之后，第三等级代表们于6月17日通过了将全国三级会议改名为“国民议会”的决议。可谁知国王竟于6月20日关闭了“国民议会”的会场。于是，愤怒的代表们聚集在附近的室内网球场大厅，做出了“不制定出宪法，就绝不解散国民议会”的宣誓（即“网球场宣誓”）。之后，随着其他等级代表加入国民议会的人数不断增多，国王的态度也开始软化。6月27日，国王命令第一等级和第二等级的代表也都加入国民议会，并在7月7日设立了“宪法委员会”。7月9日，议会的名称改为“宪法制定国民议会”，代表们开始了建立君主立宪制的工作。

全国三级会议的召开

不论列席会议的议员做何考虑，第三等级的代表反对按等级进行表决，标志着他们对基于特权和不平等的旧制度做出了公开挑战

网球场宣誓

这是画家同时也是国民公会议员的雅克－路易·大卫的作品。画中的每个人物都确有其人，这种画风与之后的《拿破仑加冕图》一脉相承

然而，国王与其亲信们的让步仅仅是缓兵之计，早在6月26日，国王就已下令驻扎在外地的军队向凡尔赛和巴黎集结，企图对第三等级代表们实施武装镇压。军队到达并开始包围巴黎之时，巴黎的居民陷入了恐慌。而当7月12日属于温和派的内克被解职的消息传到巴黎后，有人就开始呼吁武力抵抗，游行队伍与治安部队之间也发生了一些小摩擦。7月12日半夜，有人开始焚烧城门。之后，民众的暴动范围不断扩大，可他们十分缺乏武器和弹药。14日上午，暴动的民众闯进荣军院，夺取了大量步枪和火炮。但是，弹药依旧严重不足。后来有传闻说，巴黎东部的巴士底狱藏有许多弹药，于是人们蜂拥而至，要求狱方交

出弹药，并撤去对准市区的大炮。刚开始时，双方还进行了和平交涉，可没过多久，急不可耐的民众就直接攻陷了巴士底狱，愤怒地杀死了巴士底狱的典狱长和巴黎市长，然后高举着他们的头颅在大街上游行。也就是说，市民们控制了整个巴黎。民众的暴力行为使政府惊恐万状，国王放弃了武力镇压的打算，于第二天7月15日承认国民议会为正式机关，随后又恢复了内克的职务。

巴黎爆发革命的消息传到外地后，其他城市也纷纷爆发革命。在巴黎，以拉菲德侯爵为司令官成立了由市民组成的防卫组织——“国民自卫军”，各地也有样学样地成立了类似的自卫组织。不仅如此，这种革命行为还影响到了农村。自1787年以来，法国农村就因粮食歉收而苦不堪言，其实已经小规模暴动频发了。贵族们为了维护领主特权，就雇用了一些地痞流氓去袭击农村。因此，农村流传着“贵族的阴谋”和“城里的强盗要下乡来抢掠”

攻占巴士底狱

以前认为攻占巴士底狱的目的在于释放政治犯，但这种说法现在已被重新审视了

的谣言，弄得人心惶惶。各地都爆发了农民袭击领主府邸、烧毁契约的动乱。这种后来被称作“大恐慌”的现象，从 7 月起就在法国全境蔓延开来。面对农民如此暴乱，国民议会必须拿出对策来，于是在 8 月 4 日，通过了废除领主特权的决议。所谓的领主特权可分为人格方面的支配权，例如劳役和领主司法权，以及地租和年贡等物质方面的所有权。国民议会的决议是，领主在人格方面的支配权必须无条件废除，而物质方面的特权须由农民出钱赎回。除此之外，贵族的免税特权、教会的什一税、卖官鬻爵制度、州与城市的特权等也都统统被废除。对于贫困农民来说，要赎回物质方面的领主特权虽是可望而不可即的，但这一决议却有效地平息了农村的恐慌。封建制度的废除使事态渐渐超出了政治改革的范畴，朝着变革“旧制度”这一特权阶层根本立足点的方向发展。换言之，这变成了一场改变整个社会结构的“革命”。

8 月 26 日，国民议会通过了《人权和公民权利宣言》（即《人权宣言》）的表决。这个宣言相当于新修宪法之前言，共由十七条条款组成，开宗明义就是“人生来是而且始终是自由的，在权利方面一律平等”（第一条）。《人权宣言》大力讴歌了自由（人身、思想、信仰及经济活动的自由）、平等（各种权利上的平等）和国民主权等概念，被人称为“旧制度的死亡证书”。它否定了之前的社会形态，希望在法律的基础上，由平等的市民来构建国家。由此可见，该宣言揭示了现代民主社会的基本原理。

然而，国王并不想批准 8 月 4 日的决议和 26 日的《人权宣言》，事态再度陷入胶着，而打破这一僵局的依然是巴黎市民。深受粮食短缺和物价高涨之苦的巴黎民众们为了向国王请愿，开始向凡尔赛大游行。游行队伍以大批的妇女为先导，之后便是包含了国民自卫军在内的两万名武装市民，浩浩荡荡，直奔凡尔赛而去（即“进军凡尔赛”）。民众涌入议会厅和王宫后，路易十六不得不做出让步。他不仅承认了议会的“特权废止法令”和《人权宣言》，还将议会转移到巴黎，并和自己一家人住进了巴黎的杜伊勒里宫。

之后，议会就开始根据“特权废止法令”和《人权宣言》的宗旨来制定具体的法律，其成果是于1791年9月3日通过的法国最早的一部宪法（即所谓的《一七九一年宪法》）。宪法规定的政体是三权分立并拥有一院制议会的君主立宪制，明确只有二十五岁以上并拥有一定程度财产的男子（即所谓的“积极公民”）才有参政权。当时实施的是一种间接选举，也就是说，这些“积

进军凡尔赛

民众浩浩荡荡地扑向凡尔赛，要求面见国王

极公民”只能推选拥有更多财产的被选举人。由此可见，就政治地位而言，还是存在因财产多寡而导致的不平等。当时，积极公民共有 430 万左右，占成年男子总数的 60% 多一点。被选举人数约为 43000，占成年男子的 0.6% 多一点。正如保障经营自由、产品生产及流通自由的经济自由主义体制一样，根据此宪法建立的 1791 年政体，其实是一个将贫民和农民排除在外的寡头统治体制。

事实上，这样的体制也面临着双重的危机，即反革命派的攻击和城市居民及农民的强烈不满。就贵族阶层而言，除了极少数以外，几乎都是反对革命的。有些贵族在法国国内形成了反革命派，也有许多流亡国外，接受奥地利和普鲁士的援助，企图反攻法国，扼杀革命。与此同时，一部分神职人员也与罗马教皇相勾结，展开反对大革命的运动。

而民众则基于自己贫困的生活现实，从另一个角度批判了大革命的不彻底。当时整个国家财政濒于破产，法国政府于 1789 年 11 月实施教会财产的国有化，并在第二年将接收的土地进行公开出售。然而，以国有财产竞拍为前提，先行发行的是一种名为“指券”〔1789 年至 1797 年流通于法国的一种以教会财产（称国家财产）为担保的证券，后当作通货使用〕的债券，它自 1790 年春天起，就已经作为纸币流通了。在 1790 年的秋天，政府又增发指券，而这些增发的指券是没有国有财产做背书的。之后随着指券滥发引发了通货膨胀，民众的日常生活苦不堪言。在农村，农民们在废除封建制度方面也有所不满，并开展了要求无

扣押面粉船

1789 年 8 月 6 日，害怕断粮的巴黎民众拦住了塞纳河上一艘运送面粉的船，并擅自将面粉卸了下来。说明民众为了防止饿肚子，已经到了不择手段的地步

条件废除领主租税的运动。到了 1792 年，通货膨胀和粮食短缺越发严重，底层民众纷纷开展运动，要求政府出面禁止商人囤积粮食，并实行价格管制。

其实，在宪法通过之前的 1791 年 6 月，还发生了国王逃亡事件。当时，路易十六一家企图逃亡到奥地利，结果被人在法国东部的瓦伦镇逮住，并押回了巴黎。对此，议会中的多数派还想用国王被人劫持的说法将此事糊弄过去，但舆论却认为，这相当于父亲（国王）抛下自己的孩子（国民）独自逃跑，让民众的心理受到深重打击。结果国王威望扫地，从此以后，君主制本身是否应该存在下去就成了一个问题。

而更大的问题则是因大革命引发的战争。因为欧洲各国密切关注着法国大革命，全都十分恐惧革命的扩散与转播。1791 年 8 月，奥地利国王与普鲁士国王就公开表示，共同支持法王路易十六。也正是这两国国王与法国反革命贵族相互勾结，法国的民众间才会广泛流传“贵族的阴谋”这一说法。宪法公布之后，“宪法制定国民议会”随即解散，而在 10 月 1 日，当局又成立了“立法议会”。从成立之初到第二年，该议会的主要议题就是如何应对各邻国的武装干涉，它们都支持以逃亡贵族为首的反革命派。渐渐地，强硬派的主张在革命派内部占上风，而暗中期待外国军

国王一家在瓦伦镇遭逮捕

该画作表现了国王（左）与国民（右）的对立。1791 年 6 月 21 日，国王逃跑的消息在巴黎流传开来后，凡是带有“国王”名称的道路标识都遭到了涂抹，民众聚集到胜利广场，往国王塑像上泼洒污秽，并写上“逃跑者路易”

队获胜的国王路易十六也希望尽早开战。于是，1792 年 3 月，他下令作为主战派的“吉伦特派”开始组阁。4 月 20 日，议会发出了针对奥地利的开战宣言。不久之后，普鲁士也参战。

从这时起，直到 1815 年拿破仑战争结束之前，法国陷入了接连不断的对外战争。由于很多军官流亡国外，再加上士兵训练不足，所以法军在开战后的一个时期内连吃败仗。吉伦特派的内阁采取了与反革命派势不两立的强硬姿态，而这又等于与国王的公开对立。在此情形下，巴黎市民加强了组织形态，通过区分市政基本单位里的政治倾向，开展清除“叛徒”的运动——他们认为法国战败的原因就在于贵族和国王的叛变。正在这时，为了举办 7 月 14 日的纪念活动，全国的义勇军都聚集起来，而议会又于 7 月 11 日发出了“国家处于危难之中”的宣言。事态已然十分紧迫，巴黎民众为了废止王权、更新议会，于 8 月 10 日爆发起义，国民自卫军占领巴黎市政厅，宣布成立“起义公社”（自中世纪以来，法国得到自治权的城镇政府机关通称公社），紧接着又攻占了杜伊勒里宫，将国王路易十六拘押起来。受到“起义公社”强大的压力后，议会宣布废止王权并筹办制定新宪法的新议会——“国民公会”。也就是说，以“八月十日事件”为标志，君主立宪制土崩瓦解，法国革命进入一个崭新阶段。

在新议会成立之前，旧议会就完全处在“公社”的高压之下。8 月 17 日，后者通过了惩处反革命分子的特别刑事法庭决议，26 日又通过了将拒绝宣誓的神职人员驱逐出境的决议。看到国王遭拘押后，大批军官逃亡到国外，而这又直接导致了前线战局

八月十日事件

巴黎民众闯入杜伊勒里宫，将国王路易十六一家关进了圣殿塔（以前曾是圣殿骑士团的总部），废止了王权

的频频失利。到了 8 月底，巴黎便收到普鲁士军逼近巴黎的战报。陷入恐慌的民众从 9 月 2 日起，花了六天时间，袭击收押反革命分子的监狱，草草了事地处决了一千三百人。这场被称为“九月屠杀”的事件爆发后，大批民众加入义勇军，于 9 月 20 日取得瓦尔密战役的胜利，成功击退普鲁士奥地利联军。就在第二天，经过二十一岁以上男子的普选，国民公会召开了，共和政体由此成立（即所谓的“第一共和政体”）。共和政体的成立及在此之前民众的暴力行为，意味着过去“1791 年体制”的垮台。而所谓“1791 年体制”，其实就是在议会中占一定比例的资产阶级与自由主义贵族结盟，试图以一种较为妥协的方式结束大革命。

而后来，资产阶级为了与国内外的反革命势力做斗争，开始与底层民众建立起同盟关系，走上一条更为彻底的革命路线。

然而，就在路线、方针的问题上，“吉伦特派”和“山岳派”之间产生了分歧。吉伦特派与大贸易商等上层资本家的关系较为密切，他们希望维护个人及经济贸易活动的自由，因此对于民众所要求的管制政策，吉伦特派采取批判态度，也与以巴黎为中心的民众运动保持着一定距离。与此对应的是，山岳派却与中下层资产阶级关系密切，他们与总部设在巴黎而支部遍布法国各地的雅各宾俱乐部相协作，也被称为“雅各宾派”。山岳派认为，为了保卫革命果实，就必须向民众运动做出妥协并与之结盟，包括对自由加以限制并采取管制性政策。

当时，执掌国民公会主导权的是吉伦特派，但实际的政权运行可谓步履维艰。在取得瓦尔密战役胜利之后，政府宣称要输出革命，故而转守为攻，于 1792 年 11 月占领了比利时。进一步激化事态的，是国民公会处死了拘押在圣殿塔里的前国王路易十六。吉伦特派本不想处死路易十六，但以罗伯斯庇尔和圣茹斯特为首的山岳派坚决主张立刻处死路易十六，吉伦特派在激辩中败下阵来后，于 1793 年 1 月 19 日宣判路易十六犯有“阴谋破坏国民的自由与国家整体安全”的罪名，21 日实施死刑。这一举动让英国感受到了威胁，从而加入了法国的敌对阵营，并于同年 2 月份结成第一次反法大同盟。法国从此与英国和荷兰也进入交战状态。

在法国国内，由于指券的滥发造成了通货膨胀和粮食供应不足，因此民众反对吉伦特派的自由主义经济政策，尤其是政府为了支援前线在 1793 年 2 月发出了征兵三十万的动员令之后，各地都爆发了逃避兵役的运动，并以此为契机频频爆发民众起义。其中又以 1793 年 3 月法国西部旺代地区的大规模农民暴动影响最大，他们与保王党贵族和拒绝宣誓的司铎等反革命势力相勾结，令政府头痛不已。吉伦特派为了对付反革命势力，一方面设立了革命法庭和救国委员会，另一反面则将山岳派的马拉告上了革命法庭，并逮捕了埃贝尔，企图运用政治力量抑制民众运动及相关人等。然而，实际效果却适得其反。6 月 2 日，巴黎民众包围议会，在此压力下，议会通过了逮捕吉伦特派阁僚及其主要议员的决议，也就是说，山岳派一举颠覆了吉伦特派的统治权。

山岳派虽然掌握了议会主导权，可是以“旺代叛乱”为代表的国内反革命运动依然继续着。在对外战争方面，法国也于

马拉的演说

众多市民正在倾听雅各宾派议员马拉的演说。对于民众来说，政治并不在议会里面，而在他们日常生活的大街上，雅各宾派就是通过这样的街头活动实现了与民众的合作

1793 年 3 月在比利时战线上败给了奥地利，战况再度恶化。政府在内忧外患中，还要面对如何协调资产阶级利益和民众要求的难题。对于前者，政府采取了强硬姿态，以坚定的领导力面对考验。同年 6 月，山岳派提出“社会的目的在于共同幸福”的主张，制定了不仅含有各种民主制度，甚至还包含了社会福利的新宪法（即《雅各宾宪法》）。但是，面对国内外如此动荡的非常事态，该宪法难以真正实施。于是当局建立了不依照宪法，但适用于非常时期的政治体制——“革命政府”。在此政体中，救国委员会被赋予极大权力，形成了一种独裁统治。与此同时，通过《反革命嫌疑犯法》，将“预防性逮捕”合法化，强化了革命审判。紧接着在 10 月份，以王后玛丽 · 安托瓦内特被处死为开端，吉伦特派的政治家们一个个都被送上断头台。政府还派出了不少特派员，前往外地搜捕反革命分子。这些特派员都拥有最后处置权，有权镇压任何形式的反革命。这样的恐怖政治一直持续到 1794 年 7 月。在此期间，法国约有五十万人因有反革命嫌疑被收监，

卢瓦尔河上的溺死刑罚

派遣议员主持的镇压反革命活动极为严厉。议员卡里埃在卢瓦尔地区将收监了的反革命嫌疑犯押上船，行到水深处后，拔掉船底的塞子，将他们统统淹死。据说多达三千人被这样处死

与家人告别的路易十六

1793 年 1 月 20 日半夜，路易十六在圣殿塔与王后玛丽·安托瓦内特及两个孩子做了生死诀别。直到临死之前，他还认为自己是个至高无上的君王

协和广场

原本是“路易十五广场”，正中央还设立了路易十五的骑马雕像。大革命时期该雕像被撤去，并改名为“大革命广场”，包括路易十六在内的许多人都在此地上了断头台。1795 年以后，改称“协和广场”，但直到 1830 年才被用作正式名称。现在设置在广场中央的方尖碑，是拿破仑在远征埃及时从卢克索搬回来的

大约一万六千人被判处死刑。再加上内战地区那些未经审判就被处死的人，一般认为恐怖政治的牺牲者人数多达四万人左右。

面对农民的要求，政府允许国有土地分割出售和分配公有土地，同时又于 1793 年 7 月无条件废除领主制。然而，仅仅这样仍不能平息民众的不满情绪。作为临时性措施，政府实施了战时管制经济，于 8 月 23 日发布总动员令，要求将国内所有资源统统用于战争，9 月 29 日又颁布《最高限价法令》，设定了所有生活必需品的最高价格。在此基础上，为了严禁囤积居奇，政府强制征发粮食，还通过了成立革命军的决定。由罗伯斯庇尔领导的山岳派，原本主张自由主义经济，但在内外交困的形势逼迫下，也不得不将重心从吉伦特派强调的“自由”转移到民众要求的“平等”上来。

虽说总动员令在某种程度上取得了成功，旺代的叛乱也被镇压下去了，但随着国内外的战局好转，山岳派内部的路线斗争却日益尖锐起来。在山岳派内部，一般将希望与民众运动相呼应的埃贝尔派定为左派，以主张恐怖政治和经济管制的丹东派定为右派，而罗伯斯庇尔则居于两者的中间。这一时期，民众的非基督教化运动十分激烈，埃贝尔派对此表示支持。因为没能压制住这一运动，罗伯斯庇尔对埃贝尔派的无神论思想提出了责难，还于 1794 年 3 月逮捕并处死了埃贝尔，在肃清其同党的同时，关闭“民众俱乐部”，将民主运动镇压了下去。之后，他又在 4 月份告发了丹东的贪污嫌疑，并将其处死。

清除了左右两派之后，罗伯斯庇尔进一步强化了恐怖政治，继续镇压民众运动和政敌，而这种做法只能让他越发地疑神疑鬼，其政权的基础反倒受到削弱。随着内乱得到平息，共和国军在对外战争中也是凯歌频奏，恐怖政治失去了存在的必要性，其领导人自身也就成了被肃清的对象。果然，热月 9 日（共和历月份的表述，实际是 7 月 27 日），救国委员会通过了逮捕罗伯斯庇尔等五人的决议，并于第二天将他们处死。这样，雅各宾派的独裁统治和恐怖政治宣告结束。

拿破仑

在罗伯斯庇尔一派倒台后（即“热月党的反动”时期），大家都在寻找革命的终点，可结果还是回到了 1791 年体制。随着战时管制经济的废止及 1794 年 12 月新政府废除《最高限价法令》，救国委员会和革命法庭也被改组，左派议员遭到了流放。但《最高限价法令》的废止直接导致了通货膨胀，使得生活受到威胁的巴黎民众在 1795 年 4 月喊出了“还我面包和九三年宪法”的口号，爆发了起义，结果遭到当局无情的镇压。之后，民众运动就进入低潮。1795 年 8 月，当局制定了新宪法，成立了由二院制议会和五位主席组成的督政府。其中的二院制由提出议案的 500 人院（下议院）和决定议案是否通过的元老院（上议院）组成。选举权限定为直接税交付者持有，普选被废除。

这种因害怕独裁而采用的集体领导制其实很不稳定，经常受到左右两翼的威胁，其政策也时常摇摆。在该政权刚开始运行时，经历过保王党暴动的政府偏向左派，并采取压制保王党的政策。可在 1796 年春，巴贝夫组织的秘密团体“平等会”要求废除私有产权，并计划武装起义，但因秘密泄露，巴贝夫及其他主要领导人全部被捕。“巴贝夫密谋事件”后，政府又偏向了右派。先后排除了保王党和左派议员，导致施政状况一直很不稳定。而正在政府来回折腾的时候，国外势力却在 1798 年年底与 1799 年 3 月之间，结成了第二次反法大同盟。欧洲大陆硝烟再起，法军再次全线败退。为了渡过难关，督政府急需一个强有力的领导者，此时登上历史舞台的正是拿破仑·波拿巴。

拿破仑于 1769 年出生于科西嘉岛上一个小贵族家里，后来到法国本土进入军事学院学习，1793 年任远征意大利的旅长。1795 年，他因镇压保王党的叛乱（即“葡月事件”）而一举成名，第二年任意大利远征军司令官，并充分发挥了其军事才能。1798 年 5 月，他又任远征埃及的统帅。得知国内政局混乱后，拿破仑在 1799 年 10 月抛下部队独自回国，联合督政官西哀耶斯于 11 月 9 日（雾月十八日）发动政变。拿破仑在由三个执政所组成的临时政府中任第一执政，掌握了法国政权。至此，法国大革命就名副其实地结束了。

新政府于 12 月 13 日通过新宪法之后，正式开始运行。新政府大幅削减了立法院权限，而身为第一执政的拿破仑则拥有绝对权力，并在五百人院一批技术官僚的辅助下，开始了他的执政生涯。拿破仑在宣布“法兰西革命结束了”之后，所面对的首要问题就是如何清算革命留下的负面遗产。此时，对外战争仍在进行，因此在 1801 年，他与奥地利签订了《吕内维尔和约》，又在 1802 年与英国签订了《亚眠和约》，给法国重新带来了和平。与此同时，他还敦促流亡者回国，通过恩赦与民众和解，并承认大革命时期实行的国有财产分割出售。受到如此恩惠之后，广大农民都支持拿破仑。在宗教问题上，由于在大革命时期出现了严重分裂，拿破仑于 1801 年 7 月与罗马教皇签订了《政教协定》，在修复与天主教关系的同时，也承认了新教两大宗派（路德派和加尔文派）的合法性，推进宗教信仰自由。

除此之外，以继承大革命理念的方式，拿破仑还实施了多种制度改革。在地方行政方面，他于 1800 年设置了省长，并使其拥有强大的权力。自此以后，中央集权制就成了法国政治的一大特色。在财政改革方面，他对征收直接税的机构用中央集权来提高其征税效率，还于 1800 年创设了法兰西银行（法国中央银行），使其拥有独家发行纸币的特权。通过这些财政改革，法国的财政状况开始出现好转。1804 年 3 月，他颁布了《法国民法典》（即《拿破仑法典》），废除了原有的特权，提出在法律面前人人平等、人们拥有劳动的自由、私有财产神圣不可侵犯及宗教信仰自由等理念，将大革命的成果以文字形式确定下来，为今后的法国社会制定了规则。

拿破仑的这些政策，主要是以资产阶级和富农阶层为对象的，正是通过这些人所形成的“名望阶层”来促成新型的统治阶层。为此，他于 1802 年创设了“荣誉勋章”，又于 1808 年制定了“帝

阿尔科莱桥上的拿破仑

1796 年第一次远征意大利时，在维罗纳近郊指挥法军打败奥地利军的拿破仑。该画作由画家安托万－让·格罗绘于 1801 年

国贵族制度”，建立起了不看门阀、出身而讲究能力与为国家服务的个人社会地位制度，以支撑其权威主义的统治方式。

结束了大革命之后的混乱局面，拿破仑便进一步将权力集中到自己手中。在 1802 年 8 月制定的《共和历第十年宪法》中，他就为自己设立了“终身执政”一职。而在 1803 年保王党针对他的暗杀计划暴露后，他开始大肆鼓吹自己成为世袭皇帝的必要性，并在 1804 年促使元老院通过了相关决议，又根据随后的人民投票，当上了法兰西皇帝（法兰西第一帝国）。

就在拿破仑当上皇帝前后的这一段时期，国际关系再度紧张起来。1803 年，英国撕毁《亚眠和约》；1805 年 8 月，英国、意大利和俄国结成第三次反法同盟。拿破仑积极备战，准备入侵英国，但在 10 月份，法国与西班牙的联合舰队在西班牙的特拉法尔加海角大败给纳尔逊将军指挥的英国舰队，失去了制海权，进攻英国的计划也就泡汤了。与此同时，拿破仑还进攻了奥地利，12 月 2 日，在奥斯特里茨战役中法军打败了俄、奥联军。结果，奥地利不得不向法国及其同盟国割让领土，并从意大利和德意志地区撤退。

拿破仑在第二年依旧保持着进攻势头。1806 年 2 月，他攻占了那不勒斯王国，并让自己的哥哥约瑟夫做了那里的国王；5 月，他设立荷兰王国，让自己的弟弟做了国王；7 月，拿破仑又建立了莱茵邦联，直接导致神圣罗马帝国的崩溃。到了这时，拿破仑的主要敌人就是英国、普鲁士和俄罗斯了。1806 年 10 月，法军在耶拿会战中打败普鲁士，将萨克森、哥达等五个公国纳入莱茵邦联。在 1807 年 2 月的艾劳会战和 6 月的弗里德兰镇会战中，法军又战胜了俄国和普鲁士的联军，并与这两国签订了《提尔西特和约》，将原来属于普鲁士的波兰纳入莱茵邦联。至此，法国在欧洲大陆确立了霸权，但与英国的争斗却仍在继续。1806 年 5 月，英国宣布对法国北部沿岸进行封锁，而拿破仑也针锋相对地于 11 月在柏林下达了对英国进行封锁的命令（即所谓的《柏林敕令》）。该敕令禁止法国的同盟国进口英国商品，在保护、培育法国国内产业的同时，也希望用切断英国对外贸易的方式来削弱其经济。然而，一方面英国与欧洲大陆之间的走私贸易不可

坐在皇帝宝座上的拿破仑

这是画家安格尔于 1806 年绘制的画作。拿破仑承袭了传统的国王加冕仪式，但他身上的斗篷是红色而非蓝色，斗篷上的刺绣也不是百合花，而是蜜蜂。但是，由于拿破仑自认为是查理曼大帝的后继者，所以他手里握着查理大帝的权杖

与拿破仑一起瓜分世界的小皮特

这是英国讽刺画家詹姆斯·吉莱 1805 年的作品。画面中，拿破仑与英国首相小皮特在分割做成地球形状的布丁。皮特得到的是海洋，而拿破仑得到的却是欧洲大陆的绝大部分

戈雅的画作《1808 年 5 月 3 日皮尤德萨·博亚山岗上的枪决》

为了抵抗拿破仑侵略，从 5 月 2 日夜里到 3 日凌晨，马德里市民爆发起义。缪勒将军率领的法军对此进行了血腥镇压。图中描绘了枪杀四百名被俘民众的场景

能完全断绝，另一方面法国商品又缺乏竞争力，无法确保欧洲大陆的市场。因此，这道敕令其实并未达到预期目的。

拿破仑貌似平定了整个欧洲大陆，而事实上他的统治却是破绽百出。首先，《柏林敕令》遭到以向英国出口谷物为重要经济来源的普鲁士和俄罗斯等国的反对。其次，拿破仑让自己的亲属出任意大利、荷兰等从属国元首的做法，也引发了抵制。与法国的统治针锋相对的是，民族主义在各地蓬勃发展起来。在普鲁士，柏林大学的哲学家费希特于 1808 年发表题为《告德意志国民》的演讲，呼吁德意志国民浴火重生。而在 1808 年，拿破仑的哥哥约瑟夫篡夺西班牙王位，引发西班牙国民的极大愤怒，他们开展游击战，并在 1811 年打退了拿破仑的远征军。

1810 年，为了增大自己作为君王的权威，拿破仑与奥地利公主玛丽·露易丝结婚。他企图通过联姻来改善法国与奥地利之间的关系，借此压制俄罗斯，完成对欧洲大陆的绝对统治。由于俄罗斯一直在向英国出口粮食，拿破仑便以此为由，于 1812 年 6 月亲率六十万远征军进攻俄罗斯。而俄罗斯采用了节节后退的战术，使拿破仑无法实施他拿手的速战。深入俄国腹地的法军尽管占领了莫斯科，可面对严冬的到来，却不得不撤退，并在撤退途中遭受巨大损失。以此次远征俄罗斯失败为契机，各地都爆发了反对拿破仑的运动，而在 1813 年 10 月的“莱比锡会战”（史称“民族之战”）中，拿破仑大败于奥地利、普鲁士和俄罗斯所组成的同盟军。第二年，同盟军攻入法国本土，并于 3 月 31 日占领巴黎，拿破仑在枫丹白露宫宣布退位，随即被流放到了厄尔巴岛。

之后，欧洲列国召开了维也纳会议，商讨战后的处置问题，然而，各方交涉却陷入僵局。在得知这一情况后，拿破仑于1815年2月逃出厄尔巴岛，开始向巴黎进军。一路上，他的阵容日益强大，于3月20日回到巴黎，并成功复辟帝国。各国决定再次讨伐拿破仑，在6月份的滑铁卢之战中大败法军，终结了他的“百日王朝”。之后，拿破仑被流放到靠近非洲的圣赫勒拿岛上。1821年，他走完了人生五十一年零八个月的旅程。

1813年的胜利

这是德国出版的英文版讽刺画。帽子上的鹰代表大获全胜的普鲁士。食人魔鬼拿破仑的脸是由被征服的人们所组成的，他们的鲜血染红了拿破仑的衣襟。制服上画着吕岑和莱比锡等反法联军的获胜地区

旺多姆广场

拿破仑用图拉真（古罗马五贤帝之一，他在位期间罗马帝国的版图达到最大）纪念柱替换了广场中央的路易十四骑马雕像。这是为了纪念 1805 年奥斯特里茨战役的胜利，用缴获的大炮熔铸而成的。柱子的顶端放置了皇帝拿破仑的雕像，在他失势后被撤去，而在七月王朝的时候又回归原位

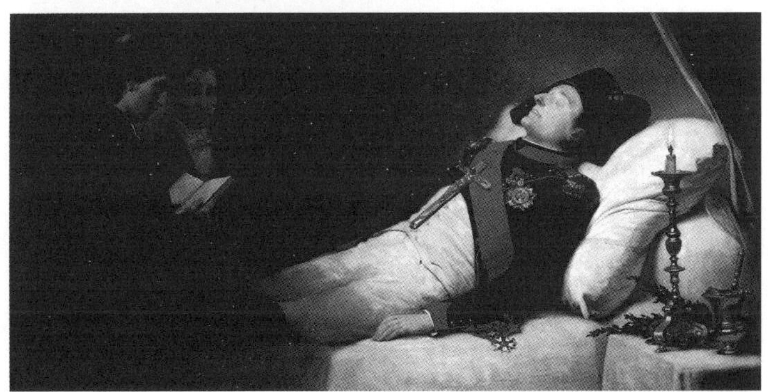

让·巴蒂斯特·摩西的画作《拿破仑之死》（1840 年左右）

验尸之后，人们给拿破仑穿上了帝国猎骑兵上校的制服。尽管教皇庇护七世将拿破仑逐出了教门，但在这幅画中，依然强调他是作为一名基督教徒死去的

法国大革命的构成

下面让我们回顾之前叙述过的革命过程，思考一下法国大革命的构成吧。

法国历史学家乔治·勒费弗尔在1939年出版的著作《一七八九年》中，提出了“复合革命论”。按照他的学说，法国大革命并不是一场单一的革命，在革命的整个过程中，存在着贵族和神职人员等特权拥有者、资产阶级、城市民众和农民这样四场革命，既各自独立，又相互关联，共同推动了大革命的发展。具体的细节姑且不论，从大的框架上来说，这一理论大致不错。事实上，大革命确实是从反对征税的贵族抵抗开始的，而在贵族势力逐渐走上反革命道路的时候，资产阶级、市民、农民的革命也一起出现并发展壮大起来。在此，让我们来思考一下资产阶级革命与普通民众革命的不同点。给资产阶级下一个定义其实是很难的，我们不妨将其理解为在议会里推动革命的一股势力。正像罗伯斯庇尔曾在其家乡做过律师一样，当时议员中从事律师、公证人等自由职业的人很多。由于国民公会是举行普选的，所以几乎没有属于民众阶层的议员。而巴黎的民众运动活动家们也有意识地与议会拉开距离而独自开展活动。

资产阶级为了实现个人和经济活动的自由，在议会中通过了各种各样的法令。例如，《人权宣言》的第十七条就讴歌了私有财产神圣不可侵犯的理念，保障了作为经济活动前提的“一物一主”这样具有现代意义的私有产权。1789年8月29日，立法确定了谷物交易的自由化。1791 年 3 月，通过了《奥拉尔德法》，承认经营的自由化，废除了基尔特。而 1791 年 10 月的《农业基本法》，立法者又写入了私有产权在农业生产活动中的自由化和不可侵犯的内容，确定了土地所有者拥有耕作和经营的自由，以及圈养家畜的自由。这一系列措施导致经营的个人化和个人主义的盛行，起到了摧毁原有共同体的作用。然而，这些政策对于以共同体为生产基础并依赖家长型保护的民众来说，无疑有着动摇生活根基的危险。因此，民众为了自身生存，提出了价格管制、限制谷物交易、严惩谷物投机及囤积居奇的要求。

资产阶级的利益时常会跟民众的利益发生冲突。例如，1791 年 7 月，巴黎的民众俱乐部为了废除国王并要求建立共和国举行集会时，拉菲德侯爵率领的国民自卫军就对人群开枪，造成了“练兵场惨案”，死伤者众多。1792 年 3 月 3 日，附近的农民涌入巴黎南面约四十八公里处的艾达姆布市，要求对小麦的价格实行管制，骚乱之中市长西默农被杀。市镇层面理解农民的困境和心情，甚至就如何平息事态也出现过同情及反对“与民众利益不一致的法律”的倾向。但议会的反应却大相径庭，在第二天就得出了必须动用武力来维持谷物交易的绝对自由并保护社会秩序与私有财产的结论，派遣国民自卫军到艾达姆布市，还决定对牺牲了的西默农市长加以表彰，追认他为“法律的殉道者”。对资产阶级而言，价格管制就是对“私有产权神圣不可侵犯”的严重挑战。从这个意义上来说，资产阶级与民众在对于平等的理解上，有着很大的分歧。资产阶级追求的是各方面的平等，而先决条件则是一切都取决于自由竞争。相对于此，民众追求的是结果的平等，希望恢复从前那种由平等的成员构成的共同体（虽说这本身就是个历史性的假象），并为此开展运动。从这个意义上来说，精英与民众之间的龃龉，其实就是从精英文化与民众文化这两种不同性质的土壤中产生的分歧。

事实上，法国大革命就是在基于多种利益、错综复杂的纠葛中逐步展开的。

最高存在的祭奠

为了寻求一种能取代基督教的道德形态，罗伯斯庇尔于 1794 年 6 月 8 日举办了这场最高存在的祭奠。祭坛上镶嵌着各种各样的革命象征

革命的遗产

法国大革命到底给后世留下了什么呢？首先便是一元化统治的社会结构。反过来说，就是社会团体性组织的解体。正如1789年8月4日废除封建制决议所显示的那样，大革命废除了各种基于身份制度的特权，同时也废除了作为社会中间团体的社团。1789年8月11日的法令又废除了什一税，以及省和市、居民共同体所拥有的地方性特权，实现了租税的平等。所以说《人权宣言》讴歌的，其实是朝着服从相同法律之个人向公民社会的大转型。1790年6月，贵族世袭制又被废除了。还有，前面提到的经济自由主义的实现，也是伴随着废除基尔特等社会团体的特权、保证个人经济活动自由为前提的。1791年6月，议会以完善《奥拉尔德法》的方式制定了《勒沙普利埃法》，禁止工人或工匠结社。这部被很多人理解为剥夺工人结社权利的法律，其实也否定了在国家与个人之间“中间团体”的存在，体现了通过雇主与工人两厢情愿的方式来商定工资报酬的市场原理。总而言之，法国大革命正是通过这样的种种措施，创造出了“自由的个人”，并推动了由这样的个人来建立国家的进程。

在“旧制度”里，最强有力的社团之一，恐怕就要数基督教教会了。根据法国天主教教会自主论，王权试图将教会建成某种国内组织，可说到底，它也仅仅是一种对国王效忠的社团而已，在排除中间团体的大革命时期，教会的存在方式自然也必须做出根本性改变。为此，政府在废除什一税，推动教会财产国有化的同时，还于1790年制定了《神职人员民事基本法》。该法律规定主教和司铎要通过公选制度选出，并将神职人员公务化，将其完全置于国家统治之下。该法律规定神职人员有义务对宪法（其实就是“革命”本身）宣誓效忠，而根据这方面的反应，神职人员分成了“宣誓教士”和“拒绝宣誓教士”两大派。不仅如此，政府还将原本由教会承担的公共事务，移交给了国家。

1792年9月，教会的小教区记录变成了世俗化的户籍，人们的出生、婚姻和死亡等事件开始由国家统一管理。与此同时，婚礼作为基督教圣事之一的做法也遭到了否定，开始跟教会脱离关系，改为在市镇的办公厅内举行，并在公务员的见证下宣誓后才生效。从此，婚姻就被定位在个人间契约的层面了。既然是契约关系，那么解除这种关系也就成为可能。也就是说，离婚也被合法化了。政府想要将教会排除出公共领域，故而理所当然地也涉及原本由教会发挥着很大作用的教育领域，希望在1792年8月之前，全面禁止教会参与公共教育，并建造起世俗学校。尽管政府在1793年5月采用了《初等学校设置法》，但由于财政困难，再加上人才不足，学校建设基本没有完成。所以大革命过后，教会在教育领域发挥的作用又变大了。事实上，直到19世纪末，公共教育与教会之间的关系仍是一个悬而未决的课题。

就个人的身份特征而言，在大革命之前，人们往往都从属于各种各样的社团。那么，在大革命之后，人们又该依附在哪里呢？对于这个问题，革命政府的回答是，创造出“新型的国民”，形成一个新型的国民共同体。也就是说，法国大革命试图创建新型的人类和人类社会。1789 年 12 月，政府制定了《地方自治体法》，废除了旧有的与特权紧密联系在一起的“州”和“地区”，决定将全国划分为八十三个省，并在省的下面设立专区、县、市镇。

出版的自由

这是 1791 年的版画。《人权宣言》的第十条和第十一条中写明，人民有思想及其表达的自由

婚礼

婚礼是基督教的一大圣事，在大革命之前，都是由神职人员来主持的。大革命之后，婚姻也世俗化了，在强调两厢情愿的同时，公务员的见证成为其生效的仪式

从各个省的面积几乎相同、名称多取自山川等自然景物这点上我们能够看出，政府试图通过重新编排出匀质空间来直接掌控每一个国民。司法、税收和行政组织的设定也全都据此进行调整。不仅如此，革命政府还在各个领域尝试着进行全国性的统一，譬如说，统一了度量衡单位，且认为各地方言和习俗也有必要统一，还展开了相关的调查。

那么，这一系列的措施到底有没有让法国人民脱胎换骨，成为“新国民”呢？答案并不能令人满意。事实上仅靠十年时间要改变人们的秉性，是勉为其难的。尤其是在传统文化根深叶茂的农民阶层，精英阶层所认定的农民的那种“无知”和“迷信”，并没有被一系列新措施轻易地克服掉。要改变民众的秉性，教育必不可少，但在大革命时期，要改造教育制度又极其困难，因此就成了法国整个 19 世纪的课题。

试图让人类浴火重生的法国大革命，也是一场创造新文化的伟大运动。例如从采用十进制便可看出，其希望建构起一个合理化的世界。在度量衡方面，将通过巴黎的地球子午线全长的四千万分之一（一米）、十分之一米的立方体体积（一升）、一升水的重量（一千克）作为基本单位，并决定采用十进制对其做进一步的区分。1793 年 10 月，法国决定采用共和历，其目的在于从历法上淡化基督教的影响力。该历法中的一个月为三十天，每十天为一旬，同样体现着对理性的追求。

正如历法改制所显示的那样，清除宗教色彩也是大革命时期的一大文化特征。因此，一些能让人联想起君主制和天主教教义的地名，统统被修改掉了。例如，蒙马特高地（殉教者之丘）成了蒙马拉（马拉之丘），诸如此类，许多地名都改成了带有“平等”“共和国”“国民”等富有新生国家气息的新名称。

大革命期间，法国在政治文化方面也呈现出了巨大转变。前面我们讲过，在18世纪“舆论”已经形成了。在主权者的角色从国王转换到国民的大革命时期，就政治文化而言，与“舆论”密切相关的“国民意志”自然是不可忽视的。作为革命家自身正统性的依据，他们也必须将一切行为都诉诸“国民”和“国民意志”。但是，在彻底排除了中间团体的法国，体现着私利、给国民带来不平等和差异性的“组织”和“政党”是不被认可的。在议会内，也无法通过党派间意见调整这样的政党政治来决定“国民意志”。诚然，在大革命期间存在着“雅各宾派”和“吉伦特派”这样的派系，不过那不是政党，在判决路易十六有罪的时候，议员们都是作为个人登台发表意见。因此，这些派系说到底也仅仅是政治倾向相同的个人集合体而已。

革命家们为了推行自己的政策，必须通过政治性的教育使国民团结起来，为此，在大革命时期就形成了用概念和形象标志来教导国民的政治文化。其中“自由”“平等”“国民”和“祖国”等概念作为神圣的话语向民众呼吁得最多，一些与之相匹配的形象标志也被广泛应用。例如，1789年7月，民兵在巴黎集结（即日后的国民自卫军）时，制作了代表巴黎市的红、蓝二色徽章，不久之后又加入了代表波旁家族的白色。而当这样的三色帽徽发展为法兰西国旗，也就成了革命派的形象标志了。在制作三色旗、自由帽及玛丽安娜等形象标志的同时，联盟庆典、国民活动等也起到了表现革命精神的作用。

此外，正如更改地名的做法那样，原先那些代表着君主专制和天主教教义的形象标志则统统被排除了。就某种程度而言，法国大革命期间这些形象标志间的表象之争，创造了新型政治文化。

1794 年的共和历

共和历（革命历）的制定是一个重新编排时间的巨大尝试，但最终还是失败了。画中年历上的女性是象征着共和国的玛丽安娜，从 19 世纪起，她就成了共和国和自由的象征

全国联盟庆典

联盟庆典起源于各地的国民自卫军聚集起来并宣誓共同防卫的自发活动。有鉴于此，政府于 1790 年 7 月 14 日在巴黎举办了全国性的联盟庆典。根据庆典上表现出来的国民的一致性，7 月 14 日后来就成了国民团结一致的纪念日

* 专栏 1

对革命政治的理解

像复合革命论（认为法国大革命包含了贵族、资产阶级、市民和农民四个阶层的革命）这样的大革命史研究，基本上都是分析当时的社会结构，并由此入手来说明大革命的来龙去脉。然而，最近的大革命研究强调，这种社会结构并非导致大革命的根本原因。因为考察一下法国大革命的进程，就会发现有很多地方无法通过社会结构的分析来加以解释。譬如说，作为大革命的成果，实现了自由主义经济，并最终形成了符合资本主义发展需要的社会体制，但主要推动资本主义发展的那些资本家们并没有进入议会，议会的骨干力量是原本“旧制度”体制下的法学家、文人等。

因此，最近也有研究认为，大革命的动力其实就在政治革命的发展过程之中。例如，革命家和民众在攻击反革命时，曾频频使用“贵族的阴谋”一词。可是，这个“贵族的阴谋”并不作为某种实态而存在于反抗事件发生之前，而是作为一种言论于事件发生后起到推波助澜的作用。当时，某国民公会的议员曾说过“革命是个学校”这样的话，最近的研究也认为革命确实是在这样的“学校”里一点点成长起来，并层层推进的。或许可以说，这样的论调更为注重历史的偶然性。

* 专栏 2

单一不可分割的法兰西

在 1793 年的宪法中，强调了“共和国的单一不可分割”。其中“不可分割”是指不能被中间团体（社团）分割的意思，充分体现了个人与国家之间不存在任何中间体的革命理念。这一理念极大地规范了法国社会之后的存在方式。在很长的一段时期内，团体都被理解为体现个别阶层利益的组织，其在公开场合的活动一直都被禁止。直到工会合法化之后，这种倾向也依然存在。

对法国来说，在国家之内只存在“法国人”，并就理论而言，在公众世界里不存在根据人种或宗派所组成的小团体。即便是在今天的法国，也不像德国那样有什么立足于宗教的政党。因此，在公众场合不允许戴伊斯兰面纱，是因为那象征着仅允许存在于私人领域内的宗教。然而，今非昔比，今天的法国社会是由各种各样的人组成的，作为一种社会现实，已经不是什么“单一不可分割”的了。但是，这一理论仍十分有力地影响着当今法国社会，使其在面对移民问题时，显得困难重重。

* 专栏 3

近代与女性

到了 18 世纪的后半期，精英文化中出现了一种被称作“母性之发现”的现象。当时，上流社会的女性在生了孩子后，一般都将其交给乳母养育，但在启蒙思想家中间却出现了鼓励母亲亲自哺乳的倾向。正如卢梭在《新爱洛伊丝》中所描写的主人公朱丽是如何成为一个理想的母亲那样，对于他们来说，一名称职的母亲就是最伟大的女性。而基于同时期解剖学和女性生理学的发展，女性的身体就是为了生育而存在的，这一观点已经被“科学”地证明了。从此之后，支配着家庭及在生育和育儿方面发挥着重要作用的女性形象，就应运而生了。

不久之后，法国大革命爆发，而女性是否也能够在公共领域里一展身手就成了个问题。事实上，正如“祖国”“国民”等时髦概念一样，在大革命时期，女性形象也在政治领域登场了，但她们不满足于象征性的地位和作用，开始探索起如何以独特的方式参与大革命。她们创建学校，给军队做后勤支援，攻击囤积居奇的奸商，组成了各种政治俱乐部。就像 1789 年 10 月的“进军凡尔赛”那样，妇女们确实在许多事件中发挥着至关重要的作用。然而，在议员中间，那种以男女分工不同为理由企图将女性排除在政治之外的观念仍十分严重，国民公会的议员也全都是由男子通过普选产生的。之后，国民公会又于 1793 年 11 月禁止了所有的女性团体，并于 1798 年禁止女性参加政治集会。这种情形到了拿破仑当政的时代越发变本加厉，甚至将女性当作“勇者的铸具”，其重要性仅在于多生孩子。因此，当局不允许女性进入新创设的高中或大学学习，连 1804 年的《法国民法典》也不承认女性在民法意义上的权利。

在大革命时期，女性地位一度在私人与公共领域的边界处摇摆不定，但在大革命之后就被明确下来。“男女分工论”取得了统治地位，女性的活动范围被限制在私人领域（家庭）之内。在此过程中，因产业革命导致的家庭与工作场所的分离，也起到了一定作用。大革命时期的女作家奥兰普·德古热考虑到《人权宣言》中的“市民”概念并不包括女性，便仿效其体例，于1791年写下了极具启示意义的《女权和女性公民权利宣言》。然而，女性在法国真正获得参政权，可是1945年的事了。

第十章

19世纪的法兰西

君主制复辟

1815 年 5 月 3 日，在拿破仑的“百日王朝”之后，重登王位的路易十八进入巴黎，并于 6 月 4 日公布了《宪章》，君主制的复辟自此开启。《宪章》确定的国家制度为二院议会制，其中众议院仅由九万名选民的有限选举组成，贵族院则由世袭贵族组成。国王一下子拥有了行政权、立法动议权、司法权等大权，复辟色彩极浓，但原来封建制度下的身份特权并没有恢复。《宪章》在重新确认了私有产权神圣不可侵犯的同时，还认可了法律面前人人平等及出版自由。

虽说在维也纳会议的列国影响下，这次的君主制复辟并没有让“旧制度”复活，但这一国家体制依然带有鲜明的“反革命”和“开历史倒车”的痕迹。拿破仑的“百日王朝”覆灭后，许多逃亡在外的贵族纷纷回国。政府推行“白色恐怖”，于1815年7月处罚了在拿破仑“百日王朝”中出过力的五十七名将军和政治家。但这样的处置只能导致冤冤相报，故而国王又于1816年1月颁布了大赦令，对大革命和拿破仑统治时期的领导者统统予以赦免。在宗教方面，尽管依旧承认个人信仰自由，但天主教恢复了国教地位，成为王权强有力的后盾。在1815年1月21日（路易十六的忌日），路易十八将路易十六和王后玛丽·安托瓦内特的遗骸移葬到了作为皇家墓地的圣丹尼大教堂，并举办了赎罪弥撒。

路易十八
（1755—1824）
在杜伊勒里宫的办公室里思考《宪章》的路易十八。在该画中，国王身穿军服

在 1815 年 8 月底的众议院选举中，极端保王派取得胜利，通过了包括设立临时判决法院在内的一系列反动立法。然而，国王路易十八担心新议会做得太过分，在 1816 年 9 月解散了议会，导致极端保王派在当年的选举中失败。翌年 2 月，法国通过了新选举法，立宪保王党在 10 月份举行的议院选举中，占据了多数席位，推动自由主义改革。但是，路易十八的弟弟阿尔图瓦伯爵的次子贝里公爵于 1820 年 2 月遭暗杀，政府借此机会恢复审查制度，展开了一系列政治清算活动。同年 8 月，拉菲德等自由主义者起义失败，翌年 12 月，法国诞生首个极端保王派内阁，开始加强与天主教的勾结，进一步推进反动政治。在 1824 年的众议员选举中，极端保王派再次大获全胜，选出的代表半数以上都是曾经流亡国外的贵族。该年 9 月，路易十八去世，由他的弟弟极端保王派的首领阿尔图瓦伯爵继位，史称查理十世。

路易十六夫妇之墓（位于圣丹尼大教堂地下）

被路易十八转移来的路易十六夫妇的遗骸就在这下面。这两尊雕像，由路易十八于 1816 年下令雕塑，到 1830 年才得以完工

1815 年君主专制复辟的讽刺画

反法同盟的士兵抬着坐在椅子上的肥胖的路易十八。在前面开道的是俄罗斯的哥萨克士兵，他手中的蜡烛基本上已经熄灭了

自 1821 年起，维莱尔当上了法国的首相，后来他秉承国王查理十世的旨意，积极推动复辟反动政策。此时，在王权的支持下，天主教教会死灰复燃，在全国各地大肆开展传教活动。然而，人们已经不再像君主专制时期那样认可教会的权威和神秘性了。1825 年 5 月 29 日，查理十世在兰斯大教堂举行了加冕仪式，第二天又针对瘰疬病人举行了治愈仪式，但对于返回巴黎的这位国王，人们的反应极为冷淡，对于天主教教会更是持批评态度。这说明政教分离的观念已经深入人心，到了无法挽回的地步。1825 年，议会通过了对大革命时期被没收的教会及流亡者财产的赔偿

法案，同时又保障了一百万人以上的国有财产获得者的所有权。就这样，没收财产的问题得到了解决，保王党也失去了攻击的题材。在此过程中，自由派的势力开始逐步抬头，并在 1827 年 11 月的选举中变身为在野党，导致维莱尔辞任首相。

之后，经过看守内阁的过渡，查理十世的亲信波利尼亚克于 1829 年当上了首相，但民众的不满情绪也一下子高涨了起来。1830 年 1 月 3 日，以塔列朗和拉菲德为后援的自由派报纸《国民报》创刊，而该报的编辑（也是创办者）梯也尔将英国的“光荣革命”当作理想的政治模式，提出了“君临而不统治”的原则，主张将政权移交给奥尔良家族。3 月份，当议会通过了对内阁不信任的决议后，查理十世解散了议会，而在 6—7 月间举行的选举中，自由派大获全胜。于是，查理十世以《宪章》之“紧急事务处置权条款”为依据，于 7 月 25 日发布了取消“出版自由”、解散新议会、进一步限制选举人资格等内容的“七月敕令”。以此为导火索，从 7 月 27 日到 29 日，巴黎爆发了起义（史称“光荣的三日”）。在此暴动中，资产阶级（改革派）与民众再次携起手来，并由东山再起后的拉法耶特担任国民自卫军司令。7 月 31 日，奥尔良公爵路易 · 腓力与拉法耶特一起出现在巴黎市政厅的阳台上，广场上的民众报以热烈欢呼。局势发展到了这个地步，国王查理十世只得亡命天涯。8 月 9 日，路易 · 腓力在众议院所在的波旁宫举行了登基仪式。“七月王朝”自此开始。

查理十世（1757—1836）

这是由画家安格尔描绘的查理十世在加冕仪式上身穿传统装束的场景。在七月革命中下台后的查理十世，从英国到奥地利帝国，一路逃亡，曾在布拉格城堡居住一段时间，之后又转移到亚得里亚海附近的疗养胜地戈里齐亚，并于1836年因患霍乱死在那里

查理十世的加冕礼

由于路易·腓力是在议会里宣誓登基的，所以1825年查理十世在兰斯大教堂举办的加冕仪式，就成了法国最后一次加冕礼。当时国王查理十世穿戴的装束，现在陈列在曾是大主教寝宫的塔乌宫博物馆

七月王朝

1831 年的选举法修正，尽管扩大了选举的资格范围，但选民的人数仍仅限于二十万左右。仅从这一点来看，就可知当时的选举与“复辟王朝”时期并无多大差别，但是，作为其背景的意识形态却截然不同。首先是“王权神授”的概念已经遭到否定，其次，“紧急事务处置权条款”也被废止。事实上，修改之后的《宪章》相当于罗列了国王统治之相关条件的契约。最后，由于大革命之后反天主教的运动风起云涌，“七月王朝”也表明了反教权的姿态，建立了非宗教化的体制。

路易 · 腓力进入巴黎

该图描绘了路易 · 腓力于 1830 年 7 月 31 日骑白马出现在巴黎夏特莱广场上的情景。图中也描绘了作为革命象征的三色旗和各社会阶层的融合

路易·腓力（1773—1850）

当时的奥尔良家族以路易十四的弟弟腓力为始祖，路易·腓力的父亲路易（即“平等的腓力”）在大革命时期赞同对路易十六施以死刑，路易·腓力自身也曾从军参加了革命战争，故而遭到波旁家族的嫉恨，不让他出任公职

虽说这是一场由资产阶级自由派与巴黎民众携手发动的革命，但在建立起“七月王朝”之后，民众就遭到了排斥，主张将革命进行到底的“运动派（改革派）”也被排除在外。资产阶级自由派将之前的“大革命”作为政治教训，对民众运动心怀恐惧，在“自由”和“平等”中选取了“自由”的“抗拒派（即反改革派）”取得了政权。“抗拒派”内阁镇压了1831年年底的里昂丝织厂工人起义和1832年的巴黎“共和派”起义，修改了《结社法》（1834），限制了出版自由（1835），并以此为依据来压

制民众运动。

“七月王朝”也可称为是一种“名流体制”。这里所谓的“名流”，是指法国各地区的精英分子。他们在作为“上层人物”统治着当地的同时，还通过出任议员等公职的方式参与国政。也就是说，他们通过自身参政的方式将地方利益与国家政治挂上了钩，从而能更好发挥自己的影响力，但并不代表某一个社会阶层的利益。这是由于尽管法律意义上的社团已经解体，但在地方社会中仍残存着共同体，地方社会的成员还必须凭借与“名流”间的私人关系，才能在国家范畴内实现自己的利益诉求。可以说，这是社会过渡时期的一种特殊现象。过了这一时期之后，每个个人就与政党、公会等各种各样的政治团体挂上了钩，“名流”的存在意义也就日益淡薄了。“名流”统治的典型实例出现在19世纪前半叶的英国。在那里，地主、贵族出身的“绅士”在统辖着当地社会的同时参与国政，并不断加深与资产阶级的社会合作，推动工业化的发展。

七月王朝时期的法国“名流”，其实是由贵族、大地主、自由职业者（公证人、律师、医生、药剂师等）及企业家等组成，与英国相比，政体并不稳定，不仅人数上要少得多，并且其内部也存在一些不稳定因素。贵族与资产阶级时常反目成仇，就连资产阶级内部，一些被称作“高级银行家”的与政府相勾结，从事金融业，也很招从事工商业的小资本家的反感。

已经不屑与贵族合作的政府，开始同资产阶级加强协作关系，比如以罗斯柴尔德家族为代表的“高级银行家”。除此之外，根据1831年3月颁布的法律，选举制度也引入到市镇议会，并放宽选举资格，使选民人数达到二百八十万之多，通过这种有着“民主学校”功能的地方自治方式，努力提高中小资产阶级的政治能力。

推行这些政策的是基佐。他希望通过针对民众的教育来形成国民的一体性，故而大力推动初等学校和中等学校的教育改革。除此之外，他还提出了“国民史构想”，通过古文献学校和各种学会的设立，将历史学研究制度化，设立历史纪念物委员会（1837），对国内历史性建筑进行调查并予以保护。但是，基佐留下了这样的“名言”：快点发财吧，这样你就能参加选举了。他认为只有通过劳动与勤俭节约成为富人之后，才有能力参与政治活动，因而不给政治上尚未成熟的中小资产阶级选举权。可尽管如此，受益于经济发展的良好局面，基佐在1840年之后依然保持着政治上的主动权，在1846年的选举中，拥护政府的保守派也得以扩充了议席。

基佐（1787—1874）

基佐出生于法国南部的一个新教徒家庭，1812年就任巴黎大学的教授，自“复辟王朝”时期变身为政治家。在“七月王朝”时期历任内政大臣（1830）、国民教育大臣（1832.10—1836.2、1836.9—1837.4），1840年任外交大臣并实际掌握内阁，1847年任首相

如此局势之下，反对派在议会内就很难实现他们的改革了，于是自 1847 年以后，他们便在议会之外开展了名为“改革宴会”（又称宴会运动）的选举法修改运动。由于在当时政治集会是被禁止的，所以他们取名为“宴会”，以吃吃喝喝的方式来开展运动。刚开始时，这种运动仅限于有选举权的人，还停留在类似于沙龙的形式上。但是，由于 1846 年年底法国爆发了严重的经济危机，粮食价格暴涨，中小企业接连倒闭，于是，议会外的一些共和派也开始参加“宴会”，从而使该运动得到迅速发展。然而，面对声势浩大的要求扩大选举权范围的运动，基佐却显示出寸步不让的强硬姿态。

二月革命和第二共和国

1848 年 2 月 22 日，得知巴黎的劳动者要举办“改革宴会”后，政府担心引发民众暴动，立刻予以禁止。对此，主办者决定延期举办“宴会”，但激进派学生和共和派的活动家并不服从，毅然开展了示威游行，并与治安部队不断发生摩擦。到了第二天，巴黎市内已经遍布街垒，巴黎国民自卫军也采取了支持改革或袖手旁观的态度。见此情形，路易·腓力罢免了基佐，企图平息事态，但当天夜里游行队伍与正规军在嘉布遣大道发生冲突，死伤者多达数十人。这一事件的发生，犹如火上浇油。2 月 24 日，民众暴动进一步升级，市民们甚至占领了市政厅和杜伊勒里宫。下午，路易·腓力退位，七月王朝就此结束。

当天晚上，以雅克–夏尔·杜邦·德厄尔为首的共和主义者们组建了临时政府。而在七月革命后并未分享到胜利果实的劳动者们吸取了以往教训，他们给临时政府施加压力，让社会主义者路易·勃朗和机械工人阿尔贝也加入其中。2月25日，临时政府宣布成立共和国，并承认劳动者的“生存权”和“劳动权”，同时设置“国家工场”和“政府劳动委员会”（也称为卢森堡委员会）；3月2日又做出了制定宪法和通过普选来实行国民议会的选举。不仅如此，议会在该时期还制定了限制劳动时间和废除劳动承包制的法律，废除了针对出版、集会和成立社会团体的限制，实现了政治活动的自由。刚刚成立的第二共和国，其基础是议会中的政治集团和源自劳动者的民众运动。根据这两者的相互平衡开展了一系列改革，虽然促使政府对有着“卢森堡委员会”这样政治背景的劳动者做出了让步，但两者之间的关系不稳定也不和谐。

3月5日，临时政府发出了改革选举制度的政令。确定选举方式为二十一岁以上男子都能参加的普选，选民的人数从七月王朝末期的二十五万人一下子增加到了九百万人。根据这样的制度，临时政府于4月23日和24日举行了选举。投票率高达84%，选出了八百八十名议员。然而，虽说实施普选是共和派的夙愿，但选举的结果令他们大失所望。共和派所获得的议席不到一百个，而中间派（“翌日的共和派”，也即二月革命之后投靠共和派的那些人）所占据的议席却多达五百个左右。造成这种结果的原因很多，有教会与外地“名流”对选举的干涉，也有因巴黎运动太过激进而导致的负面影响等因素。选举之后，议会任命了五名执行委员以取代临时政府，但其中没有一个社会主义者，给人的感觉是民众又被排除在外了。

选举的结果难免令左翼分子心生幻灭之感，雪上加霜的是，议会又于 5 月 12 日做出了禁止政治团体进入议会请愿的决定。5 月 15 日，共和派俱乐部和卢森堡派为了声援波兰起义而举行示威游行，可活动逐渐失控，最后，民众涌入议会并宣布成立临时政府。当局将其视为动乱，动用国民自卫军加以镇压，并逮捕了阿尔贝、布朗基、巴尔贝斯等领导者。

6 月 21 日，政府决定关闭国家工场。6 月 22 日，得知这一消息的劳动者在绝望之中爆发起义，并与治安部队激战至 26 日。由于政府方面的血腥镇压，起义在牺牲了约四千人之后终告失败。

自此次六月起义之后，稳健派（即“翌日的共和派”）与共和派之间的矛盾就再也没法调和了。对于稳健派来说，在当下，维护社会稳定和秩序是压倒一切的首要问题。他们加强了与由正统王朝派、奥尔良派及天主教教会所结成的右翼组织“秩序党”之间的合作。

议会全权委托卡芬雅克将军主持大局，同时也加紧制定宪法。11 月 4 日，议会通过了宪法草案。该草案规定通过普选选出一院制的立法议会（拥有立法权），总统（拥有行政权）任期四年，逾期不得再次参选。

在新议会选举之前，12月10日至11日首先进行了总统选举。候选人共有六名，其中拉马丁和卡芬雅克都被认为极有希望当选，但出人意料的是，通过获得实际投票总数74%而高票胜出的却是拿破仑的侄子路易-拿破仑·波拿巴。因为，对于共和派的劳动者来说，著有《消灭贫困》又没参加镇压六月起义的路易-拿破仑绝对是个极有吸引力的候选人。而对于农民来说，他又是"拿破仑传说"的继承人，于是被想象为能帮助自己抵抗地方劣绅的英雄。在右派的眼里，他又是个比较好控制的候选人。如此这般，基于各自的想象和希望，路易－拿破仑成功当选为总统。

拿破仑三世（1808—1873）

在实行权威统治的同时，他也在其著作《消灭贫困》中提出了给劳动者以一定的权利，并通过协作、教育和规则来使其翻身的主张。也正是基于这些社会改良主义的主张，他被人称为"马背上的圣西门"

就任大总统之后，路易－拿破仑却排除掉了共和主义分子，命令“秩序党”进行组阁。对此，共和主义分子占多数的“宪法制定国民议会”进行了抵制。路易－拿破仑一度拒绝解散议会，但最终还是屈从于政府与议会内部右派的压力。1849 年 5 月，立法议会选举重新举行。结果是纠集右派的“秩序党”在总共七百五十个议席中占据了四百五十个，作为左派联合体的“山岳派”占得二百一十个，稳健共和派约占七十个，形成了左右派两极化的局面。选举过后一个月，“秩序党”主导的政府支持梵蒂冈，决定派兵干涉罗马共和国，“山岳派”对此提出抗议，并以巴黎为中心，组织大规模游行示威。6 月 13 日，游行示威升级为街垒巷战，但随即遭到无情镇压，领导者亡命天涯，“山岳派”议员团体就此崩溃（史称“六月事件”）。就这样，这个第二共和国刚刚成立不久，就成了“没有共和主义者的共和国”了。

在选战中大获全胜的“秩序党”取得政权之后，立刻推出了诸如禁止俱乐部活动和集会、禁止罢工，以及恢复对出版物的全面管制和审查的一系列倒行逆施的政策，还在 1850 年 5 月修改了选举法，将选举资格中在同一地区的居住时间从六个月提高到了三年。这一措施明显是针对迁徙频繁的劳动者，仅此一项，就将有选举资格的人数减少了二百八十一万左右，巴黎的劳动者有近百分之四十被剥夺了选举资格。在此过程中，路易－拿破仑起初表现得唯唯诺诺，无所作为。因此，“秩序党”在为自己的春天已经到来而欢欣鼓舞的同时，也觉得路易－拿破仑是个极易摆布的傀儡。然而，事实并非如此，日子一长，路易－拿破仑渐渐地开始显露出政治野心，大总统与议会之间的对立也日益公开化。

由于宪法明确规定总统不能连任，路易－拿破仑为了终身保持这种权力，开展了全国性的游说活动，让自己的思想直接诉诸国民。除此之外，他还提议撤销选举权中有关居住时间的限制，以此来宣扬自己是站在民众一边的。

以 1852 年 3 月的总统选举为前提，路易－拿破仑要求议会修改宪法中禁止总统再次参选的条款，但遭到了否决。为此，他于 1851 年 12 月 2 日亲自发动政变，发布戒严令，对巴黎实施军事管制，并于第二天解散立法议会，废止了 1848 年宪法。到了如此地步，第二共和国事实上已经土崩瓦解。路易－拿破仑即刻起草宪法，并于 12 月 21 日、22 日经过公民投票予以通过。1850 年 5 月的选举法被废止，选举权又回到了民众手里。翌年 1 月，新宪法通过，路易－拿破仑坐上了任期为十年的元首宝座。

第二帝国

经过 1852 年 11 月 21 日到 22 日为期两天的公民投票，结果以 96.5% 的压倒性优势，民众承认元首为终身制的皇帝。12 月 2 日，法兰西第二帝国正式成立，路易－拿破仑·波拿巴也变成了皇帝拿破仑三世。第二帝国的议会是通过男子普选而成的立法会，可以讨论并通过法律，但不能起草法案，也不具备节制行政权（内阁）的权限。行政权集中在元首（皇帝）手里，元首由全民公投选举产生，也仅对人民负责，除此之外不受任何约束（这里所谓的“全民公投”也仅在1870年实施过一次）。第二帝国将国民投票这样所谓的“平等原理”推在前面，实质却与权威主义相结合，是一个地地道道的压迫“自由”的专制体制。这与优先实现“自由”，并通过限制性的选举来限制“平等”的七月王朝形成鲜明对照。

然而，就第二帝国总共近二十年的政治形势来说，前半阶段和后半阶段可谓天差地别。具体而言，在1860年之前，由于对共和派的彻底镇压和对言论、出版自由的抑制，其警察国家的色彩较为浓郁，因此也被称为“权威政治”。在这一时期，针对政府的批判性政治活动无法开展，1857年的立法院选举中，当选的共和派议员总共只有五名。与此同时，在教育和宗教政策上，共和派也呈现出与保王党、天主教教会的妥协倾向。但是，以1860年为界之后，国家便开展了自由主义的政治改革。议会开始拥有法案的提出权，而由于皇帝的恩赦，共和派的领导们也都纷纷回国了。在1863年的选举中，共和派获得十七个议席。而在1868年，针对出版自由和集会自由的限制也有所缓和，新闻业得到长足发展，甚至形成了反政府的大众传媒组织。

与此同时，在向这种被称作“自由帝国”体制过渡的背景下，法国经济也得到显著发展。对法国来说，工业革命首先是从1820年棉纺、丝织等纺织工业开始的，而在1840年之后，才波及重工业领域。拿破仑三世将原有的三十三家铁路公司整合为六家，极大地推动了铁路建设，并以此来促进重工业的发展。在第二帝国时期，铁路运营公里数扩展近五倍，制铁业和煤矿业也得到飞速发展。在产业振兴的同时，作为其基础的金融业，自然也必须加以改革。1852年，拿破仑三世设立了“地产信贷银行”和“动产信贷银行”。所谓“动产信贷银行”，其实是一种通过发行股票等广泛吸收大众闲散资金并用于产业投资的新型银行，在此模式的刺激下，“高级银行家”们也纷纷投身其中，又进一步将产业投资推向高潮。1862年设立的“里昂信贷银行”及翌年又设立的“法国兴业银行”，也开展了多种多样的业务。这些被称作“混业银行”的综合性银行，其分行遍布全国各地，形成一张巨大的经营网络，以存款的方式大量吸收国民的财富，并将其用于产业或外国公债的投资之中。

就权威主义的性质而言，在外交上取得胜利并将“皇帝的荣光”声名远播自然是极为重要的，为此，拿破仑三世采取了积极的外交政策。1854年，法国与英国一起参加了克里米亚战争，大败俄罗斯，拿破仑三世主持巴黎和会，在国内外竭尽展示其威望。他生恐重蹈其叔父的覆辙，采取了友善英国、对抗奥地利的外交政策。1859年4月，奥地利入侵皮埃蒙特，意大利独立战争拉开序幕。拿破仑三世当机立断，马上对奥宣战，并亲自率军奔赴意大利，于同年6月在索尔费里诺打败奥军。对意大利独立运动的支持，等同于对共和主义者的支持，并导致天主教分子脱离政府，这也是1860年以后法国转变为“自由帝国”的重要原因之一。

第二帝国时期的资产阶级

这是拿破仑一世当政时，当上了那不勒斯国王的缪拉将军一家老小。在 1852 年 12 月 2 日的政变中，他的儿子当上了参议院的议员

除了欧洲事务之外，这一时期的法国还积极推行海外拓展政策，巩固其在非洲和亚洲的殖民地。1856 年，“亚罗号事件”爆发后，法国就立刻与英国一起出兵中国，并在战后通过 1860 年缔结的《北京条约》，在外交上获得特权；1858 年，与日本缔结《日法修好通商条约》，全面支持江户幕府；1859 年，入侵印度支那半岛，征服了安南；1862 年，吞并了交趾支那（也称南圻国，位于越南南部）；1863 年，使柬埔寨沦为其保护国。自 1830 年出兵阿尔及利亚开始针对非洲的殖民扩张以来，法国先后将阿尔及利亚、塞内加尔和突尼斯变为其殖民地。1862 年，其又与英国、西班牙共同出兵墨西哥，并在其他国家撤军之后，仍于 1863 年攻陷墨西哥市，将奥地利皇帝的弟弟马克西米利安

作为其傀儡扶上皇帝宝座，建立了拉丁帝国。然而，墨西哥民众以游击战的方式进行了顽强抵抗，再加上美利坚合众国也要求其撤军，法军不得不在 1867 年撤出墨西哥，导致皇帝拿破仑三世的威信在国内外一落千丈。

事实上导致第二帝国崩溃的起因也正是外交上的失败。在普奥战争之际，普鲁士首相俾斯麦曾经造访拿破仑三世，暗示法国如果能够保持中立，作为交换条件，普鲁士愿意割让莱茵河左岸地区给法国。然而，战争结束之后，这一条件并未得到实际履行。而就在普法之间矛盾不断加深之际，又爆发了西班牙的王位继承问题。1868 年，西班牙的波旁王朝垮台，作为候选人之一的普鲁士霍亨索伦家族的利奥波德大公当选，拿破仑三世强烈反对在法国的南面出现一个有普鲁士背景的王朝，要求予以废除。在交涉过程中，普鲁士国王与法国大使举行了会谈，但俾斯麦篡改了会谈内容，并公开发表了写有法国大使傲慢无礼及普鲁士国王因此对其加以羞辱等内容的电报（“埃姆斯密电事件”）。结果，“法国大使的傲慢无礼”令德意志舆论一片哗然，而普鲁士国王对法国大使的羞辱也令拿破仑三世火冒三丈，终于在 1870 年 7 月 19 日对普鲁士宣战。然而，普鲁士早就在武器、军队等战备上做好了充足的准备，法军根本不是严阵以待的普鲁士大军的对手，同年 8 月，普鲁士军队进攻阿尔萨斯 – 洛林，一路势如破竹。在色当陷入重围的法军，只能在 9 月 2 日投降，连拿破仑三世本人也做了俘虏。得知这一消息之后，巴黎于 9 月 4 日爆发起义，第二帝国立刻土崩瓦解。

工业化和资产阶级的统治

与英国一样，在法国引导早期工业革命的也是棉纺业。由于拿破仑一世的大陆封锁政策导致棉花供应断绝，法国棉纺工业是在这之后才正式发展起来的。由于法国主要的棉纺工业基地都在煤矿附近，所以很早就开始利用蒸汽机了。到了 19 世纪中期，自动走锭纺纱机（又称缪尔纺纱机）已在法国北部地区普及。例如在诺曼底，农村工业与织布行业开始紧密结合起来，而在阿尔萨斯地区，大规模的企业活动也已经相当成熟。

重工业的发展首先体现在煤矿和钢铁工业两方面。在工业革命之前，所谓的钢铁工业，其实就是利用各地产出的铁矿石和木炭进行熔炼，然后生产一些农具、工具及铁锅等日用品而已。工业革命后，法国从英国引进了现代化的炼铁法，即利用焦炭将冶炼生铁、精炼和压延这三道工序融为一体的新工艺。在此之前，法国一直没有出现过现代化的大型钢铁企业，到 19 世纪中期为止，传统的中小型制铁业仍是该行业的主流。这是因为社会对铁的需求量一直不是很大。但是自 19 世纪中期以后，法国的铁路建设便极为有效地催生了大规模的钢铁企业。

1842 年，法国制定了《铁路法》，掀起了第一次铁路建设高潮。由于铁轨等铁道资材的需求激增，一些大型企业得到了快速发展。到了 19 世纪 50 年代的中期，焦炭炼铁的产量已经远超木炭炼铁了。第二帝国时期，拿破仑三世的政策掀起了第二次铁路建设的高潮。而经历了 80 年代的第三次铁路建设高潮之后，地方干线也得到了完善，促成了全国铁路网的建设。

铁路的发展给法国带来巨大的经济效益。首先，凭借着铁路快捷的运输功能，北部的煤炭和中南部的葡萄酒等得以走出原先的地方市场被运送到全国各地。其次，物资运输便利之后，工厂选址也方便了，大型炼铁企业等重工业开始蓬勃发展起来。但这也导致了一些传统小企业的衰退与没落，整个产业的结构经历了一次重新组合。

就在法国开始工业革命之际，整个西欧却在 1873 年爆发了严重的经济危机，并且持续长达二十年。这场经济危机沉重打击了许多旧设备尚未更新的棉纺业，以及铁路资材需求大幅减少的钢铁行业。与此相对应的，危机也导致资本的集中和产业的合理化组合。各种实证研究表明，正由于出现了这种状况，包括英国在内的工业革命的进展，其实要比我们以前想象的缓慢得多。这种情况在法国尤为突出。有研究者指出，直到 19 世纪的后半叶，法国依旧保留着家庭作坊和传统手工业。

工业化的发展还让资产阶级取代地区性的“名流”，占据社会的统治地位。而所谓的“资产阶级”，其构成多种多样，有强有弱。居于社会统治地位的当然仅仅是上层资产阶级，例如像罗斯柴尔德这样的金融资本家，或像施奈德这样的产业资本家。因为他们拥有强大的经济实力——这自不待言，在禁止劳动者结社，没有法律限制劳动时间的时期，他们对劳动者拥有绝对权力。更何况他们还拥有强大的政治权力。在有限选举制度中，上层资产阶级都拥有选举权，当选为议员的人也很多，故而对议会有着不

巴黎—鲁昂铁路

这是第二帝国时期的蒸汽机车。英国人参与经营并实际驾驶蒸汽机车

莫奈的画作《阿让特伊的铁路桥》（1874）

蒸汽机车和大铁桥是以莫奈为代表的印象派画家们十分喜欢的题材之一

容忽视的影响力。与此同时，他们还十分重视教育，对自己的子弟实施英才教育，由此使其走上仕途的实例也比比皆是。受过高等教育的资产阶级十分重视投资新兴产业所必需的知识，也就是说，就知识层面而言，他们也是遥遥领先的，构成了一个精英阶层。因此，他们中的很多人还纷纷投资在 19 世纪影响力已经大为提高的新闻和出版业，在文化领域内引领社会发展。

资产阶级花费了如此巨大的财力、物力和人力后，终于成为社会的主角。甚至可以说，19 世纪其实就是资产阶级的世纪。

自 17 世纪的科学革命以来，科学技术得到长足发展，而进入 19 世纪之后，更是出现了前所未有的飞跃。19 世纪科技发展涉及的领域非常广泛，其原因就在于发展的重点已经从研究转向了实际应用。事实上，工业革命所带来的生产和交通上的变化，并不仅仅是技术的进步。19 世纪的科技成果也给人们带来了崭新的生活方式和价值观，确立了一种工业文明。虽说工业文明的正式展开还有待于 19 世纪末，比如电气化及汽车的发展，但从 19 世纪中期开始，这种倾向已经十分明显。其中，铁路就是早期工业文明的象征。铁路无疑极大地改变了人与人之间的交流方式，其形象特征则是冒着浓重的黑烟、奔驰着的蒸汽机车头、横跨大河的钢铁大桥等，所以印象派画家喜欢将车站和铁桥用作绘画的主题并非偶然。而迟于伦敦四年，于 1855 年举办的首届巴黎万国博览会，堪称工业文明的一个样板。其主会场被命名为“产业宫”，在整个展期内，共有四百万人前来参观这个集中了最新工业产品的展厅。当时的“产业宫”用的还是传统的石砌建筑，而到了1867年的第二届万国博览会，就采用了许多钢架、玻璃结构。在1889年举办万博会时，更是建造了高耸入云的雄伟建筑——埃菲尔铁塔。

在逐渐形成的工业文明中，担任主角的正是资产阶级，或者说，他们的文化成了19世纪后半期的主流文化。资产阶级的活动地点就在巴黎，即以巴黎为中心不断传播着新型文化。说到这种文化的特点，首先值得一提的便是扩大消费和改变消费形态。1852年，阿里斯蒂德·布西科在巴黎的塞纳河左岸开设了“乐蓬马歇百货公司”，这是法国最早的百货商场。在此之前，人们都是到专门的商店去购买特定的货物，例如，富裕的资产阶级会去服装店定制衣服，而一般的民众则去旧衣店买衣服。然而，新开张的百货商场却是个全然不同的消费殿堂。在多达数层楼面的百货商场内，展示着从服装、装饰品到家具等各种各样的商品，极大地刺激着顾客的购买欲望。不仅如此，由于产品的大规模量产及薄利多销的营销策略，正如其店名“乐蓬马歇”（意为廉价）显示的那样，它所售商品的价格要比其他地方便宜许多。

乐蓬马歇百货公司的橱窗

在这种新出现的百货商场里，还有着许多刺激顾客消费欲望的新玩意

《巴黎万国博览会》（1867）

在战神广场上建造起了巨大的“产业宫”。周围是世界各国的展示馆，日本的德川幕府和萨摩藩也首次参展。现在，该地则耸立着雄伟高大的埃菲尔铁塔

与此同时，为了扩大消费，一些相关行业也得到快速发展。例如，始于第二帝国时期的分期付款销售模式，到了 19 世纪 70 年代，这种模式就已经全面铺展开，甚至以工人阶级为消费对象，将这种新型的消费模式渗透到了社会底层。19 世纪 30 年代后，报纸、杂志、书籍等印刷媒体开始普及，在进一步扩大发行量的同时，在内容上也出现了分化，有的以知识分子为对象，内容侧重于政治和文艺方面，有的则面对更为广泛的读者阶层。1854 年，报道巴黎新闻的《费加罗报》创刊；1863 年，更大众化的新闻报纸《小日报》创刊。这些报纸杂志除了卖给读者赚钱外，广告

收入也是其一大财源，刊登广告的主要就是百货商场等零售业主。因此，到了第二帝国的后半期，广告代理公司就开始活跃起来了。

这一时期，民众对业余时间的利用，也呈现出资产阶级文化的特色来。虽说对于一些大资本家来说，出入社交界仍是其消磨时光的主要方式，而进入 19 世纪之后，一些社交性的娱乐项目也更为开放。具体来说，原先仅限于王公贵族欣赏的歌剧、芭蕾、音乐会等文化娱乐节目，开始在更多城市上演，成了普通市民的娱乐方式。1875 年，由查尔斯 · 加尼叶设计的歌剧院在巴黎完工，除此之外，许多别的城市也都建造了歌剧院。而在大革命时期的 1793 年，藏有国王私人收藏品的卢浮宫被改造为公立博物馆，并于 1801 年对社会开放。正如该标志性事件所显示的那样，"美术馆""博物馆"的兴起，也是从 19 世纪开始的。除此之外，作为资产阶级的社交场合，还出现了赛马场，而为了让资产阶级能够度过愉快的夜晚，各种餐饮店和酒吧也如雨后春笋般涌现出来。随着这些消费设施、娱乐场所的日益完备，巴黎成了名副其实的"闹市"。与此同时，作为休闲娱乐的旅游也在资产阶级中流行开来，铁路公司为此进行了积极宣传。而在第二帝国时期，资产阶级的休闲方式又增加了一个海滨度假的选项，出现了一批如巴斯克地区的比亚里茨、诺曼底的多维尔、法国南部的尼斯这样的海滨疗养胜地。

虽说从整体而言，资产阶级文化带来了全新的生活方式，但就价值观及审美情趣等意识形态的层面来看，他们却没有毅然决然地采取什么除旧迎新的行动。例如，在教育方面依然存在着注重希腊、拉丁式的古典传统，轻视实用技术的倾向。在为自己建造住宅的时候，他们也还是喜欢石头建筑。就连埃菲尔铁塔在刚建好的时候，社会评价也并不佳。因为对他们来说，所谓教养，依然是从“旧制度”中延续下来、以贵族为中心的精英文化。要改变这一点，还需要花很长一段时间。

工业化对城市化的发展有着巨大的推动作用，在 19 世纪，

拿破仑三世视察卢浮宫改建工程

根据拿破仑三世的命令，在卢浮宫的北面建造了侧殿（即现在的黎塞留侧殿）。不仅与杜伊勒里宫连成一体，还对整个建筑的外观做了重新装饰。1857 年，改装之后的卢浮宫作为“卢浮帝国美术馆”向公众开放

法国各城市居民人口剧增是一个普遍现象，其中又以巴黎的居民人口增长速度最为引人注目。到了 1846 年，巴黎人口就已经突破一百万。然而，相对于人口的增长速度，城市的基础设施建设却是落后的。自中世纪以来，城市里的街道大多很狭窄，一些桥上也建有民居，很多房屋都缺乏日照。上下水管道基本上没有，霍乱等传染病肆意流行。因此，对处于如此状况下的巴黎来说，劳动人口的大量流入就等于贫民窟的无限制扩大。而对当局来说，贫民窟增多就意味着环境脏乱差的加剧和传染病的蔓延，包括犯罪等治安问题频发，甚至还会让他们联想起二月革命时期的街垒。

因此，拿破仑三世下令，让当时管辖着巴黎市的塞纳省省长奥斯曼对城市进行大规模改造。奥斯曼首先将市中心地区那些弯曲的街道和西堤岛的贫民窟一扫而光，从东西南北四个方向建造了直达市中心的通衢大道，然后又修建了一系列连接它与环行道、火车站的街道，使其能够贯穿好几个街区。大道的下面还排列了上下水的管道。引水管道连接着远在一百六十公里外的约讷河，将巴黎的供水量翻了一倍。

在整修道路的同时，下水道也进行了改造。市内下水道网络与塞纳河两岸的大下水道相连，可以将污水一直排放到市外的塞纳河下游。随着道路的整修，政府针对一些住宅密集地区也进行了重新开发，建造了一批高度和阳台位置等方面都经过周密考量的建筑物，包括住房。但由于房租上涨幅度很大，下层民众在改造后无法回迁居住。这就使原本资产阶级与劳动人民混合居住的巴黎，出现了不同社会阶层分区居住的倾向。具体而言，巴

塞纳省省长奥斯曼

（1809—1891）

由他主持的巴黎改造计划，被称为“奥斯曼计划”。由于内阁里派系斗争的关系，1870 年 1 月，奥斯曼被身为自由主义者的首相奥利维解职，而九个月之后，拿破仑三世垮台

18 世纪的桥上住宅

这是巴黎的圣母桥。在奥斯曼着手改造之前，桥上建有住宅是一种普遍现象，但这样的建筑阻碍了空气的循环

奥斯曼改造前的巴黎中心地区（1845 年至 1850 年间）

从卢浮宫看到的塞纳河左岸

在首座艺术桥的对面，马扎然建造的学院清晰可见。左侧为西堤岛。远景中的高层建筑，从右往左分别为圣日尔曼代普雷大教堂、圣叙尔比斯教堂、先贤祠、巴黎圣母院、圣雅克塔

从西堤岛看到的塞纳河右岸

大桥就是“新桥”，左边远处为加尔布尔美术馆。与有着索邦大学（即巴黎大学），以文教区闻名的左岸不同，右岸发展成了一个商业地区

黎的中心地段被资产阶级所占据，而其周边—— 从东部到南北各处，则是劳动人民的居住地。

奥斯曼的巴黎改造计划，采用的是彰显国家权威的巴洛克城市建筑风格，不仅建造歌剧院，扩建卢浮宫美术馆，还包括许多纪念碑。而重新修整过的直线型道路，将这些新老纪念牌全都联

结了起来。在巴黎，宽阔的道路尽头要么是先贤祠，要么是巴士底广场的七月革命纪念柱，或者是凯旋门、歌剧院、火车东站等公共建筑物。这些公共建筑物实际上也发挥着地标的作用。可以说，奥斯曼的巴黎大改造，并不是将巴黎改造成一个现代化的大都市，而是将其改造成了与法国首都地位相称的大都市。

奥赛美术馆

原本是为了配合 1900 年万国博览会的开幕给奥尔良铁路建造的火车站。但因为这幢带有酒店的豪华建筑，在第二次世界大战之前根本就不曾当作火车站使用过。而在 1986 年，它又变身成为 19 世纪的艺术殿堂

奥斯曼的巴黎大改造

正在拓宽中的列奥米尔大道（1865 年前后）。左侧是改造前的旧街坊模样，右侧则是改造后的街景

民众世界的改变

在来势凶猛的工业化浪潮冲刷下，法国普通民众的世界又发生了哪些变化呢？出人意料的是，如今的最新研究发现，无论是在城市还是在农村，19 世纪的民众世界依然保留着近代以前的特色。

在 19 世纪上半叶的法国城市，就产业规模的发展而言，比起建造采用大量机器设备的大工厂，原有小作坊的网络化合作发挥的作用更为巨大。因此，直到第二帝国时期，在巴黎等大城市里工匠仍是劳动者的主体，并维持着师傅与徒弟这样的劳资关系。劳动者们能够根据自身的意愿来安排劳动时间。例如，在当时到了星期一，工匠们仍不上工，称当天为“圣礼拜一”，习惯与伙伴们在小饭店、小酒馆里度过这一天。这种习俗显然是与将时间看得无比重要的现代工厂管理制度背道而驰的。

工厂的经营者在要求劳动者改善精神面貌的同时，也在不断推行合理化。所谓“合理化”，不仅限于提高机械的生产效率和改善生产方法，也包含着将管理与实际操作部门的组织优化，以及在深化分工、制定加工步骤等工艺层面的改善和提高。这样的合理化需要能在各道生产工序上熟练操作机械设备的工人，而这里所说的“熟练”与原先那种从原料到成品全都由一个人来完成的“熟练”大不一样，因此，势必降低工人的自主性，从而导致劳资纠纷频发，遭到工人们形式多样的抵抗。

对此，劳动者方面也自有回应。一方面，他们建立起工会，并要求改善劳动条件。尤其是在 1884 年工会合法化之后，这种组织就越来越规则化。另一方面，由机械化导致了工作环境的变化，城市改造又形成了新的工人居住区，这些摧毁了原先劳动者之间互帮互助的古老共同体。也就是说，即便是在工作环境之中，劳动者也是作为个人而存在的，并且这种倾向越来越严重。工人仅仅在被分配的工序上进行劳作，再也不能像以前的工匠那样在劳动中发现个人的自身价值了。因此，他们将劳动只当作一种谋生手段，开始将关注点转移到非劳动时间上并重视起消费来了。

在农村，现代化价值观出现得也很晚。农民的生活在很大程度上依旧仰仗着天气状况，农业生产依旧是根据季节变化这样的自然规律来安排的。

在节庆日方面，虽说也有像革命纪念日这样自上而下的新节日加入，但由于传统的节庆都与农业生产有着密不可分的关系，自然无法弃之不顾。直到 19 世纪中期为止，婴儿出生及婚丧嫁娶等，不仅仅是个人（家族）的事情，还是要整个村子一起来加以庆祝的。许多地方依旧保留着“夜间聚会”的习俗。当时的医疗习惯和卫生观念也与近代医学大异其趣，依旧采用原始巫咒的地方还很多。

但总地来说，19 世纪的社会变化让农民接触到了更为广阔的世界，有了超越居住区域以外的生活体验，这无疑让农村世界发生了潜移默化的改变。普选的引入使政治进入了农村。报纸、邮购，以及坐火车去大城市旅行，在给农村带来新信息的同时，也带来了新的文化。服过兵役的农民在受到国民教育的同时，也体验到了一个与之前完全不同的世界。他们在回到农村后，就发挥了传播新文化的作用。而影响最大的，还属初等教育的普及。小孩子满六岁上学后，接受统一课程的标准化教育。这种重视理性和科学的教育，渐渐地就摧毁了农村原本的封闭型世界。

在 19 世纪末的法国，精英文化就这样一点点地吞没着原有的大众文化。

* 专栏 1

凡尔赛宫的“战争画廊”

在七月革命中登上国王宝座的路易·腓力，决定将象征法兰西君主专制的凡尔赛宫改造成一个美术馆。1837 年，凡尔赛宫开始对一般市民开放，宫中的许多地方都像镜子回廊一样让民众随意参观，成了法国历史的展示场所。其中心则是由王族曾居住的南翼建筑群改造而成的巨大长廊。长廊上装饰了包括普瓦提埃之战（732 年，卡尔·马特）、布汶战役（1214 年，腓力二世）、塔耶堡之战（1242 年，路易九世）、卡塞尔之战（1328 年，腓力六世）、马里尼亚诺战役（1515 年，弗朗索瓦一世）等在内的三十三幅画作，从克洛维时代到拿破仑时代，应有尽有，展现了法国历史。其中，表现路易十四（6 幅）和拿破仑（7 幅）时代的战场画作都不止一幅，从中我们也可看出法兰西的光辉岁月与战争的关系。事实上，这条“战争画廊”并不是仅仅表现国王们的战争，而是要突出“战争创造了法国公民”这样的理念。因此，重新描绘公民的历史就成了一项必不可少的工作。对于七月王朝而言，那些战场上的敌人形象也是让法国公民团结一致的重要因素。

德拉克洛瓦描绘的《塔耶堡之战》

该画完成于 1837 年，在沙龙里展出后，就被凡尔赛宫收藏

* 专栏 2

国家工场和早期社会主义

在工业化浪潮全面席卷法国的 19 世纪，有人对经济自由主义做出了批判，认为这种放任自流的观念其实是一种弱肉强食的理论，只会进一步扩大贫富分化并让贫困者难以翻身。而对此开出处方的则是早期的社会主义者。他们认为，穷人光靠自身努力是无法获救的，大力主张必须依靠某种社会性的协同组织。在法国，早期社会主义者的代表人物是圣西门，他认为应该在资本家和科学家等精英的领导下，联合不被剥削的劳动人民，将国家重新改造成最适宜经济发展的组织。而另一位法国早期社会主义者的代表傅立叶则主张通过建立一个名为法伦斯太尔（法国空想社会主义的基层组织）的乌托邦性质的共同体，来创造出一个没有剥削的平等社会。

事实上，二月革命时期作为史上最早进入政府内阁的社会主义者路易·勃朗，也被归入了早期社会主义者的类别。他在1839 年出版的《劳动组织》中提出，为了抑制资本主义的恶性竞争，改善劳动者社会地位，必须通过国家的资金援助来建立“劳动者合作社”（即“社会工场”），然而真正建成后，它却沦落为一个让人从事基建工程并按日付薪的失业对策机构。

埃菲尔铁塔

这座由埃菲尔公司承建的铁塔是为了展示钢铁行业的成果，于 1889 年举办万国博览会前夕建成。当时预定于 1909 年拆除该塔，后由于电波发射等军事目的才得以保存至今

* 专栏 3

拿破仑传说

拿破仑的一生已经被演绎成了一部英雄传奇。正像雅克－路易·大卫的绘画所展示的那样，拿破仑自登上权力宝座那天起，就开始运用绘画和报纸等媒介来神化自己。当然，这种手法并非是他独创，在此之前，早就被路易十四等人用过了—— 尽管当时媒体的影响力不能与之同日而语。但是，令人觉得意味深长的是，虽说他在 1815 年失势之时名誉一落千丈，甚至被人咒为“恶魔”，可之后关于他的传说竟又死灰复燃。这一现象的出现契机是 1821 年他的死亡，而在 1840 年其遗体被运回巴黎时达到了顶峰。

拿破仑传说的奇特之处，不仅仅在于他是一个英雄，还在于人们觉得他是建立了作为现代社会和民族国家之法国的大功臣。拿破仑拥护大革命的诸多理念，将法国人民紧紧团结起来。为了打败敌人，传播革命理念，法国人民在拿破仑的领导下转战欧洲各地，取得无数辉煌的军事胜利。因此，波旁王朝被颠覆后，七月王朝就大力宣扬拿破仑的丰功伟绩。在将凡尔赛宫改装为博物馆的时候，除了“战争画廊”之外，还开辟出了“1792年厅”、挂有雅克－路易·大卫画作《拿破仑加冕》的“加冕厅”，以及描绘七月王朝建立的“1830年厅”，将拿破仑时代看作从大革命过渡到七月王朝过程中不可或缺的一环。

荣军院的圆顶教堂

该教堂作为路易十四统治时期收容年老、负伤士兵的荣军院的附属教堂，由建筑家儒勒·哈杜安·孟萨尔设计，于1706年完工。拿破仑与其兄弟及将军们的坟墓就在教堂的地下墓地里，来访者至今络绎不绝

* 专栏 4

资产阶级的经济实力

巴黎八区的奥斯曼大街 158 号有一座名为“雅克马尔 · 安德烈美术馆”的艺术馆。它原本是法国 19 世纪后半期赫赫有名的实业家爱德华·弗朗索瓦·安德烈和他夫人奈利·雅克马尔的府邸。

经考证，我们现在知道安德烈家族祖上是 15 世纪维瓦莱的一名公证人，之后信仰新教，于 17 世纪移居到尼姆，靠经营纺织业发家致富。1685 年，《南特敕令》被废止后，族人分散在尼姆、日内瓦和热那亚这三个地方。在热那亚的分支经营银行业，其中多米尼克一家于 1798 年举家迁往巴黎，多米尼克的儿子艾尔斯通和法兰西银行理事弗朗索瓦 · 尤迪爱的女儿露易丝结婚，并于 1833 年生下了儿子爱德华。爱德华一度成为陆军军官，于 1863 年退伍。之后，他便继承了家传的银行事业，与此同时，还当选

爱德华·安德烈（1833—1894）

为加尔省的议员。第二帝国覆灭之后，他也告别了政治活动，并从1860年代起，开始全身心投入艺术品的收藏之中。他偏好收藏意大利文艺复兴时期的艺术品，因此，他每年都要去意大利大量收购，劲头甚至超过了同时代的卢浮宫美术馆，并用这些艺术品来装饰其于1875年完工的住宅。在他家中就可以看到保罗·乌切洛的《圣乔治斗龙图》和桑德罗·波提切利的《圣母子像》等艺术珍品，其中又以《威尼斯总督迎接亨利三世》为镇宅之宝，这是他在 1893 年购入的一幅提埃坡罗的湿壁画，并将它装饰在楼梯间。从这幢豪华的住宅及所收藏的艺术珍品上，我们便可生动直观地看出 19 世纪的“高级银行家”有多么雄厚的经济实力了。

* 专栏 5

19 世纪末的巴黎商人众生相

与 17 世纪相比，19 世纪末的巴黎在很多方面并未发生变化，例如，很多人依旧在街头做小生意。与日本相比，法国在物质文明方面的变化是相当缓慢的。

牛奶店（1899）

收旧物的小贩（1900）

卖家居用品的小贩（1899）

第十一章

第三共和国的建立

巴黎公社和第三共和国的建立

得知拿破仑三世在色当投降普鲁士军队的消息后，巴黎于1870年9月4日爆发了起义。很快，起义民众在巴黎市政厅宣布恢复共和体制，并由共和主义者莱昂·甘必大和茹费理成立了“国防政府”。国防政府坚持继续同普鲁士作战的方针，但不久之后巴黎便遭到普鲁士军队的包围，战况几乎令人绝望。于是，政府便逐渐趋向于媾和，于翌年1月28日实现了暂时停战。由于要缔结媾和条约就必须开国会，于是在2月8日举行了国民议会选举，结果君主派势力取得压倒性胜利。2月17日，在波尔多召开国民议会，“七月王朝”时期的首相梯也尔被选为“法兰西共和国行政权力的首脑”。于是，梯也尔便在26日签署了包括割让阿尔萨斯–洛林地区和赔偿五十亿法郎等内容的媾和条约。3 月 1 日，普鲁士军队开进巴黎城，但由于巴黎各地区自发性的抵抗仍十分顽强，在普军进城的刺激下，巴黎便成立了国民自卫军中央委员会。

3 月 18 日，梯也尔命令正规军解除国民自卫军的武装，此举进一步激起市民的反抗，正规军有两名指挥官遭枪杀。得知这一消息后，梯也尔立刻扔下巴黎，将政府机关统统迁到凡尔赛。至此，巴黎的实际控制权就完全掌握在国民自卫军中央委员会的手中了。3 月 26 日，经过选举，巴黎公社委员会成立，一个兼具立法和行政且史上最早的劳动者自治体（政府）便由此诞生。28 日，巴黎公社在巴黎市政厅前面的广场上宣告成立。

一方面，虽说许多革命派当选为巴黎公社的委员，通过报刊等媒体，积极传播社会主义的革命主张，但事实上由于巴黎这个有着市民暴动传统的城市几度出现政权真空，从而导致民众偶发性地掌握政权。因此，公社内部的路线斗争也十分激烈。另一方面，凡尔赛政府自然不会容忍这样的异己势力，于 5 月 21 日命军队攻入巴黎，市内爆发激烈巷战。尽管巴黎公社的战士焚毁了杜伊勒里宫和市政厅，进行了顽强抵抗，但凡尔赛政府军队的镇压也十分坚决彻底。28 日，在牺牲三万人之后，巴黎公社终于停止了抵抗。

1871 年 8 月，出任法国首任大总统的梯也尔将政治体制问题束之高阁，开始致力于国家重建工作。然而，1870 年 9 月 4 日，法国虽然宣布确立了共和政体，但议会实际掌握在君主派手里，令法国政治前途蒙上一层迷雾。1873 年 3 月，支付了战争赔款，使普鲁士同意撤军后，梯也尔大刀阔斧地建设起共和政体来。但是，君主派议会对此极为不满，并于5月24日解除了梯也尔的职务，让曾经指挥军队镇压过巴黎公社的麦克马洪元帅出任总统，并让政变策划者布罗伊公爵担任总理。紧接着，新政府在各派争权夺利的一片混乱之中开始了政权建设工作，从1875年1月到7月，发布了一大批“具有宪法性质的法律”。结果，由于君主派的内部分裂，出现了共和派与奥尔良派握手言欢的局面。具体而言，就是根据奥尔良派的意见，设置议员终身制的参议院，并给予任期七年的总统包括解散众议院、法案提议权在内的强大权力。与此同时，将法国的政体明确为共和政体，也给了由普选而形成的众议院很大的权限。

巴黎的街垒（1871年3月18日）

巴黎民众夺取了国民自卫军的大炮，奋起抵抗梯也尔的政府军。巴黎各处纷纷建起街垒，眨眼之间就出现了自治的空间。照片反映的是圣安东尼城郊街道的光景

在第二年的众议院选举中，共和派取得完胜，总统麦克马洪让温和共和派的茹尔·西蒙当上了总理，但茹尔·西蒙让共和派人士出任省长和司法长官后，麦克马洪却又将其一一罢免，并无视众议院的意见，在命令布罗伊公爵组阁的同时竟解散了众议院。但是，在10月份的众议员选举中，共和派依旧超过半数，而1889年1月参议院选举中，君主派又低于半数，麦克马洪不得不辞职，由温和共和派的儒勒·格雷维出任总统，并组建沃丁顿内阁。至此，法国建立起了一个名副其实的共和派政权。不仅如此，格雷维还将解散众议院的权力束之高阁，承诺尊重议会主义的原则。这样，议会凌驾于总统之上的法国第三共和国原则就确立起来了。

自此之后，直到19世纪90年代末，法国的政权就一直掌握在以茹费理和莱昂·甘必大为首的温和共和派的手中。当时，共和派的左翼是以克里孟梭为首的激进派，他们将温和共和派称作“见风使舵的骑墙派”。但稳健派却将此话当作“识时务者”来理解，并将共和主义式的自由、反教权主义（世俗主义）和殖民地扩张当作三大支柱，扎扎实实推动政策实施。1881年，言论自由得到保障。1884年3月，工会得到承认。同年4月，政府还对地方自治制度进行改革，除巴黎外，所有市镇成为同等级别的自治体，并将其自治权大幅扩大。

然而，随着这一系列改革的推进，“骑墙派”们为了维护其成果，变得越来越保守。议会中极左派的激进主义者对此倾向展开了猛烈批判。在1885年10月的众议院选举中，尽管右翼席位得到了进一步扩展，但激进派言论的影响力也加强了。1886 年 1 月，在激进派首领克里孟梭的强烈推动下，共和主义者布朗热将军出任国防大臣。布朗热将军上任后，主张对普鲁士保持强硬姿态，在推动军队现代化的同时，也对煤矿争议中的罢工参与者表示同情。他的这一姿态受到了对“骑墙派”政策心怀不满的民众喜爱，将其称为“复仇将军”，人气一度极为高涨。政府对此感到十分危险，很快就将国防大臣换成他人。然而，这种做法反倒更提高了布朗热的声望，从左翼到右翼，凡是对现政府怀有不满的，全都异口同声地开始称赞起他来了。布朗热本人则喊出“修整宪法”的口号，哪里有补选他就去哪里参选，但当选后却又立刻辞职，同样的把戏一而再，再而三地上演，不断煽动民众情绪。1889 年 1 月，他在巴黎的补选中取得压倒性胜利，与此同时，声援运动也发展到了最高潮，他的一些支持者们甚至要求他发动政变。然而，由于布朗热不为所动，声援运动很快就平息下来，最后随着他的出逃，整个事态也就烟消云散了。

动摇整个体制的另一个危机则是“德雷福斯事件”。1894 年 9 月，军事情报部门的阿尔弗雷德 · 德雷福斯上尉因向普鲁士泄露情报败露而遭逮捕，经军事法庭审判后，被判处终身流放。然而，这是一个冤案。由于德雷福斯出生于阿尔萨斯地区某犹太人家庭，该地区当时处在普鲁士的统治下，故而在证据并不充分的前提下就遭到逮捕。1896 年，军队内部真正的犯人被抓到，有人提出要重审德雷福斯案，但军部首脑和政府担心重审会损害军队威信，竟未予以受理。此时，著名作家埃米尔 · 左拉在《震旦报》上刊登了《我控诉》的公开质问信，一时间舆论哗然，并分出两大阵营，展开激烈争论。激进派和社会主义者们以左翼知识分子和学生所组成的“人权同盟”为核心，建立了“德雷福斯派”，指出“保护人权乃共和政体之根本”，大力攻击由君主派、天主教派及民族主义者和反犹太团体所组成的“反德雷福斯派”。最后，作为这两派相互妥协的结果，1899 年法院对德雷福斯案进行了重审。尽管重审的结果依旧判处德雷福斯有罪，但总统当即予以特赦，平息了舆论，整个事件也就这样了结了。

巴黎市政厅

这幢文艺复兴风格的巴黎市政厅，曾因巴黎公社运动被烧毁过。现在的市政厅是后来重建的

然而，该事件的影响却未就此消失，相反，它导致了法国政界的重组。为了与右翼民族主义者对抗，共和主义者结成了“共和、激进与激进－社会主义党”（简称“激进党”）。也就是说，共和主义者们在一个中性的国民政党下实现了大团结。社会主义者也于 1905 年结成了“工人国际法国支部”（缩写为“SFIO”），与议会主义者会合在一起。在 1902 年的选举中，“共和派联盟”取得压倒性胜利，作为反对势力的工团主义者和右翼民族主义者分别成了社会影响较小的左、右激进派。而唯一没被议会主义所包容且具有一定危险性的天主教势力也受制于一系列的立法，被迫退出了公众舞台。

至此，在大革命之后，法国经历了君主制—君主立宪制—共和制—帝制等一系列政体改革，共和主义终于在法兰西落地生根，并以此完成了民族大融合。源于 19 世纪中期的工业化进程，在法国造就了一大批中产阶层。1911 年，除了占总人口 56% 的中产阶层（即原有的富民和手工业者）之外，又新增了以白领为代表的新型中产阶层。这些中产阶层为了提高自己的社会地位，迫切需要一种对自己有利的理论，而这种理论正是共和主义。共和主义的源头，在于大革命时期的《人权宣言》，“自由”与“平等”又正是其核心理念。如何才能在“自由”与“平等”之间取得平衡呢？这就是人们在 19 世纪面临的问题，故而尝试了各种各样的国家政体。

然而，到了 19 世纪中期，“自由”与“平等”之间的关系就被调整到了一个符合中产阶层利益的位置，即社会的基本成员是以中产阶层为主的劳动者，他们的财产和尊严（人权）必须得到保障。因此，为了能使所有人都有机会获得财富，国家必须保障公平的机会。在此理念的指导下，政府开始排除“名流阶层”等传统权贵及教会的影响力，推行能够实现政治权利平等化和教育机会公平化的政策。

在形成这样的共和国模式中，作为国家保护人权运动的“德雷福斯事件”发挥了至关重要的作用，使得人权作为一个极为重要的价值观念在日后的法国社会中深入人心。与此同时，这样的运动也改变了法国的政治运作模式。比如作为“德雷福斯派”开展活动的主要是地方上的一些小资产阶级，说明始于18世纪的“社会舆论”已经扩展并下沉了。1901年“激进党”的成立，正是这种运动的组织化。可以说，中产阶层通过政党这样的组织行为和宣传手段进入了政治领域。

也正因为这样，“名流阶层”在地区社会中的统治地位也宣告终结，一个大众化的政治时代到来了。

1904年，让·饶勒斯创办了《人道报》，这是所有社会主义者的机关报。同年，第二国际呼吁法国的社会主义者联合起来，并以此为契机，于1905年成立了工人国际法国支部，与议会里的激进党相抗衡。法国的劳工运动一向有与议会保持距离的传统，那种走社会变革路线的“工团主义”倾向十分明显，因此，他们对走议会主义路线的社会党心怀不满。1895年，这些法国社会主义者建立了“劳工总联盟（CGT）”。该组织于1906年采纳了《亚眠宪章》，决定不依靠国家，走“工团主义”的路线，通过罢工等直接行动来实现劳动者的自我解放。结果，劳工总联盟的运动方针成了法国劳工运动的一大特色，这种动辄举行总罢工的直接行动，现在还有着旺盛的生命力。

相对应地，以查尔斯·莫拉斯为理论指导者，于 1898 年创立了“法兰西运动”，它是一个右翼君主主义与民族主义的结合体，采取反共和主义、反议会主义的立场。他们认为大革命所带来的个人主义就是万恶之源，主张依靠国家主义来谋求国民共同体的再生，而犹太人和社会主义者是“异己者”，应该予以排除。在此之后，这种“爱国主义”就被右翼分子继承了。

在军事方面，曾经自负为欧洲最强的法国陆军在 1870 年普法战争中败给新兴国家普鲁士，并因此被夺去阿尔萨斯和洛林地区，让法国民众受到极大刺激。因此，第三共和国外交政策的基本点就是“向普鲁士复仇”。对普鲁士表现出强硬姿态的布朗热受到民众的欣赏，并被称作“复仇将军”，就能说明这种外交政策是多么深入人心。在俾斯麦任普鲁士首相时期，对法国采取了孤立外交的政策，虽说所谓“复仇”仅仅是法国人画饼充饥而已，但在 1890 年俾斯麦辞去首相一职后，欧洲局势就有些风云突变的味道。法国首先改善了与俄国的关系，于 1894 年建立了俄法同盟；1902 年，又与意大利缔结了秘密政治协定；1904 年，成功达成了英法协商，从而对普鲁士拉起了一道包围网。这一系列外交举动，势必导致普法关系的恶化。普鲁士曾两次介入法属摩洛哥殖民地的民族解放运动，但法国力保自己在摩洛哥的权利，并最终将其变成了自己的保护国。在这个问题上，殖民地的获得与对普鲁士的复仇几乎就是一回事，足见国内的反普情绪十分高涨。

政府在推动各项政策时，也将战争纳入了考虑范围，于1913年，将服兵役的期限从两年延长为三年。虽说以饶勒斯为首的社会主义者开展了反战运动，但共和派并不以为意。

民族国家在法兰西的形成

前面我们已经讲过，法国第三共和国民族融合理论的基础就是共和主义，然而，当时法国在各个地区依然保留着鲜明的地方特色。就拿语言来说，以南部及周边地区为例，有将近一半的法国人在日常生活中是不讲标准法语的。虽说大革命时期政府也曾为创造出一个同质的国民空间而努力过，但事实上并未做到这一点。因此，第三共和国为了显示政权的正统性，将广大国民团结在同一个共和体制之下，以及完成民族国家的建设，做出了多方努力。

就与大革命之间的关系而言，第三共和国自认为是大革命理念的继承者，故而着力宣扬大革命时期的英勇事迹，期望国民将此深深地留在记忆之中。1879年，政府将《马赛曲》定为法国国歌；第二年又将攻占巴士底狱的7月14日确定为国庆日，同一天里还大赦了因参与巴黎公社运动而受制裁的人们。

自1884年起，建造办公厅成了每个市镇的义务，而这些场所都刻有“自由 · 平等 · 博爱”的字样。与此同时，从19世纪

80 年代起，“玛丽安娜像”作为共和国的象征，得到了快速普及。

1889 年，即大革命一百周年，政府特地选在当年召开三级会议的 5 月 5 日举办巴黎万国博览会，选在废除封建特权的 8 月 4 日，将三位革命家的遗骸移入先贤祠，并在 9 月 21 日庆祝瓦尔密战役的胜利。不仅如此，在大革命时期就已经开始的地名变更活动也得到进一步落实，全国各地出现了许多“共和国大道”和“共和国广场”，甘必大、雨果等著名人物及共和主义者的名字也被用作了地名。

反教权运动作为共和主义融合全国民众的一个重要因素，在此时期也搞得风生水起。政府将矛头对准天主教教会，采取了抑制其社会支配力的政策。1880 年，政府承认在星期日这个基督教的安息日也有劳动的自由；1884 年，根据《纳凯法》（离婚法）废除了王政复辟时期（1816）禁止离婚的条律；甚至还取消了议会开幕时的祷告仪式。

为了让共和和反教权深入人心，教育就成了一项极为重要的措施。因为要想完成民族国家的建设，法国就必须培养出拥有共和主义世界观的“新人类”，而为了达到这个目的，就必须将基督教的世界观从青少年教育中排除出去。为了创造相同性质的国民，接受教育就成为国民的一项义务，而为了确保做到这一点，教育必须是免费的。其实，这样的主张早在大革命时期就已经被提出来了，但真正实现它，过程却是十分艰难和曲折的。

事实上，在大革命结束后，教育仍旧掌握在教会手中。为了实现教育的世俗化，首先要培养世俗教师，而这一工作等到七月王朝时期的1833年颁布《基佐法》以后，才正式实施。根据该法律，一方面要开设师范学校，并且人口超过五百人的各个市镇都有义务设立初等学校。但在另一方面，由于允许初等学校聘用神职人员担任教师，反而导致教会势力进入了教育领域。二月革命后不久，教育部长卡诺推出了一个免费的、义务制教育法案，由于遭到保守派的反对而未通过。到了1849年，秩序党因“六月事件”而在议会中掌握了主导权，翌年他们制定了《法鲁法》。由于该法律认可神职人员出任教师，故而天主教教会的势力又卷土重来。自此以后，天主教便强化了对公共教育领域的渗透，因此在农村甚至出现了师范毕业的乡下（世俗）老师与村中司铎围绕日常规范的对立和斗争。

进入第三共和国时期，这种情况就发生了根本性改变。法国

两个正在读书的孩子

这是创作于1890年的平版印刷宣传画，标题是“我能够读书”。可见对于法国国民教育而言，培养法语的读写能力是一个极为重要的课题

自 1881 年到 1882 年，制定了以国家全面掌握学校教育为宗旨的《茹费理法》，将“免费、义务、世俗化”这三项原则全面引入了初等教育。不仅如此，该法律还将教会系统的学校转入私立学校，从而确保了世俗学校的有利地位。与此同时，农村里老师与司铎之间的主导权之争也有了着落，小学老师明确被作为“共和国的新司铎”而从事教育工作，法语作为公民的通用语言得到普

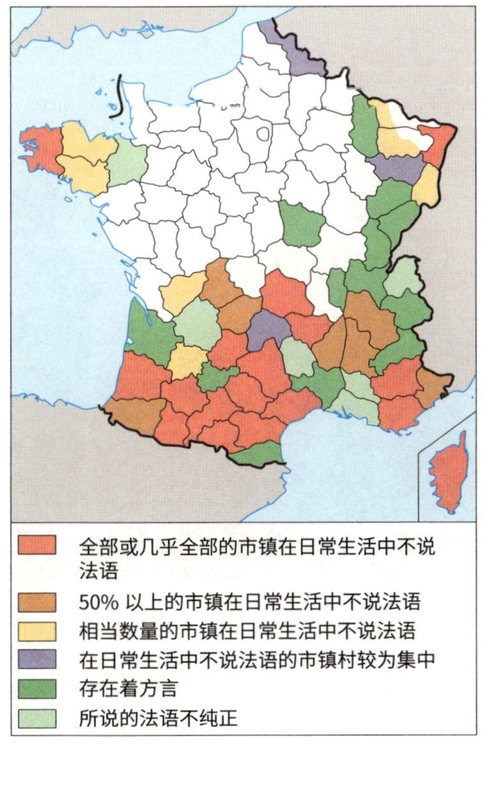

1863 年公共教育部的调查

调查得知，在法国的南部存在着在日常生活中不说法语的省份。在 37510 个市镇之中，有 8381 个（22%）在日常生活中根本不说法语。而在 7 到 13 岁的学童之中，有 11% 根本不会说法语；有 48% 不会写法语

出 处：Eugen Weber, *Peasants into Frenchemen:The Mondernization of Rural France. 1870—1914.*（1975）

及，成为“单一不可分割”的共和国文化基础。在历史与地理的教育上，这些课程的教授可通过对共和国时间、空间上的把握将学生教化成具有共和主义意识的公民；数理化等方面的教育也对民众消除迷信观念，培养科学世界观做出了很大贡献。除此之外，学校还通过郊游、免费午餐及学校储蓄等活动，以身体力行的方式，让学生建立起勤俭节约、注重公共卫生及集体主义的生活规

先贤祠

原本是在 18 世纪，为祭奠圣日内维耶而建造的教堂，于大革命时期的 1791 年，被用作了祭奠法国历史上的伟人的祠堂。以此来颂扬为祖国服务的国民理想，达到增强民族向心力的目的

范。公立学校的教师们还通过农业指导、预防接种和禁酒等活动，对农民进行教育和帮助。

兵役制度与民族国家的形成也有着密不可分的关系。自18世纪以后，欧洲人对于服兵役的理解已经不同于对古希腊重装步兵的认识，出现了将参政权与国防义务结合起来考虑的倾向。事实上在大革命时期，只有“积极公民（有选举权的市民）”才能参加作为市民武装的国民自卫军。19世纪后，随着战争的需要，法国势必要动员大量兵力，因此，如何才能让国民服兵役成为一个较为突出的问题。

圣心大教堂

为了抚慰因普法战争大败而遭受创伤的国民的心灵，该教堂于1870年设计，并由国家出资建造。在19世纪，一方面世俗化倾向日益明显，但在另一方面，也同时存在着像建造里昂的圣母大教堂、宣扬卢德的圣母显灵神迹（1858）等天主教复兴的迹象

1798年，法国实施了征兵制，凡是二十到二十五岁的男子都被登记在征兵名册上，一旦国家需要，他们可以立刻应征入伍。在拿破仑战争时期，法国就是通过这种兵役制来保证兵力的。可在当时，民族国家尚未形成，自己是“法国人”这样的意识还相当薄弱，人们不知道自己为何而战。因此，逃避兵役的人也非常多。于是，政府通过将军人理想化的手段，开始了打造国民军队的进程。1802年，法国创设了荣誉勋章，直到第一帝国终结为止，受此勋章者，约90%都是军人，可见这一授勋制度就是为了彰显军人的重要性。由于受勋者还能领取年金，这就让国民觉得参军立功是一件十分有意义的事情。1832年，政府又引入职业军人年金制，将长期服役年金、伤残年金和遗属年金制度化。其中遗属年金的金额要少于伤残年金，可见，比起遗属来，这一制度更注重对军人本人的回报。

即便如此，在农村逃避兵役的现象仍十分普遍。又由于成家之人可以免于兵役，所以当时有很多人早早就结婚，甚至出现了生男孩后谎称女孩进行出生登记的情况。正是由于兵役制不能得到深入彻底的贯彻，在19世纪的上半期，少数人长期服兵役的做法是被允许的。1818年，服役期为六年；1824年，服役期延长为八年；1885年，又缩短为七年。但总地来说，法国的服役期要比同时期的其他各国长得多。与此同时，还存在着服役代理制度，因此服兵役的人数占同龄人总数的10%还不到。军队中也存在着士兵素质差等问题，到了19世纪的下半期，社会上就出现了以职业军人为核心的“少数精锐论”（专业性；长期服役）

和“全民皆兵论”（平等性；短期服役）之争。而军方是支持“少数精锐论”的。

到了第三共和国时期，共和主义者占优势后，平等论也就占上风了。1873 年，以知识分子为中心，政府扩大了免除兵役的范围，但同时也废除了兵役代理制。然而，主张所有男子都要服兵役（所谓“一般性兵役义务”）的呼声渐渐高涨起来。这其中的缘由不仅仅是出于对平等性的重视，也有想达到兵役教育效果的成分，即军队严格的纪律有利于培养民众对权威的尊重。于是在 1889 年，法国引入了三年期的义务兵役制。1905 年，兵役期曾一度缩短为两年，但到了大战将近的 1913 年又恢复为三年。在此之后，兵役制又几经变更，而义务兵役制一直延续到了 2001 年。

19 世纪，同一民族开始形成民族国家，成为国际社会的一个基本单位。但到底什么是“民族”，在欧洲却成了一个大问题。一些民族主义者认为，在民族处于分裂状态下的德意志和意大利，以及在一些受到外国或异族统治的地区，这些地方的民族建成了特定的民族国家之后，“民族”就与“国家”这一概念相一致了。但是，法国在君主专制时期就已经形成了民族国家，而大革命时期的“国民”这一概念，也已经超越了民族认同的范畴，被赋予了没有身份歧视、拥有平等权利的国家成员意义。

在此之后，有关“国民”和“民族”的概念又经历了种种讨论，在某些时期，作为“民族”意义上的“法国人”也受到过重视。例如，在第二帝国时期的 1859 年，以保罗 · 白洛嘉为核心的“巴黎人类学会”就成立了。1864 年，法国政府承认该团体为“有助于公共利益的团体”，而该团体的章程明确规定，“巴黎人类学会”以对各人种进行科学研究为目的，也就是说，要通过研究，对“人种”给出一个科学定义。为此，他们根据体质人类学，对人进行了活体观察（头发颜色和眼睛虹膜颜色等）和尸体观察（测量骨骼等），却并未得出结论。也就是说，要想从科学的角度来给民族和人种下定义是不可能的。

到了第三共和国时期，大革命时期就已经被提及的“民族”概念又被提了出来。1882 年，厄内斯特·勒南在巴黎大学做了题为“民族是什么”的演讲，论述了“民族的存在……就是日常的人民投票行为”的观点。他认为，国民并不是被人种、语言和宗教等因素先天规定了的，而是在认同国家理念的前提下，通过自发选择形成的。直到现在，这一认识仍潜藏在法国人的国民意识之中。也正因为这样，政府会给予“在法国出生的外国人孩子”法国国籍（国籍的出生地原则）。

在民族国家的形成过程中，身份制度的理论遭到了否定，取而代之的是国家之内只有“法国人”的共同认识。然而，社会上依然存在着贫富差别等多种矛盾，为了将所有的法国人都融为一体，自上而下的民族主义灌输就成了必不可少的手段。在此过程中，学校发挥了极为重要的作用，通过通用语言及历史等科目的教育，将国民意识牢牢地植根于学生的脑海中。不过，人种意义上的民族意识也不是完全没被利用，甚至得到了高度重视。例如，百年战争中带领法军与英军英勇奋战，最后却惨遭极刑的圣女贞德，就被当作一名爱国少女而纳入了历史教育中。而在19世纪末，右翼分子开始标榜民族主义，“民族”概念就是立足于“土地”和“血缘”的。由此可见，即便是在法国，要想对“民族”下一个定义也是很难的。

民族意识的灌输虽然不能明确显示民族的实际状况，却将相同性质的国民想象印在人们的心里。在19世纪末，法国产生了一种要将国内的异端者统统排除出去的狭隘的爱国主义。在这方面，通过“德雷福斯事件”所表现出来的反犹主义，应该算是一个典型。在法国，这种理念层面的“民族”与实体层面的“民族”直到今天也依然存在着间隙。譬如说，在移民问题上，就有较为强烈的分歧。

巴黎中央市场

原先已变得破旧不堪的市场，在第二帝国时期得到了全面改建。改建后的中央市场采用了许多钢铁构件

结社法和政教分离法

第三共和国时期制定的《结社法》（1901）和《政教分离法》（1905），对法国之后的历史发展产生了重大影响。

正如我们之前提及的那样，法国大革命时期，革命家们认为旧制度下的社团和同业工会是一种介于国家与个人间的组织，是为个人利益服务的，应该予以取缔。1791 年的《勒沙普利埃法》就以违反经营自由为理由，不仅禁止劳动者联合起来，还根据连带责任，禁止以相互帮助为目的的各种形式的"社团"（association）出现。在此之后，诸如 1810 年的《拿破仑法典》中的"结社罪"，以及 1834 年的《反结社法》等，"社团"这种民间组织一直是国家限制的对象。但是，这样的政策妨碍了民间协会与团体的发展，使法国与依靠民间社团的广泛活动而获得支持的英国之间产生了很大的差距。更何况尽管明令禁止，实际上多种形式的劳动者联合体也还是存在着的。由于劳动者的联合得不到法律保护，在雇主面前，劳动者就成了绝对的弱势群体，因此，要求拥有结社权利的呼声也变得越来越高。

紧随着时代的需求，第三共和国政府也改变了原来的方针，开始容忍民众结社了。1884 年，政府制定了《瓦尔德克－卢梭法》，允许各行业自由结社，允许劳动者与雇主建立行业性的工会。由此，劳动工会开始逐步形成，而在十年之后，就连公务员都有了建立工会的自由。如此发展的结果，便是于 1901 年政府颁布了《结社法》，作为"两人或两人以上，出于不同于利益分享之目的，运用各自的知识一起开展活动的契约”，所有的结社都得到了公开承认。从此，政党和工会组织开始在政治和社会层面上发挥起越来越大的作用。但是，这个法律是将宗教性质的结社排除在外的，修道院的设立需要得到审批和认可，并禁止宗教人士从事教育工作。因此，围绕着该法律的适用范围，国家和教会之间就出现了对立和冲突。

1902 年担任总理的孔布与支持“反德雷福斯派”的天主教教会之间的对立加剧，政府不仅严格执行《结社法》，解散、关闭了一大批未经认可的修道会及其运营的学校，还驳回了一些修道会人士的申请；1904 年，又颁布了将教会排除在所有教育领域之外的《修道会教育禁止令》，包括私立学校。至此，教育的世俗化就完成了。

而确定教会在共和国中所处位置的则是《政教分离法》。根据该法律，国家及地方公共团体的宗教预算被废止，教会的财产被国家征用，并禁止神职人员的政治活动。这样的话，宗教信仰活动就完全被限定在私人领域，并随着 1801 年签订的《政教协约》被废止，在国家制度内确定教会地位的“法国天主教教会自主论”也就自然解体了。1904 年，根据相关法律，法国与梵蒂冈断绝了外交关系。对此，教会方面做出激烈抵抗。当官员为了编制教会财产目录而要进入修道会或教堂时，神职人员甚至筑起了街垒予以坚决抵抗。

如此情况下，政府只得推迟执法，并默许未经认可的修道会重新开展活动。与此同时，修道院所办的学校也披上了私立学校

第二帝国时期的主宫医院

病人在此受到圣奥古斯都会修女的护理。由修道院来运营医院，是自中世纪以来的传统，但自第三共和国建立以后，医院的运营也开始世俗化

1899 年的示威游行

在经济自由化的前提下，劳资双方是作为平等的个人来签订劳动合同的，但事实上作为被雇用者的劳动者依然处于弱势地位。因此，劳动者的结社权利就渐渐得到认可，当然，这也是整个欧洲的一种发展趋势

的外衣，甚至又出现了由修道会士运营的学校。可尽管如此，《政教分离法》所带来的“世俗即非宗教性”概念实实在在地深入了法国人的脑海。可以说，今天法国所面临的“穆斯林头巾问题”，即不允许将宗教带入公共场合的理念也是与该原则密切相关的。

* 专栏

工业化与移民

在工业革命如火如荼的19世纪后半期，需要大量劳动力的法国，成了一个移民接收大国。而这一时期的移民主要是来自比利时和意大利的打工者，以单身男性居多。一般来讲，从比利时来的打工者大都在法国北部的煤矿和工厂里工作，而来自意大利的打工者则从事法国南部的铁路建设或阿尔卑斯山的道路建设。由于19世纪末的法国比起其他国家来，出生率较低，故而必须靠接受移民来弥补人口增长的不足。因此，为劳动力不足而伤脑筋的资本家、担心兵员不足的军队及不希望与外国劳动者竞争的本国工人，大家的需求是一致的。在此前提下，政府推出了同化移民并给予其法国国籍的政策。1889年颁布的《国籍法》就是其最终结果。同时，为了促进移民同化，法国还引入了“义务教育”（1881—1882）和“一般兵役义务”（1889）制度。1889 年的《国籍法》中载有“在获得法国国籍的头十年内没有选举权”，这表明同化为法国人是需要一定时间的，但同时也考虑到，只要外国人接受了《人权宣言》所代表的法国式理念，他们也可以成为法国人。

由于第一次世界大战造成的人口大减等原因，法国一直执行着这样的移民政策。但在第二次世界大战后，来自欧洲的移民大幅减少，而来自阿尔及利亚等欧洲以外地区的移民增多后，就产生了新的移民问题。与之前比利时、意大利移民相比，这些新移民在语言、宗教等文化背景方面与法国截然不同，不容易同化。因此，在许多情况下，就不能用 19 世纪那种较为乐观的同化政策来应对了。

直到现在，法国仍不能实施有效的移民政策。换言之，移民问题仍是法国社会的一大问题。法国不做正式的人种统计，因为他们认为，在“单一不可分”的共和国里，没有“法国人”以外的外国人。因此，对移民设置大学入学配额或者像美国那样采用“平权法案”，这些做法在法国是行不通的。但自 1981 年起，法国设置了教育优先地区（ZEP），采取了有针对性的分配预算措施。或许是由于不能以“人种”和“出身”为基准，政府就只能以更为普遍的居住区域为对象来制定政策了，但也有人对此提出了批评，认为这样的政策并没有直接以移民团体为对象。

第十二章

现代法国

第一次世界大战的冲击

1914 年 6 月 28 日，“萨拉热窝事件”爆发。7 月 28 日，奥地利对塞尔维亚宣战。但在不久之后，由于各国间同盟关系的缘故，战争很快就升级为世界大战。法国也在 1914 年 8 月 1 日发布总动员令，并在 8 月 3 日投入到与德国的战争之中。在同年春天的总选举中，奉行和平主义的工人国际法国支部和激进党赢得胜利，可具有讽刺意义的是，就是这么个貌似温和的议会竟然通过了战时体制的决议。8 月 4 日，在普恩加莱总统的领导下，政党停止争斗，举国一致，结成了以战胜德国为目标的“神圣联盟”，一个包括两名社会主义者的新内阁诞生。

法国政府原以为战争会在短期内结束，然而，实际情况却没这么简单。德军首先攻入了比利时，随即又侵入法国北部地区，不过在随后的“第一次马恩河战役”中败退了，从而使西部战线陷入了胶着状态。由于动员了大量兵力，军需物资的消耗远远超出了人们的想象，到了10月，德法两国的平时储备都已经消耗殆尽。如此，后续的战局就完全受军需品的生产能力所左右了。也就是说，战争已经不像之前那样纯粹是军队的事情，而是转变成必须动员全体国民投入其中的“总体战”了。

为此，法国政府让社会主义者的托马斯组建起了以国家为主导的经济体制，采取的措施包括动员熟练工人进入后方工厂，发动民间工厂生产军需物资，采用能够延长劳动时间的“夏时制”等。1918年，小麦、钢铁、石油等行业分门别类地成立了一系列企业联合体，在国家的主导下实施基本物资的进口与销售，并强制规定了销售价格。与此同时，政府还实行了面包和食糖的配给制。换句话说，为了让战争获胜，经济自由主义原则就只能被束之高阁了。战争导致国家支出剧增，不得不依靠发行战时公债和向外国（主要是英国和美国）借款来维持。因此，战争结束后，法国政府留下了巨额的财政赤字。与此同时，由于大量青壮男性被动员上了前线，导致劳动力严重不足，女性进入原本属于男性工作场所的现象也屡见不鲜。

战争开始长期化之后，工人国际法国支部和劳工总联盟内部反对“神圣联盟”的势力开始形成。到了1917年，厌战情绪在国民之间也开始蔓延开来，抗议物价上涨及要求增加工资的示威游行频频发生。在前线，士兵的士气低落，甚至在1917年的5月至6月间，发生了士兵们拒绝服从进攻命令的情况。随着这一系列政治危机的出现，工人国际法国支部于9月脱离了政权，“神圣联盟”就此崩溃。在此危机重重，政坛风雨飘摇之际，已经七十六岁的克里孟梭在11月东山再起，出任总理并兼任陆军部长。有着“猛虎”绰号的克里孟梭上任后亲赴前线视察，并大声呼吁要将战争进行到底。他的这一番努力并未白费，整个法国在他的领导下重新振作了起来。

对于第一次世界大战来说，1917年可谓是一个转折点。俄国由于国内爆发革命，脱离了东部战线。美国也于这一年4月参战。美国的参战，扩大了以公债和借款为形式的美国资本流入，法国利用这些钱购入了大量美国工业品和农产品，使得自己在物

堑壕战

在西部战线，法德两军在整条战线上挖掘了战壕，战争陷入了胶着状态。照片反映的是一战中伤亡最大的“凡尔登战役”结束后的状况

资层面一下子压倒了德国。德军想在美军正式投入战场之前一鼓作气结束战争，从东部战线调来大批兵力，在 1918 年 3 月，在西部战线发动总攻。德军曾一度进攻到了距离巴黎仅六十公里的地方，但英法联军在法国贝当总司令的指挥下顶住了德军进攻，并成功做出反击。在此前提下，法德之间进行了停战谈判，并于 1918 年 11 月，在巴黎北面的贡比涅森林里签订了停战协议。

1919 年 6 月，参战国签订了《凡尔赛和约》，在交涉过程中，法国充分表现出了针对德国的复仇心态及掠夺德国财富的野心，企图通过削弱德国来保障自身安全并重新建立起法国的国际威望。最终交涉的结果是，德国归还阿尔萨斯 – 洛林地区，其境内莱茵河左岸非军事化，削弱德国的军备，以及支付巨额的战争赔偿金。

凡尔赛和约

这就是当年各国代表云集，起草了著名的《凡尔赛和约》的房间。现在，成了与凡尔赛宫相邻的大酒店的一个大厅。靠近天花板处挂着的木牌上，记载着这个房间曾经发挥过的历史作用

世界性经济大危机和人民战线

在第一次世界大战中，法国阵亡人数高达一百四十万（约占动员人数的六分之一），加上因战争而导致的出生率降低，使得人口总数从1911年的四千万左右减少到1921年的三千八百八十万左右。劳动阶层的人口短缺势必引发劳动力问题，同时又导致移民人数增加。以北部工业地区为主的一些地区，由于在一战中成为战场，工农业产量骤减，使法国的产业受到沉重打击。

在第一次世界大战之后，法国政府面临的课题就是安全保障和经济问题。但是，这两个问题最终都归结到了如何对待德国。具体来说，就是既要防范德国复仇，又要从德国获取赔偿金来用于经济恢复。在1919年11月的选举中，结成“民族集团”的保守派和中间派取得胜利。保守派之所以能够得势，其实是工人实际工资过低导致劳资争议频发的结果。当时，工人国际法国支部成员和劳工总联盟成员的人数虽然已经有所增加，但是罢工运动却频频受挫。那种“大罢工至上”的“工团主义”已经难以应对现实状况，劳工运动提出了更高的组织性要求。这其中，也有着转向左翼运动的影响。1919年以苏维埃政权为后援的“第三国际”呼吁各国都成立共产党，从而导致法国的社会主义势力一分为二：从工人国际法国支部中脱离出来的左派，于1920年成立了法国共产党；劳工总联盟也出现了分裂，成立了由共产党主导的“统一总工会”。

当时，执政的“民族集团”也并不稳定，内阁频频更替，如同走马灯一般。1922 年，普恩加莱出任总理并兼任外交部长。第二年，普恩加莱以德国不履行战争赔偿为由，联合比利时共同出兵德国的鲁尔地区，并将其占领。但是，这一行为不仅在国际上饱受非议，同时还由于德国国内的怠工等“消极抵抗”方式，法国未获得实际利益。不仅如此，这一“失败”还导致了国内的通货膨胀和财政恶化，迫使普恩加莱不得不转向紧缩的财政政策，并计划增加税收和削减公务员工资。这样反倒促使左翼分子集结起来，组成了工人国际法国支部和激进党相结合的“左翼联盟”，并在 1924 年的大选中取得胜利。激进党党魁埃利奥出任总理之后，推行了从鲁尔撤兵并承认苏联的政策，以图缓和局势。总地来说，在“左翼联盟”执政时期，法国经济有所增长，但并没有消除大战所留下的巨额财政赤字，法郎继续贬值。埃利奥内阁由于在应对财政危机问题上的失败，1925 年 4 月，在参议院的反对下，原内阁宣告垮台。之后的十五个月中总共更迭了六个内阁，可尽管这样，“左翼联盟”依旧没有推出什么有效的政策。于是在 1926 年 7 月，第四次普恩加莱内阁成立了。

普恩加莱召集了六名前总理，成立了一个将工人国际法国支部和共产党排除在外的“民族同盟”内阁。普恩加莱将重建法国财政当成首要任务，通过增税、削减公务员工资、将短期债券转换为长期债券等手段来健全法国财政。在公债处理方面，他设立了一个具有独立财源的管理国债偿还的金库，致力于国家信用的恢复。通过这些措施，法国的经济得到了快速复苏。

在安全保障的问题上，这时也迎来了一个转折点。占领鲁尔地区这样的强硬政策破产之后，1925 年出任外交部长的白里安改变了策略，采用凭借国际调停缓和法德对立局势的政策。同年 12 月，双方签署了《洛加诺公约》，同意在莱茵河地区维持现状，并且根据该条约，德国于 1926 年 9 月加入了国际联盟。1928 年 8 月，根据白里安和美国国务卿凯洛格的提议，共有十五个国家签署了反战条约。这是一个强调不以战争手段来解决国际纷争的条约，尽管在实效性方面颇为可疑，但也反映了当时各国的共同需求，即远离战争危机，力争经济发展，重返和平稳定。

然而，这种相对安定平和的国际局势，也随着世界性经济大危机的到来而宣告终结。1929 年 10 月，美国纽约华尔街股票暴跌引发全球性金融危机，虽说一直要等到 1931 年之后才给法国造成严重的影响，但还是与同时爆发的农业危机一起给法国经济造成了沉重打击。因此，法国的恢复要比其他国家慢，就工业生产而言，基本上直到第二次世界大战爆发之时都尚未完全恢复。如 1935 年的税收只有 1929 年的三分之二，经济危机导致国家税收大幅减少，财政状况捉襟见肘。雪上加霜的是，不仅德国停止了战争赔款的支付，为了应对德国再次扩充军备，法国还不得不相应地增加军费开支。1932 年成立的激进党内阁采取了紧缩性的财政政策，但经济仍毫无好转迹象。在此状况下，1933 年 12 月，有激进党参与其中的一起金融大案——“斯塔维斯基事件”东窗事发。一些右翼分子立刻做出强烈抗议。

次年 2 月 6 日，极右组织“法兰西运动”在巴黎发动示威游行，并与警察发生激烈冲突，造成十五人死亡，大约一千五百人受伤，史称“二六事件”。面对如此局面，激进党的达拉第匆匆下台，由杜梅格建立了一个“民族联合”内阁。

1933 年，希特勒已在德国掌权，这次爆发的“二六事件”对法国左翼势力来说，无疑就是“法西斯主义”对议会制度发动的攻击。因此，1934 年 6 月，首先是法国共产党改变了路线，呼吁工人国际法国支部与其统一行动。7 月 27 日，两党之间缔结了统一行动的协定。但是，由于这一统一战线规模有限，并未扩展到基层大众，共产党又于 10 月份提出了建立“自由、劳动与和平的人民战线”，为了争取中间派的力量，共产党向激进党发出呼吁，希望他们加入到反法西斯主义的同盟中来。激进党起初对于这种呼吁并不怎么理睬，但在翌年 5 月《法苏友好互助条约》签订之后，又加上自身在“民族集团”内势力的减弱及极右势力的横行霸道，他们终于改变态度。1935 年 7 月，工人国际法国支部与十个政党及工会组织的代表一起，建立了“全国委员会”，并在第二年的 1 月份发表了《人民阵线纲领》，参加该联盟的政党高举着这一纲领参加了 1936 年的大选。结果，工人国际法国支部有史以来首次成为第一大党，6 月 4 日，工人国际法国支部主席莱昂·布鲁姆出任法国总理，并组建了反法西斯联盟的人民阵线内阁。布鲁姆内阁在诸如带薪休假法、每周工作四十小时制、义务教育年限延长一年等方面进行了改革。其中工作时间的缩短，既是劳动者的要求，也是为了创造更多的工作岗位，减少失业。除此之外，政府还实现了法兰西银行的民主化（改革了理事会）、解散了四个右翼同盟团体、创设了小麦公社等，在七十三天之内推出一百三十三条法案，有力地推动了法国改革。

然而，这个内阁从成立之日起就不怎么稳固。1936 年 7 月 17 日，西班牙内战爆发。法国的人民阵线虽与国内的法西斯主义（右翼同盟）相抗衡，外国的法西斯主义却并不在其视野之内。在西班牙人民阵线政府的要求下，布鲁姆想对其伸出援助之手，但在遭到右翼势力的反对后，他又在 8 月 1 日决定“不干涉”，不料这又得罪了左派势力。由于失业问题并未得到改善，以大规模公共事业与强化军备为内容的法国版“罗斯福新政”基本上就是个空炮，法国的经济一点儿都没得到改善。为此，1937 年 2 月，布鲁姆在广播演说中宣告“暂停改革”，“布鲁姆实验”由此终

驯狗师

这是 20 世纪 30 年代的巴黎光景。法国原本就是个有着街头演艺传统的国家。照片中的驯狗师估计是一名伤残军人

结。他自己也在6月辞去了总理一职。之后，尽管人民阵线依旧维持着联盟，但已经有名无实。1938年4月，达拉第内阁成立，工人国际法国支部成员拒绝进入内阁。11月，激进党也脱离了政府，人民阵线终告解体。

20世纪30年代初期的法国外交，沿袭了20年代的“白里安外交”，对德采取在国际联盟框架内的绥靖政策。这一方针在希特勒上台后也没有马上做出调整。德国于1935年发表了重整军备的宣言，并在翌年派军进驻莱茵河地区。对此，法国也仅仅

共产党的宣传画（1936）
纳粹主义的兴起导致“第三国际”改变了战略，将口号改成了“针对法西斯主义的人民战线”。这幅宣传画上写着“为了家庭幸福，投票给共产党吧”，给人以稳健、平和的感觉

是发表了抗议声明而已。

应该说，法国国内的避战情绪与反共思潮在这方面的影响很大。也就是说，在面对“斯大林还是希特勒”这样的选择时，右翼自不必说，就连反共的左翼也选择了希特勒。就这样，1938年，英法两国与纳粹德国签订《慕尼黑协定》，针对德国的绥靖政策达到了顶峰。但这一系列政策的结果，却导致德国肆意横行。1939年3月，德国撕毁《慕尼黑协定》，占领捷克斯洛伐克全境，9月1日入侵波兰，第二次世界大战就此全面爆发。法国于9月1日发布动员令，9月3日对德宣战，但直到1940年5月，西部战线仍没有一点动静，一直保持着一种令人不解的战争形态。

第二次世界大战和抵抗运动

1940年5月10日，德军对比利时、荷兰和卢森堡这三个国家实施了“闪电战”，又于13日突破了法国防线。战线被突破之后，英法联军便开始了大撤退。法国政府于6月10日宣布巴黎为不设防城市，并将政府机关搬迁至波尔多。6月14日，德军在不费一兵一卒的情况下进入巴黎。此时，法国政府内部产生了严重的对立，尤以雷诺总理为首的主战派和以贝当副总理为首的停战派之间势同水火。6月16日，雷诺总理辞职，贝当在赶走主战派之后，于6月22日宣布停战。为了阻断英法之间的联络和占有法国工业区，德国将北海和英吉利海峡沿岸划为禁区，禁止人员随便出入。与此同时，德军还并吞了阿尔萨斯和洛林地区，包括巴黎在内的法国北部成为德国直接管辖的占领区，南部则为自由区，占领当局禁止人们在各地区间相互往来。7 月 10 日，逃到维希的贝当政府召开国民议会，决定全权委托贝当制定“法国”新宪法。至此，存在长达七十年之久的第三共和国彻底垮台了。

德军进入巴黎

1941 年的巴黎，香榭丽舍大街

德国占领下的巴黎

巴黎利沃利街。远处的高大建筑即为卢浮宫，右侧为杜伊勒里公园

维希政权召集一批原先被第三共和国排除在外的人，其中包括教会、保守派及工会等，并将战败原因归结为已经过时的第三共和国体制。贝当提倡“民族革命”，否定了作为共和体制传统的人权和反教权主义，又喊出了“勤劳、家庭、祖国”的口号以取代共和国时期的“自由、平等、博爱”，力图回归传统。当局又恢复了学校里的宗教教育，还设置了作为青少年教化组织的“法兰西之友”和“青年培养所”，用以辅导劳动实践。在家庭观念方面，鼓励建立大家庭，强调家庭主妇的作用和母亲的伟大，而家庭课成了每个女生的必修课。在产业方面，组织了协调劳资关系的团体（corporation），农民则必须加入农业同盟协会。各产业部门都在 1940 年 8 月成立了组织委员会（CO），原有的工会和经营者团体被解散，而由组织委员会在政府的指导下组织生产安排，决定产品价格，管理企业的运营。也就是说，当局追求的是一种借助高级技术官僚和企业经营者之力的、国家主导型的介入式经济，事实上这种模式也成了战后法国改革计划的基础。

根据停战协定，维希政府必须全力配合德国。具体内容涉及许多方面，例如，每天支付四亿法郎的占领费、输送熟练工人到德国、联合生产飞机，等等。而其中最具代表性的就是“搜捕犹太人”行动。1940 年 10 月和 1941 年 6 月，维希政府两次颁布了针对犹太人的法律，内容涉及开除犹太人的公职、禁止犹太人出入公共场所、强迫犹太人放弃企业所有权等。而在 1942 年 4 月赖伐尔重新执掌政权后，更是动用警察大张旗鼓地在占领区和自由区内开展“搜捕犹太人”的行动，被逮捕的犹太人人数超过

押送犹太人

被送往卢瓦雷省集中营的犹太人。1941 年 5 月，巴黎，奥斯特里茨车站

巴黎的犹太人（1942）

犹太人被迫戴上了特殊标志（黄色的“大卫之星”）

了两万名。这些可怜的犹太人首先被送到位于巴黎东北部的德朗西集中营，然后再从那里被火车送往奥斯维辛集中营。

就在维希政府大力为德国卖命的同时，“抵抗运动”也慢慢形成了规模。一开始，这种针对德军的抵抗运动还是较为分散的。例如，在法国国内，有工人国际法国支部的“北部解放”、基督教民主派的“斗争”、工会领导的“解放”、由逃避兵役的年轻人所组成的“马基”，而势力最大的则是法国共产党组织。这些抵抗组织对德军官兵展开了英勇反抗，作为报复，德军则残酷杀害他们关押的“人质”。在海外，戴高乐领导的“自由法国”逐渐取得了领导权。1940 年 6 月 18 日，因战败而亡命英国的戴高乐通过 BBC 广播电台，号召法国人民坚持抗战，并呼吁各方向

遭德军逮捕的抵抗运动成员（1943）

介绍去德国工作的办事处

1943 年的巴黎一景

他集结兵力。同年 8 月，他将乍得等非洲地区纳入其统治范围，“自由法国”也就渐渐发展成一个国家机构了。

这位因 1940 年 5 月的初战之功而刚刚成为将军的戴高乐在当时还是个默默无闻的军人，就连盟国方面也不肯轻易承认他能够代表法国。于是戴高乐便极力提高自己在国内抵抗运动中的影响力。1942 年 1 月，他在“自由法国”内部设立了情报行动中央局（BCRA），用以收集情报，并给国内的抵抗组织提供物资支持。与此同时，戴高乐还将自己的心腹让·穆兰派到了国内的自由区。让·穆兰果然不辱使命，将法国南部具有实力的一些抵抗组织统一了起来，形成了“统一抵抗运动（MUR）”，后来又集结起德军占领地区的抵抗势力，成功建立“全国抵抗运动委员会（CNR）”。1943 年 5 月，戴高乐作为该组织的领袖，在巴黎召开了第一次全体大会。

1943 年 6 月 3 日，“法兰西民族解放委员会（CFLN）”成立。10 月至 11 月间，该委员会进行改组，增加了一些其他政党和抵抗组织的代表，将国内外的抵抗组织统一起来。戴高乐作为该委员会的委员长，成了名副其实的法兰西代表。1944 年 6 月 2 日，“法兰西民族解放委员会”改名为“共和国临时政府”。6 月 6 日，盟军在诺曼底登陆；8 月 19 日，巴黎爆发起义；8 月 24 日，戴高乐派勒克莱尔将军指挥军队进入巴黎；8 月 25 日，戴高乐

巴黎解放

1944 年 8 月

巴黎的解放

1944 年 8 月 26 日，美英苏三国国旗在巴黎香榭丽舍大街高高飘扬

回到巴黎，法国获得解放。从此，以戴高乐为首的临时政府便开始致力于恢复秩序和国家重建的工作。

战后的法国

在战后的复兴过程中，掌握了政权的抵抗势力首先推动了煤炭、电力、煤气、法兰西银行等重要部门的国有化，在经济运行方面延续维希政权的“组织委员会”制度，大力发挥国家的主导作用。1947 年 1 月，法国开始了“第一个经济计划”（莫内计划），目标在四年里将生产水平提高到 1929 年的 150% 以上，给煤炭、钢铁等基础工业优先分配资金。莫内计划作为美国主导的“欧洲经济复兴援助计划”（马歇尔计划）的对口方，开启了法国经济年平均增长率百分之五点几的“繁荣的三十年”。

在 1945 年 10 月的选举中，共产党成为第一大党，以天主教民主派为主体的“人民共和运动（MRP）”为第二大党，工人国际法国支部为第三大党，戴高乐联合这三大政党，建立起了一个联合内阁。戴高乐认为，正是大战前法国政府内阁的软弱无力造成法国政坛一片混乱，从而导致了战败。因此，他要修改宪法，强化行政权。但这一主张遭到“三党联盟”的反对，于是他便于翌年 1 月突然辞职。之后，法国政权在“三党体制”下维持着。1946 年 10 月，新宪法被采用，第四共和国开启了，但除了增加妇女选举权之外，与第三共和国并无多大差别。

然而，“三党体制”的政权本身并不稳定。曾在抵抗运动中发挥领导作用，并因此获得大众拥戴的法国共产党，战后抛弃了武装革命的路线，充分利用劳工总联盟等组织基础，快速扩大自身规模。由于当时东西方冷战已经爆发，人民共和运动与工人国际法国支部担心法国也会像东欧那样发生政变，便开始了对共产党的压制。于是，共产党于 1947 年 5 月被清除出了法国政府。而早已脱离法国政坛的戴高乐，于 1947 年 4 月建立了“法兰西人民联盟（RPF）”，提出了推翻议会制度、修改宪法和不依赖美国的主张。法兰西人民联盟吸收了保守派中一些不满现状的成员，在同年 10 月举行的地方选举中大获全胜。也就是说，法国政府在面对左右两方面的猛烈抨击的同时，再加上议会内部对立情绪的逐步加剧，变得越来越软弱无力，风雨飘摇起来。

这一时期，围绕着战后体制的构建，国际上爆发了各种各样的问题，而这些国际问题也使得法国政府步履维艰。在关于建立战后体制的问题上，法国希望与美国保持距离，从而达到统辖欧洲的目的，为此于 1950 年提出了“舒曼计划”。1951 年，该计划又以“欧洲煤钢共同体”的形式得到了六个国家的同意。1957 年，六国结成了“欧洲经济共同体（EEC）”。欧洲在经济层面的一体化，可谓稳步前进。但是，在安全保障方面，以及针对德国重整军备的问题上，法国国内的舆论却分成了壁垒森严的两大阵营。

在殖民地问题上，法国一开始是采取强硬姿态的。对于法国来说，所谓殖民地，就是让当地文明开化，所以殖民地的独立运动就是对法国主导的文明开化的否定，因此必须加以制止。在第四共和国时代刚开始的时候，包括左翼在内，没人对这种帝国主义的逻辑表示怀疑。然而，这在殖民地当地却遭到强烈抵抗。自从日本战败之后，“越南独立同盟”就在河内爆发起义，并以胡志明为主席，发表了独立宣言。法国承认其自治权，却在国内舆论的煽动下，于第二年派兵进攻越南，印度支那战争就此爆发。然而，尽管法国向越南派遣了大量军队，最后还是在 1954 年 5 月的“奠边府战役”中一败涂地，而越南则于 1955 年宣布独立。

越南独立直接影响到了法国在非洲的殖民地。1954 年 11 月，阿尔及利亚爆发“民族解放阵线（FLN）”起义，开始了独立战争。在当时的阿尔及利亚，一百万白人殖民者统治着九百万当地土著，白人殖民者强烈反对独立运动。为此，法国政府一而再，再而三地改变政策，但每一种政策都显得那样软弱无力。1958 年 5 月 13 日，白人殖民者在阿尔及尔举行暴动，要求建立“法属阿尔及利亚”，并与原本镇压民族解放阵线的阿尔及利亚法军结盟，造成事实上的政变。5 月 24 日，叛军进入科西嘉岛，摆出了一副要进攻法国本土的架势。一时间，巴黎出现了叛军将派遣空降兵前来夺权的谣言，国内一片哗然。由于叛军要求戴高乐接掌政权，于是后者便答应出任法国总理。

1958 年 6 月，戴高乐组建了“举国一致内阁”，他的新宪法提案经过全民公投被采用，第五共和国也由此开始。第五共和国的体制特征就是强大的行政执行权。由国民直选的总统拥有任免总理和解散议会的权力，还能发起国民公投。第五共和国的成立，等于否定了之前“共和体制即议会中心主义”的原则。

1959 年，戴高乐出任第五共和国总统。在他执政期间，人们本以为他会维持阿尔及利亚殖民地的原状，不料他后来却渐渐倾向于阿尔及利亚独立。1961 年，经过全民公投认可这一方针后，法方于 1962 年 3 月签订《埃维昂协议》，正式承认阿尔及利亚独立。在全世界殖民地要求独立风起云涌的大背景下，戴高乐也在其任期内放弃了法国几乎所有的海外殖民地。

作为一个出了名的民族主义者，戴高乐政策的出发点就是要恢复法国的国际威望。这必然要通过外交、军事、经济等多方面来加以实现，而其中共同之处，也是最基本的理念，就是确保法国的独立自主性。在外交方面，他在 1960 年将苏联的赫鲁晓夫请到巴黎，他自己也于 1966 年前往莫斯科，而在走近苏联的同时，他又在 1964 年承认了中华人民共和国，给世人树立起一个不偏向东西方任何一边的法国形象。与此同时，改善与非洲各新兴国家间的关系，支持第三世界民族解放的外交政策也提高了法国的国际威望。为了在冷战背景下拥有可与美苏相匹敌的国际影响力，自然需要强大的军事实力做后盾。为此，法国积极推动核武器的研发，1960 年，原子弹爆炸试验成功。1963 年，因反对美苏两国独霸核武器而拒绝在《停止核试验条约》上签字。1966 年，氢弹试验成功，并且在同一年里，宣布法国退出北大西洋公约组织，反对美国在欧洲的军事主导权。

就经济政策而言，戴高乐执政时期也是法国重要的转折期。1958 年 12 月，戴高乐发表了包含致力于能源开发、扩大公共投资、稳定法郎币值等内容的新经济政策，而其中的工业现代化又成了当务之急。1962年开始实施“第四个经济发展计划”，推行了集中、合并的产业政策，对大企业进行集中投资，并对各部门实施机构改造。1960年首次确定了《农业基本法》，力图扩大经营规模，提高生产效率。在此次经济改革中，中小地主和私营主等传统意义上的中产阶级和中小企业被淘汰了，致使他们不断对新政府表示抗议。

在对外贸易方面，法国丧失了殖民地，不得不提高对欧洲市场的依存度。而对于欧洲经济一体化的大势所趋，戴高乐仅

OAS 的宣传画

OAS是存在于阿尔及利亚战争时期（1954—1962）的极右民族主义的地下武装组织。1961年的这张招贴画，呼吁市民们武装反抗

1958年6月1日被国民议会选为总理的戴高乐，于6月4日在阿尔及尔发表演说，说出了“我理解你们的心情”的话语。照片所反映的就是为了听他的演说而聚集起来的民众

戴高乐（1890—1970）
强调法国独立性的戴高乐主义，在戴高乐下台后依然影响着法国的政策。照片为1961年4月，正在针对阿尔及利亚的叛乱发表演说的戴高乐

仅选择性地接受对本国有利的部分。1967 年，“欧洲经济共同体”升级为“欧洲共同体（EC）”，法国在其中发挥着至关重要的作用。但是，对于欧洲一体化进程导致侵犯国家主权的事态，戴高乐予以坚决反对。

在议会政治的重要性大幅下降的前提下，真正实施、推动戴高乐之现代化政策的，是国家行政学院（ENA）和理工科学校出身的高级官僚们。在法国，存在着一种有别于普通大学的专门培养少数精英的学校，被称为“大学校”（特有的培养高等专业人才的教育机构），培育了一大批职业官僚和专业技术人员。

创设于 1945 年的国家行政学院是培养文职官僚的，自第五共和国时期起，其毕业生大都身居各个政府部门的要职。不仅如此，他们还会在脱离政府工作岗位后，到跟政府部门息息相关的企业中任职，利用同学之间的关系网，指导企业经营。其中也有像乔治·蓬皮杜这样的，在大学校之一的高等师范学校毕业后，先做几年中学教师，然后出任戴高乐的办公厅主任，最终则在 1962 年一跃成为法国总理。一些跟戴高乐关系密切的官僚，即便没有当议员的经历，也有可能被提拔为内阁成员或官僚。由此可见，法国尽管号称自由与平等，却也是个由精英统治着的国家。

戴高乐的改革是一种通过培养各行各业中极具竞争力的企业，来增加国家财富的发展模式，被人称为“国家冠军”计划。由于在此模式下，工人的工资受到抑制，就业面也并未扩大，人民的生活水平因而难以提高。与此同时，人们在高学历官僚的统治下，感到越来越压抑，以至于在 1968 年 5 月，爆发了“五月革命”。这起因沉闷已久而导致的情绪爆发事件，最初的形式仅仅是巴黎的学生暴动。但是很快，工人阶级也开始参与其中，大规模的罢工此起彼伏，最后导致声势浩大的总罢工。人们通过这种过激的行为方式，向政府提出了“参政”和“自主管理”的要求。虽说戴高乐通过解散议会的方式度过了这一危机，但他在第二年的国民公投中一败涂地，不得不在 1969 年 4 月辞职下台。

戴高乐黯然离去之后，由原来担任法国总理的蓬皮杜出任总统。尽管就领袖魅力而言，蓬皮杜无法与戴高乐相提并论，但他更注重党内团结，推行切实可行的政策。1973 年，他成功使英国加入欧洲共同体联盟，而在此之前，该组织一直坚决反对英国加入，并将其视为美国的“特洛伊木马”。同时，他也尽力缓和与美国的关系。1974 年 4 月，蓬皮杜病逝于任期，之后，由原本在其内阁任财政部长的吉斯卡尔·德斯坦出任法国总统。他在任期内，放缓了国家治理的脚步，推动了自由化进程，还扩大了诸如堕胎合法化之类的女性权益。在这个“没有戴高乐的戴高乐主义”时代，总统的影响力日益式微，政党的形态也得以重组了。1971 年，密特朗夺取了法国社会党（前身为工人国际法国支部，1969 年更名）的领导权之后，就与共产党缔结了“政府共同纲领”，建立起“社共联盟”。而与之相对立的是吉斯卡尔·德斯坦的“法兰西民主联盟（UFD）”和“戴高乐派”所形成的右翼。一些走中间道路的小党纷纷被这两大阵营所吸收，原本小党林立的法国政坛开始向两大政党制转变。

在这两大政党之中，又以社会党的蓬勃发展最为显著。在

1981 年的总统大选中，密特朗提出了与吉斯卡尔·德斯坦的自由主义针锋相对的政治纲领，主张积极的财政政策并声称要重新分配社会所得，故而大获全胜。第五共和国的首位社会党总统就此诞生。当时西方的先进国家，都像美国的里根总统和英国首相撒切尔夫人那样，放弃了主张国家干预经济的凯恩斯主义，转为基于自由竞争的“小政府”。然而，法国人民却反其道而行之，选择了密特朗的“大政府”。

激荡的世纪末

密特朗政府在刚开始执政时信守承诺，不仅推进了国有化的进程，还提高了社会保障方面的支出，希望通过提高工人工资和扩大财政支出来营造一个欣欣向荣的大好局面。但是，这直接导致了政府财政赤字扩大，同时还造成了对外贸易收支恶化。国内的通货膨胀及企业经营状况的恶化，最终导致了失业人数的增加。对此政府内出现两种意见：一种意见认为应该采取更为积极的财政政策；而另一种意见认为，应该通过法郎贬值来避免经济危机。但由于法国加入了启动于 1979 年的“欧洲货币体系”（简称“EMS”，将汇率波动范围控制在平价的 2.25% 之内），如果法郎进一步贬值的话，法国就不得不脱离欧洲货币体系。通过激烈讨论，密特朗最终选择留在体系内，转变为大规模的财政紧缩政策。也就是说，“大政府”的试验以失败告终。

如此这般，法国的财政部长德洛尔便在 1982 年 6 月收紧了财政金融政策，并冻结物价和工人工资。在产业政策方面，放弃了通过政府介入来培育“国家冠军”的做法，而是通过削减扶助金并出售国有企业股权等方式来导入市场机制。至于像钢铁、煤炭等结构性不景气的企业，政府则采取了关停并转、人员整合等合理化措施。但这一举措遭到共产党的反对，导致共产党脱离了法国政府。

在 1986 年 3 月的大选中，总统所在的执政党并未在众议院获得半数以上席位，这种情况在二战之后还是首次出现。于是，密特朗总统任命戴高乐派的希拉克出任总理，形成了一个“保（守）革（新）共存政府”。这是一个崭新的尝试。由总理主持内政，总统主管国防和外交，并未出现多大的混乱就实现了职能分工。这种总统、总理分工合作的运作模式，后来作为一种宪法惯例固定下来，并在总统任期之内，完成根据选举结果的政权交接。希拉克内阁在 1986 年 8 月设法通过了《企业民营化法》，推动了金融、通信、石油、综合性机电等行业的民营化。但为了防止外国资本的控制，这些企业往往都由国有银行、保险公司，或者具有政府背景的特殊金融机构控股。与此同时，政府还通过利率自由化等手段放松对金融行业的管制，针对个人和企业实施大幅度减税，并放松对于解雇的限制，扩大不定时工作制的适用范围等措施，加大了劳动力市场的弹性。然而，这些激进的改革政策遭到了国民反对。在 1988 年的总统大选中，密特朗对选民们承诺既不再搞国有化也不推动民营化，通过塑造自己的“国父”形象赢得了大选，取得连任。

之后，政府加强执政时的中性色彩。其实这也意味着在社会主义阵营从动摇到崩溃这样的世界潮流中，左右派针锋相对的火药味已经开始在选举中消退了。就经济政策而言，无论是偏左还是偏右的政党，都无法与民营化和放松国家管制这样的自由主义大潮相对抗。

这一现象也充分显示，以前那种支撑着国家“三十年繁荣”的凯恩斯主义已经走到了尽头。在此之前，法国在通过保证就业和充实社会保障来造就福利国家的同时，也追求那种被称作“国家主导主义”的经济运营模式，扩充公共部门，从而造就了一轮战后的繁荣。20 世纪 60 年代起，欧洲共同市场开始逐步形成，为法国那些荣获“世界冠军”的企业提供了市场，国家因此也获得了巨大的利益。但是，由于美国的尼克松总统于 1971 年终止了美元与黄金的兑换（尼克松冲击），布雷顿森林体系应声崩塌，并导致国际金融朝浮动汇率市场方向发展，形成了“人、物、钱”全都跨越国境的经济一体化。在这样的国际形势下，法国倘若仍要推行原有的经济政策，就不免捉襟见肘，举步维艰了。

事实上，法国经济政策的转变与欧洲一体化也是密切相关的。密特朗为了重建因凯恩斯主义而面临危机的法国经济，推行了与相邻各国相协调的一体化政策，试图以扩大市场规模和全球化的手段来打开局面。这意味着创建一个新型的“为法国准备的欧洲”。而在掌握欧洲政治主导权的同时，法国也在进行着试图让国内的工业结构完成与区域内经济自由相一致的现代化改造。

由于要推动欧洲一体化，德国的经济实力是不可或缺的，因此，密特朗上台后，为改善与德国的关系做出了很大努力。1984年9月22日，在曾是第一次世界大战激战地的凡尔登举行追悼仪式时，密特朗邀请了德国总理科尔。密特朗作为法国元首，还首次造访了位于孔桑瓦埃的德国牺牲者墓地。两国首脑在之后的纪念仪式上亲切握手，象征着法德和解。在此之后，双方于1986年签订《单一欧洲法》，1992年签订《马斯特里赫特条约》，密特朗协同科尔一步步地推动着欧洲一体化的进程。但是，正如就《马斯特里赫特条约》进行的法国国民公投，赞成票的数量仅占总数的51%，所谓的“欧洲一体化”是在精英阶层的主导下推进的，在一些农业地区或其他阶层中，仍对“一体化”抱有怀疑甚至负面的态度。

1992年，社会党在地方选举中惨败。1993年，巴拉迪尔内阁成立，导致了第二次“保革共存政府”诞生。巴拉迪尔追求一种适当限制市场和企业活动的“有秩序的自由主义”，但结果仅仅是把问题推向未来。

在1995年的总统选举中，“败不过三”的希拉克得偿所愿，当选为法国总统。

在此次大选中，社会党的若斯潘尽管也施展了浑身解数，但最终惜败。此次选举的另一个特色是，民众对于政治要求的多样化。初选的票数相当分散，以极右的国民阵线（FN，15%）为首，共产党（8.6%）、极左的托洛茨基主义者的“劳动者斗争”（LO，5.3%）、绿党（3.3%）等党派也都获得了一定的票数。其中，勒庞所领导的“国民阵线”尽管未能坚持到终选投票阶段，但通过此次选举极大地显示了自己的存在感。

“国民阵线”是让·马利·勒庞于1972年纠集的一批极右主义分子组成的党派，在之后的十年间，仅仅作为“泡沫政党”而存在。而改变这一状况的，是1984年的欧洲议会选举。在这次选举中，“国民阵线”的得票数占11%，俨然成了一股不可忽视的政治势力。“国民阵线”以“法国人的法国”作为政治口号，在其政党活动的初期，将法国社会的衰退和高失业率的原因归结到移民和外国人身上，而这些抨击言论为他们争取到了不少选票。

希拉克的基本政策是自由竞争，但他要解决的当务之急却是严峻的就业问题。他试图动用国家财政来促进就业，然而在他上台之后，财政状况便捉襟见肘，使他又不得不转换到紧缩的财政路线。造成这一切的根源则在于政府必须在1997年年底之前，将财政赤字压缩到国内生产总值（GDP）的3%之内（1994年为5.6%），因为这是实现欧洲货币一体化的基本条件。为此，政府采取了增加税收、削减公务员和社会保障的开支等措施，而这些举措理所当然地遭到国民反对，甚至还发生了大罢工这样的过激性反抗。希拉克提前举行国会选举，然而适得其反，反倒让社会党成了第一大党，促成了以若斯潘为总理的第三次保革共存政府。若斯潘放宽了移民限制；修改了《国籍法》；在不缩减工资的前提下推出了《每周工作三十五小时法》(缩短工作时间法)；采取了促进年轻人就业的政策，以期改善就业状况。在若斯潘内阁施政期内，法国经济开始恢复，失业人数也开始下降。

然而，在引入欧元这一单一货币之前，法国的国内政策还是受到了欧洲一体化实实在在的影响。推行独立的就业政策势必增加国家支出，扩大财政赤字，但赤字额度又必须控制在一体化所要求的范围之内。1998 年 6 月，欧洲中央银行开始运作，各国的汇率、金融政策失去了自主性，而这无疑也成了限制法国国内政策的桎梏。因此，为了强化产业，使国内经济能够承受欧洲一体化所带来的影响，若斯潘内阁通过民营化对产业结构进行了改造。

法国的当政者自然是把欧洲一体化当作一根杠杆来撬动国内的结构性改革，其实就国际关系而言，法国推动欧洲一体化也有着充分的理由。其中之一，就是前面已经提及的，确保法国对欧洲的主导权问题。而另一个方面，则是针对德国的。1989 年，柏林墙倒塌。1991 年，实现统一的德国正式开始运作。对于德国在经济、军事等方面的日益强大，法国其实十分担心。因此，法国希望通过欧洲一体化的深化发展，将德国纳入其中。这样，不仅可借此防止“强大的德国”肆意横行，还能利用德国的经济实力来加强欧洲的统一。但是，欧洲一体化的进程表明，法国的如意算盘并未得逞。

冷战结束后，如何对待原先处于社会主义阵营的东欧各国成了一个大问题。以 1996 年爆发的科索沃战争为例，北约组织于 1999 年军事介入该地区，而由于中东欧地区被纳入欧盟体制，后者也不得不采取能使该地区安定的方针。与此同时，欧盟实行向东方扩展的路线，也导致了加盟国不断增多（截止于 2018 年年底，为二十八个国家）。法国原本是将欧盟设想成一种由少数几个国家组成，具有先进性的制度模式，但随着加盟国不断增多，众口难调，很难形成共同意见。不仅如此，由于历史上的原因，德国对于东欧地区的影响一直比较大，中东欧加盟国的增多，还会导致德国发言权的提升。因此，不再是什么“为法国准备的欧洲”了，而是恰恰相反，法国淹没在欧洲之中了。

21 世纪的法国

法国 2002 年的总统大选可谓一波三折，波诡云谲。坊间预测，有望进入第二轮投票的是希拉克和若斯潘，紧随其后的则是获票率达到 16.86% 的“国民阵线”的勒庞（最终投票时，希拉克获胜）。在 2004 年 3 月的地区议会选举（第一次）中，“国民阵线”也获得了不少保守选票，获票率达到 14.7%。这表明，“国民阵线”的支持者不仅仅是排斥移民和人种歧视的群体，在更广泛的社会阶层内，它也获得了一定程度的拥戴。在法国，自由化的发展加剧了社会阶层的两极分化，以失业和雇佣问题为焦点，社会意义上的“强者”与“弱者”之间的对立十分尖锐。“国民阵线”的势力正是采用拉拢“弱者”的方式发展起来的。以贫穷落后地区的男性为主，对当今社会心怀不满的社会阶层曾经是法国社会党和共产党的拥护者，如今则聚集到了“国民阵线”的麾下。有一些分析家将此现象称作“左翼勒庞现象”。

在选举中大获全胜的希拉克任命让－皮埃尔·拉法兰为法国总理，将治安、移民、医疗保险、养老金改革及提高就业率作为其施政的当务之急。然而事与愿违，无论是养老金改革，还是权力下放、大学改革等都遇到了较大阻力，未能顺利落实，而失业人数也在不断上升。就在如此状况下，2005年5月，法国为通过《欧盟宪法条约》而举行了全民公投，结果遭到否决。

就欧洲一体化而言，法国精英阶层争论的焦点在于：一、欧洲一体化之后，法国能在多大程度上维护国家主权。从这里我们能发现一些反对欧洲一体化的意见。二、尽管赞成欧洲一体化，但认为问题在于一体化之后的运营方式。他们对英美主导的自由主义倾向心存戒意，希望形成一个以充分就业和社会性市场经济为原则的"社会性欧洲"。

然而，如果我们从更为广泛的社会阶层来加以考察，就会发现反对《欧盟宪法条约》的根源，是对当今法国社会现状的不满。1999年8月，阿瓦隆省的米约市发生民众攻击建造中的麦当劳餐厅事件，人们担心全球化和欧盟扩大化会影响到就业，让自己蒙受损失，降低生活质量。反对派甚至发出警告：随着欧盟进一步朝东方扩展，将会出现"波兰工人大举涌入法国"的危机。

由于国民公投失败，德维尔潘取代拉法兰当上了法国总理。在不久之后的2005年10月，巴黎郊外发生了警察追赶移民致其触电身亡的事件。以此为导火索，引发了当地一连串暴动，政府甚至对巴黎郊外发出宵禁令。其实，该事件背后隐藏着的是严重的移民与贫困问题。居住在大城市周边的移民人群失业率很高，

爱尔兰
英国
丹麦
瑞典
芬兰
爱沙尼亚
拉脱维亚
立陶宛
荷兰
德国
波兰
比利时
卢森堡
捷克
斯洛伐尼亚
法国
奥地利
匈牙利
期洛文尼亚
罗马尼亚
克罗地亚
保加利亚
葡萄牙
西班牙
意大利
希腊
马耳他
塞浦路斯
《马斯特里赫特条约》生效时（1993 年）的加盟国
比利时 ● 德国 ● 法国 ● 意大利 ● 卢森堡 ● 荷兰 ● 丹麦
爱尔兰 ● 英国 ● 希腊 ● 葡萄牙 ● 西班牙
1995 年加盟 奥地利 ● 芬兰 ● 瑞典
2004 年加盟
塞浦路斯 ● 捷克 ● 爱沙尼亚 ● 匈牙利 ● 拉脱维亚 ● 立陶宛 ● 马耳他 ● 波兰
斯洛伐尼亚 ● 斯洛文尼亚
2007 年加盟 保加利亚 ● 罗马尼亚
2013 年加盟 克罗地亚
未采用欧元的国家
丹麦 ● 瑞典 ● 英国 ● 保加利亚 ● 捷克 ● 匈牙利 ● 波兰 ● 罗马尼亚 ● 克罗地亚

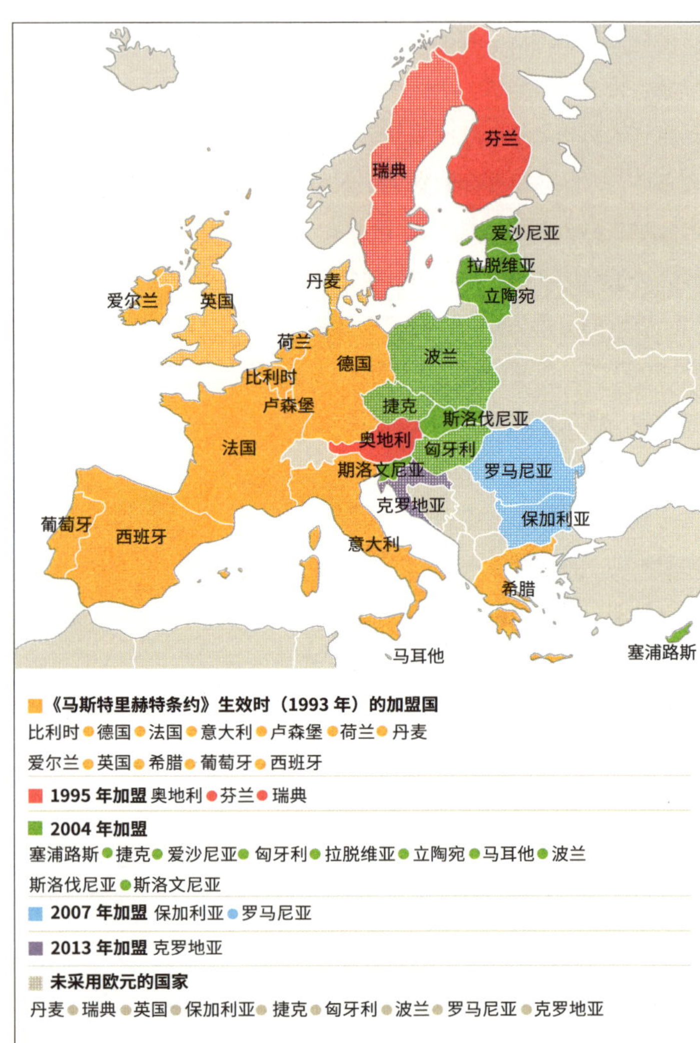

欧盟加盟国不断扩大

即便找到工作，也只是从事一些简单的劳动，工资水平很低。因此，亟待政府解决的先是贫困问题，再是移民的社会融入问题。

然而，就法国的共和主义而言，移民的社会融合绝非易事。正如《国籍法》所表明，“人不是作为法国人而出生的，而是成为法国人的”，支持这一理念的原则就是“共和主义”和“共和国的价值”。为了成为法国人，为了坚守这一“单一不可分”之共和国赖以成立的原则，信奉共和主义的法国人对于与该原则格格不入的文化是毫不宽容的。其后果就是，在共和主义原则的指导下，出现了明显的排斥文化多元化的倾向。所谓社会融合，其实就意味着某种程度上朝“法国文化”的趋同化。然而以非欧洲地区第二代移民为主，又产生了“身份认同”方面的问题。与以前来自欧洲的移民不同，这些新移民感受到了共和主义同化的压力，以及对他们自身文化的压制。因此，是共和主义将他们推向了社会的边缘。也就是说，以移民为主的未能融入社会的贫困阶层，在他们自身产生社会疏离感的同时，也成了各种社会问题的背景。

德维尔潘上台后，将扩大就业面当作首要问题来解决，并在2006年1月公布将创设“初期雇佣合同”。该规定将允许员工人数在二十人以上的企业，雇用未满二十六岁的年轻人时，在头两年内可以不说明任何理由将其解雇，目的在于增加劳动市场的弹性，增大年轻人的就业机会。但是，这一主张遭到年轻人的强烈反对，结果政府只能灰溜溜地撤回提案。也就是说，法国不能像其他国家那样采用灵活的就业方式，就这点而言，在全球化的浪潮中已经落后了。就在政府遭受顶风逆浪之际，2007 年的总统大选开始了。

最后投票时的争夺战是在人民运动联盟（保守）的萨科齐与首位女性总统候选人罗亚尔之间展开的，结果，主张限制移民并高举新自由主义大旗的萨科齐大获全胜，成功获得极右选民的支持。萨科齐在选举中高唱“干得更多，赚得更多”，他希望造就一个基于自由竞争原则的社会，并以此来搞活经济。因此，他在提出社会保障政策的同时，又在 2007 年 7 月确定了“一揽子减税计划”，并试图通过针对富裕阶层的优惠措施及提高加班工资（提高部分不仅减税，还免除社保费）、减少遗产税和购房税来提振经济。但是，这一切与财政赤字及政府债务状况恶化相比，简直就是杯水车薪，根本不能复兴经济，国民购买力也没有得到提升。因此，到了第二年的 4 月，政府就赶紧采取紧缩财政支出的政策了。

2008 年秋天，以美国雷曼兄弟公司破产为导火索，爆发了全球性的金融危机，萨科齐不得不将他的经济政策从“新自由主义”调整为“经济民族主义”。对于直接面对经济危机的大型企业，政府采取财政投融资政策，在同年 11 月，利用有政府背景的金融机构“战略投资基金”，向这些大企业提供了二百亿欧元的支援。翌年，就业状况进一步恶化，反政府游行此起彼伏。面对如此局势，为了恢复经济景气，萨科齐在 2 月制定了一千项公共投资项目，并要求财政部提供财源。

金融危机对税务制度原本就较为薄弱的南欧各国造成了沉重

打击，以希腊为首的这些国家债务违约，逐渐发展为欧元危机。在此危急时刻，萨科齐与德国总理默克尔反复磋商，试图通过法德间的紧密合作来应对危机。这一过程大大改善了两国关系。与此同时，萨科齐还以德国的“竞争性反通胀政策”为榜样，优先采用了紧缩性的财政政策。法国精英阶层是充分理解欧洲一体化必要性的，但面对以此为目标的国内改革时，却又予以强烈反对。自 20 世纪 80 年代以来，在法国改革不彻底的现象反复出现。因此，萨科齐的财政紧缩政策并未完成什么重大转变。而由来自大学校的精英官僚和政治家来支配企业的“国家主导主义”传统并未放弃，欧盟和法国依旧保持着一种极为复杂而微妙的关系。

金融危机之后，尽管萨科齐的支持率开始下降，但他还是开始了改革。2010 年，议会通过了养老金改革法案，决定延长养老金的支付年龄（作为其结果，筹款期限也自然延长了）。不仅如此，早在 2009 年，法国就引入了相当于日本最低生活保障制度的“就业团结收入”，但事实上并没有充分发挥其作用。

在移民政策方面，法国于 2007 年设置了移民局，采取移民家属入境时需通过法语能力测试等措施，提高进入法国的门槛。还扩大针对非法雇用移民的制裁，对假结婚加重处罚，强化了管理制度。

2010 年，中东各国开展了名为“阿拉伯之春”的民主化运动，但该运动也造成了大量的移民（难民）。突尼斯和利比亚的移民一般都进入意大利，但根据欧洲各国签署的《申根公约》，他们在进入意大利之后，能够自由进入法国。萨科齐对此极为反感，于 2011 年 4 月关闭了与意大利之间的铁路交通网，并提出要重新修订该协定。尽管法国最后还是妥协性地认可了意大利为移民签发的居留许可证，但在这些方面，法国与欧盟在政策上依然存在着一定的冲突，譬如在因“伊斯兰国（IS）”造成的难民问题上，以及与匈牙利和德国等欧盟成员国发生的争端。

在 2012 年的总统大选中，萨科齐未能再次当选，社会党的奥朗德大获全胜。这次选举争论的焦点已经不像过去那样，在于意识形态或“大政府”“小政府”之争，而仅仅在于萨科齐的财政紧缩优先与奥朗德的就业优先之争。因此，在首次投票中，他们两人的得票率都为百分之二十几，仅相差那么一点点，反倒是“国民阵线”的跃升（17.9%）给人留下了深刻印象。“国民阵线”在 2011 年完成了党魁的更迭换代：让·马利·勒庞将手中的接力棒移交给了自己的女儿玛丽娜·勒庞。在 2011 年 3 月的省议会选举中，“国民阵线”充分显示了自己的实力。玛丽娜·勒庞试图改变“排斥移民”这样的单一政党形象，放弃了简单的排外主义和其父所标榜的“小政府”主张，高举反对新自由主义和全球化的大旗，提出了建设具有法国特色福利国家的政治主张，并呼吁法国退出欧元区，重新夺回法国的财政自主权。这一政策调整吸引了那些自认被保守党和社会党抛弃了的社会弱势群体和对欧洲一体化心怀疑虑的阶层。尽管围绕“国民阵线”的政策是否可行还存在着颇多疑问，但在封闭的社会状态中，这种民粹主义能够吸引一部分国民也是个不争的事实。

奥朗德当政之后，一改萨科齐执政时的财政紧缩政策，采取了增加公务员、扩大就业面及支持中小企业的战略。与此同时，通过对富裕阶层的增税来维持财政均衡，筹措社会保障费用。但是，要履行这些承诺绝非易事。譬如说，奥朗德一上台就提出，要将年收入超过一百万欧元的富人的财富税提高到 75%，但由于在 2012 年 12 月被宪法委员会判为违宪，于是只得将征税对象由个人改为企业，并设定了两年的有效期（到 2015 年 1 月为止）。

就在这改革举步维艰，经济复苏光明未现之际，法国的工商界就已经将高昂的工资成本和强势的劳动规定当作一个令人头痛的问题，他们希望降低人员开支，以及实现劳务市场的灵活多样化。对此，劳动者一方也提出了改善雇佣关系和劳动条件的要求。2013 年 1 月，两方面达成一致，在同年 6 月政府实施了《雇佣稳定化法案》。该法案在缓和解雇限制的同时，也强化了工人代表团体的权限。由于从 20 世纪末开始，就业就一直是一个摆在政府面前最重要的课题，因此，要想实现仅对劳资双方中某一方有利的改革，是极为困难的。

如此这般，由于在经济增长和扩大就业方面未能达成目标，财政赤字进一步加剧，政府也不得不改弦更张，转变策略。奥朗德在 2014 年 1 月的记者招待会上公布了优先激发企业活力的方针，表明其政策开始朝着减轻企业的社保负担及扩大法人抵扣税的方向转变，而作为回报，企业必须签订增加雇用人数的目标责任书（到了 3 月，意见基本获得一致，但雇用人数目标被推迟了）。奥朗德政府作为一个以保护“弱者”为宗旨的社会党政权，在确保就业和社会保障方面自然义不容辞，但企业生产规模的萎缩毕竟是法国经济的首要问题。因此，奥朗德必须将其经济政策转到优先应对供给侧改革上。

为应对全球化及欧盟内部的经济一体化，就必须提高法国企业的国际竞争力。与此同时，为了防止企业将工厂转移到国外，必须减轻企业负担和提高就业灵活性，这已经成为左右派的共识了。2014年8月开始运作的第二次瓦尔斯内阁任命埃马纽埃尔·马克龙为经济财政部长，借助他的投行经历开始经济改革。马克龙不负众望，于2014年12月向议会提出了《关于经济机会均等、经济活动与增长的法案》（《马克龙法案》）。由于该法案在审议阶段遭到反对，于是瓦尔斯总理宣布利用“无表决程序”，未经国民议会表决就通过了该法案。以“打破法国经济之闭塞”为目的的该法案涉及许多领域，其中有已经广为人知的扩大星期天营业，还有扩大深夜营业、放宽对长途巴士线路开设及获取驾照的管制、放松对公证人等司法领域内专业岗位的限制（自由开设新事务所等）、放宽雇佣限制等内容。

就在国内经济政策难以落实的困难时期，2015年，在巴黎发生了两次大规模恐怖袭击事件。首先是1月，讽刺画报《查理周刊》的本部遭受恐怖袭击；同一天内，又发生了超市人质劫持事件。这两起事件一共造成十七人死亡。之后又发生了一些零星的恐怖活动，11月13日夜里，巴黎市内与圣丹尼大教堂发生了多起枪击事件，死亡人数至少为一百三十名，“伊斯兰国”声称对此负责，法国则宣布进入紧急状态。

多次恐怖袭击引发了“为什么恐怖分子要与法国为敌”的讨

论，但其真正的原因却并不那么简单。以《赛克斯–皮科协定》为象征的殖民主义问题、共和主义与伊斯兰原教旨主义之间的对立、以政教分离为由针对伊斯兰教的压制、法国对叙利亚的空袭等，这些因素与恐怖袭击都有着千丝万缕的关联，但仅仅这些依旧没法解释清楚。

如果我们的目光能够穿透这些表象，就会发现在其底层还存在着社会融合和贫困问题。有人指责说，移民社会是恐怖分子的温床，其实移民们在政教分离的原则下接受着世俗化的教育，每天都做礼拜的人毕竟是少数，况且这些人在日常生活中并不接触伊斯兰原教旨主义。

由此可见，将恐怖事件的原因简单归结到伊斯兰教和伊斯兰教徒身上自然是不合理的。问题恐怕出在移民的社会状态上。尤其是移民的第二代、第三代，他们生活在持续的贫困和歧视之中，在法国社会难以找到安身立命之地。这些在经济、文化上都怀有疏离感的年轻人一旦遇上什么偶然的机会，或许就会跑到叙利亚去，即使这也并不意味着他们一定会加入“伊斯兰国”。只能说这是社会状况的产物。恐怖活动原本是政治问题的副产品，但在今天的法国却是与社会问题息息相关的。

深化文化多元主义，构建一个崭新的法兰西，或许是解决这一严重问题的出路之一。然而，这条道路上也同样是荆棘丛生，障碍重重。法国的历史传统和共和主义理念强迫移民同化（1992年的宪法修正案中，政府加入了“共和国的语言为法语”这么一条），体现了精英们对于共和主义的信念已成为认同文化多样性的障碍。2015 年 11 月同时爆发了多发性恐怖袭击事件，而在不久之后的 12 月，十三大区进行了议会改选的第一次投票，玛丽娜·勒庞领导的“国民阵线”在六个大区拔得了头筹。“国民阵线”在所有选举区中的得票率为 28%，超过得票率为 27% 的右翼政党联盟和得票率为 23% 的左翼政党联盟，一跃高居榜首。

稳定就业，扶助弱势群体，推动社会融合—— 绝非易事。但是，倘若不能妥善解决这些问题，作为民族国家的法国想再现昔日辉煌恐怕也难以实现。

法国的经验及与日本的关系

比较一下战后的法国和日本，我们可以在经济方面发现许多相似之处。两国在战后都实行了国家主导型的经济政策，实现了战后经济繁荣的同时，也重视社会福利。法国在欧洲一体化和全球化的进程中，国家凯恩斯主义难以为继，转而以放宽限制和机构改革来探索增强企业国际竞争力之路，就这点而言，两国也是相似的。在失业率居高不下的背景下，贫困和就业问题一直是法国政府面对的首要问题；而近年来，日本社会的两极分化现象也饱受诟病，相同性质的问题一样令人头痛不已。

就外交方面而言，法国过去一直坚持着一条有别于美英，独立自主的外交路线。在戴高乐时代，这种外交政策达到了登峰造极的地步。2001 年 9 月，美国纽约爆发了同时多发性恐怖袭击，法国总统希拉克在9月18日访问了白宫。作为国家元首，他是恐袭发生后最先访问美国的。当时，美国总统布什将同时多发性恐袭称为“新型的战争”，但希拉克在召开记者招待会时却说：“我不知道使用‘战争’一词是否妥当。”2003年，由美国主导的伊拉克战争开战时，希拉克政权更明确表示反对。作为法国独立自主形象的对外代言人，当时的外交部长德维尔潘在联合国安理会上发表反战演说，给人留下了深刻印象。当时他就说过这样的话：“这样的军事介入有可能给已经受到伤害且十分衰弱的地区稳定，带来不可估量的影响。”具有讽刺意义的是，这个预言竟不幸言中了今天的实际状况。

但是，法国逐渐削弱了这种独立自主的外交特色，换成了一副追随美国世界战略（与恐怖主义的斗争）的姿态。2013年1月，为了打击伊斯兰极端分子的反政府武装，法国出兵侵入马里。2014年9月，在叙利亚问题上，法国也响应美国号召采取联合行动，开展了针对叙利亚的空袭。在2015年11月的同时多发性恐袭爆发后，奥朗德宣布法国已经进入“战争状态”，加大了针对叙利亚的空袭力度。由此可见，时至今日，法国已经难以超越美国的世界战略和欧盟的框架，从而在国际社会上发挥什么独特作用了。

日本在战后呈现出了一种与法国并不完全相同的发展景象，虽然走的是追随美国的外交路线，不过与法国相比，日本在国际社会上的存在感十分不显眼。但是，近年来日本想要提升自己的国际地位，并希望在美国的世界战略中扩大“武力”贡献。

就这个意义来说，日法两国在战后的发展中走得越来越近了。

在移民和社会融合方面，两国之间的境况大相径庭。日本的《国籍法》奉行血统主义（从原则上来说，必须是父母双方中的某一方是日本人，孩子才能成为日本人），国民的同一性也得到了相应保证。日本在原则上不会给有居留资格的外国人提供简单劳动的机会。但是在如今劳动力国际化流动的大潮中，存在着各种各样的可能性。例如，德国的国籍法也采用血统主义，但为了能让移民融入当地社会，已经于 1999 年引入了出生地原则。考虑到移民第二代的社会融合问题，给予其国籍也不失为一个选项。然而，《国籍法》的问题姑且不论，事实上，日本国内已经存在着形形色色的外国劳动者，发生了许多文化冲突和教育问题。从这个意义上来讲，日本也有必要成为一个多种文化并存的包容社会。

法国在全球化的大潮中遇到了各种各样难以解决的问题，失去了往日光辉。对此，日本绝对不能采取隔岸观火的态度。

* 专栏 1

法德对立
——福熙元帅的车厢

法国北部的贡比涅森林里保存着一节被称作“福熙元帅的车厢”的火车车厢，可以说是 19 至 20 世纪之间，法德两国相互仇视、势不两立的象征。

普法战争中，法国一败涂地。德皇威廉一世在凡尔赛宫内宣布成立德意志帝国，这一历史事件给法国带来了巨大的冲击和耻辱。自此以后，突破俾斯麦建立的针对法国的包围圈，向德意志复仇就成了法国外交政策的核心。而让法国人得偿所愿的，就是第一次世界大战的胜利。1918 年 11 月 11 日，法方就是在当时作为福熙元帅司令部的这节车厢里，与同盟国签订了停战协议。这节车厢是由曾制造过“东方快车”车厢的比利时 WAGON LIT

公司于 1913 年制造的，原本用作餐车。战后，克里孟梭下令将其收归国有。1921 年 4 月 27 日，该车厢被放在荣军院的院中公开展出；1927 年，又被移到了刚建成的贡比涅胜利纪念馆。

1940 年 6 月，法国在第二次世界大战中向德国投降，希特勒亲自出席了停战协议的签字仪式，下令将“福熙元帅的车厢”从纪念馆里拖出来，放在一次大战停战协议的签订地，并在里面签署了停战协议。之后，该车厢被送往德国公开展出。而在战败已成定局的 1945 年，由于害怕该车厢再次被法国利用，希特勒下令将其销毁。

因此，现在展出的车厢是由当时的同款车厢改造得来，使其再现 1918 年之状态。

被送往柏林的“福熙元帅的车厢”

* 专栏 2

法国及其殖民地

在 20 世纪的前半叶，继英国之后，法国也成了殖民帝国。殖民地问题的影响对法国自不待言，即便对于今天的世界而言，也极为巨大深远。

法国正式开始拓展海外殖民地，虽是在 17 世纪之后的事，但发展很快，获得了从加勒比海到北美洲南部（路易斯安那）、印度（本地治里）、南美洲的圭亚那及非洲东海岸的一些岛屿。但是，这些后来被称作“第一殖民帝国”的地域，并没能被领有很长时间。18 世纪法国与英国处于敌对状态，两国之间的战争也波及各自的殖民地。结果，根据结束“七年战争（1756—1763）”的《巴黎和约》，法国丧失了印度的大部分土地和加拿大及密西西比河以东的美洲大陆。在当时，给法国带来最多利益的是有着“加勒比珍珠”美誉的圣多明戈，那里盛产白糖和咖啡，但该地区因“海地革命”于 1804 年独立后，“第一殖民帝国”也随即崩溃。

之后，以 1830 年出兵阿尔及利亚为分界线，法国开始了第二次殖民主义扩张。然而，当地人民的反抗极为强烈，一直到 1848 年，阿尔及利亚才被征服。在拿破仑三世时代，法国虽然在侵占墨西哥的战争中失败，却将新喀里多尼亚变成了自己的殖民地；同时，又占领了西贡作为其统治印度支那的据点。第三共和国时代是法国殖民地扩展的顶峰，不仅领有了法属波利尼西亚，扩大了在印度支那的统治区域，还在柏林会议（1884—1885）之后，积极参与瓜分非洲，不仅将突尼斯、摩洛哥、马达加斯加变成了殖民地，还企图使其殖民地从西非的大西洋沿岸和东非的吉布提两方面向内陆发展，与苏丹连为一体。在第一次世界大战中获胜后，法国又将原属德国的非洲殖民地多哥和喀麦隆占为己有，并以国联委托管理的方式，将叙利亚和黎巴嫩也置于自己的掌控之下。此时，法国的殖民地版图达到了最大状态（第二殖民帝国）。

所谓的“文明开化论”正是法国殖民地拓展的理论基础。法国在 1848 年完成对阿尔及利亚的征服后，就禁止当地的农场主使用奴隶，将其打扮成一个“文明国家”的模样。其结果就形成了这样一种逻辑：让尚处于奴隶制的当地社会“文明开化”是法国的天赋使命。而这种一厢情愿的想法又成了殖民行为的正当理由。不仅如此，这种思想还在针对殖民地居民的待遇上被利用了。

由于殖民地的原住民拥有法国国籍，故而从理论上来讲，他们也是“法国人”。但是，法国政府又确立了不给予他们以选举权为代表的政治权利和民事权利的原则。因为根据其殖民主义的逻辑，尚未“文明开化”的原住民就跟未成年人一样，自然是不能享受选举权的。

法国新的殖民帝国的中心在阿尔及利亚。作为“第二殖民帝国”最早的殖民地，阿尔及利亚离法国比较近，从法国过去的殖民者也比较多，这对于 19 至 20 世纪期间曾为移民接受国的法国来说，可谓一种特例了。不仅如此，1889 年通过的《国籍法》在阿尔及利亚也适用，即在阿尔及利亚出生的欧洲殖民者后裔都能称为“法国人”，与其出生地无关。在第二次世界大战之后，阿尔及利亚的欧洲裔居民数量已经接近一百万。后来，正是这些对法国本土一无所知、为数众多的“法国人”，主张建立“法属阿尔及利亚”，成了反对阿尔及利亚独立的中坚力量。

各大国在瓜分非洲殖民地时人为划分的国境线，日后成了非洲各国纷争的祸根。这一点时常遭受世人诟病。这种情况在中东也是同样，成了今日中东问题的历史根源。早在第一次世界大战期间，英国的中东问题专家马克·赛克斯和法国的外交官弗朗索瓦·乔治·皮科在 1916 年 5 月签订了一项分裂奥斯曼帝国的秘密协定（《赛克斯－皮科协定》）。根据此协定，叙利亚、安纳托利亚南部及伊拉克的摩苏尔地区为法国的势力范围，而叙利亚南部和南美索不达米亚（现在的伊拉克大部分领土）则为英国的势力范围。

在第一次世界大战时期，侯赛因·本·阿里（《侯赛因－麦克马洪协定》的当事人）为了阿拉伯的独立，曾带领他的四个儿子与奥斯曼帝国浴血奋战。他在 1916 年确实一度赢得了独立，试图构建一个包括伊拉克、叙利亚、阿拉伯半岛在内的大阿拉伯王国。然而，根据《赛克斯－皮科协定》，他的这一宏伟构想是不被允许的。之后，他的二儿子阿卜杜拉成了约旦国王、三儿子费萨尔于 1920 年成了叙利亚－阿拉伯的国王。在法国－叙利亚战争之后，叙利亚－阿拉伯王国被法国占领，费萨尔则亡命国外。后来，英国人又让他登上了伊拉克的王位。当时的叙利亚－阿拉伯王国包含了现在的叙利亚和黎巴嫩等地区，再加上约旦、巴勒斯坦及以色列，这一大片地区在历史上曾被称为“大叙利亚”，是人类文明的发源地，具有政治、文化方面的统一性。而欧洲列强出于自身利益的要求，将其肆意分割，从而导致今天的中东局势异常复杂，无比艰难。事实上，“伊斯兰国”反对的正是“赛克斯－皮科体制”下，列强瓜分殖民地所造成的中东现状。

在背负这样的“历史遗产”的同时，法国依然拥有多个殖民地和海外省份，比如至今仍在谋求独立的新喀里多尼亚。因此，对于法国而言，殖民地问题仍处在现在进行时的阶段。更何况过去的殖民地该作为怎样的历史记忆才好，比如在旧殖民地出生者的社会认同，就是一个至关重要的问题。

* 专栏 3

政教分离和穆斯林的头巾

给现代法国增添上一抹独特色彩的，是所谓的“拉希特（laïcité）”原则。这个通常被翻译为“政教分离”或“世俗主义”的词语，却是个被宪法所明确了的法国基本原则。

在 1958 年制定的法兰西第五共和国宪法（即现行宪法）的第一条中写有这样的内容：“法兰西是一个不可分的、世俗的、民主且社会性的共和国。在法国，不分出身、人种或宗教，保证所有的公民在法律面前人人平等，所有的信仰都将受到尊重。”

事实上，“拉希特”原则是 19 世纪以前通过国家与教会的斗争过程逐步形成的。在旧制度中，教会组织是与国家机构交织在一起的，到了 19 世纪后者开始谋求两者的分离了。然而这绝非易事。首先法国采用的是国家管理宗教的模式。1801 年，拿破仑与教皇庇护七世缔结了“政教协定”（罗马教皇与一国政府间的协定），在承认国家拥有主教任用权及教会可在经济上依赖国家的同时，也明确了天主教为法国多数人信仰的宗教原则。这一举措一方面削弱了罗马教皇的影响力，强化了国家对教会的制约；另一方面也给予天主教教会一定的社会地位（不过，同时也承认新教和犹太教享有同等地位），以教育领域为主，让修道会拥有了较大影响力。

但与此同时，反对天主教势力的反教权主义呼声也日益高涨起来。在普法战争中战败后，甚至有人将战败所导致的国家、社会危机统统归结于天主教教会。在第三共和国时期，天主教势力与保王党联手对抗共和主义者，展开了激烈的政治斗争。可随后正如文中所叙述的那样，自 1901 年《结社法》到 1905 年《政教分离法》，政教分离的原则就逐步确立起来了。

政教分离原则的目的之一，自然是为了削弱天主教势力，但就其理念而言，却并没有那么单纯。战后的戴高乐派政治家莫里斯·舒曼曾说：“所谓国家的政教分离原则，是指国家独立于所有未被全体国民共同认可的权威之外。正是拥有这种独立性，国家才可能是公平的。”该理念认为，为了让国家独立于各种宗教性质的权威，就必须将宗教因素从国家管理的公共领域中排除出去，只有这样才能真正做到宗教信仰自由。

在此之后，关于政教分离的问题主要是围绕着国家对私立学校的补助而展开的。1989 年，瓦兹省克雷伊市的一所公立学校发生了禁止面裹头巾的穆斯林学生进入校园的事件（简称“伊斯兰头巾事件”）。发出禁止令的该校校长认为，头巾是一种表明伊斯兰教徒身份的公开标识，因此在公立学校戴头巾是违反政教分离原则的。之后，围绕着政教分离原则和校内服饰问题，教育界和政界爆发了争论。2004 年，政府为此专门制定了《禁止在公立学校佩戴宗教标志物法》（俗称《反头巾法》），一些“招摇过市”的标志物都被禁止佩戴。由于该法律是针对所有宗教的，就理论而言，十字架等基督教的标志物也在被禁止之列，所以有些教师要求学生不得佩戴十字架。

对抗《政教分离法》

1905 年，《政教分离法》实施之后，政府开展了编制教会财产目录的工作。该照片显示的是，1906 年 3 月 6 日，比利牛斯地区一个叫作艾尔雅的小村子里，一名神父正在对前来调查的政府工作人员宣读抗议声明的场景。村民们甚至将演马戏用的狗熊牵到了教堂门口，表示抗议

就像不能用《创世记》来教授宇宙的诞生和生命的起源一样，政府既要实现国民的“不可分性”，又要在一定程度上保护不同群体的自由是办不到的。在某些情况下，法国也会为了保证公平性做出限制个人思想信条的选择。因为，“政教分离原则”是法国国民的一条基本原则。

但不容否认的是，正像政教分离的议论以前主要针对天主教教会，二战之后就转移到存在感不断增强的伊斯兰教上了。在萨科齐当政的 2010 年，不顾来自国民议会就“侵犯个人自由”的反对意见，政府制定了在公共场合禁止戴“波卡”（遮蔽整个脸部的面纱）的法律。针对这一问题，巴基斯坦裔的法籍女性曾在 2013 年将法国政府告上了欧洲人权法院，2014 年，该法院根据治安方面的理由认同了法国政府的主张，判其为合法（该法律还将面罩式头盔也列入了禁止对象，且其他国家也制定了《禁止覆面法》）。除此之外，围绕着穆斯林的服饰还发生了各种各样的问题，例如主张解雇戴着头巾工作的女性。

另外，执行政教分离存在着双重标准，也是个不争的事实。如圣诞节、圣母升天节（8 月 15 日）等，在法国 11 个国家法定节日中，有 6 个是与基督教相关的。在圣诞节前，以教堂为主的一些场所里会放置表现耶稣降生的一种名为“圣诞马槽”的布景装饰，但在 2015 年 11 月多次发生恐怖袭击事件之后，在市政厅等公共场所展示圣诞马槽就引发了争论，有些地方政府撤销了这些陈设。拥护派认为，展示圣诞马槽就跟在美术馆里展示宗教画一样，没什么特别的，但这样的主张果真有足够的说服力吗？

考察一下历史我们就知道，所谓政教分离原则并不是“有信仰与无信仰”“共和国与伊斯兰教”这样简单的两极对立问题。由于政教分离原则是法兰西共和国的一项基本原则，因而引发出各种各样的问题也在所难免。

设置在图卢兹市政厅内的圣诞马槽模型（2003）

* 专栏 4

后民族主义的历史

以法德为代表，从 20 世纪末开始，欧洲各国的关系开始紧密起来，由此导致了重新评估历史的思潮，并在各种场合出现了迥异于过去的崭新现象。

其中之一，就是战争墓地和战争纪念碑的建设。1984 年，密特朗访问德国将士阵亡者墓地，成为当时的热门话题。一般而言，每个国家都会修建阵亡者墓地，作为表彰为国捐躯的战士的圣地。然而，在凡尔登战役的激战之地，如今飘扬在杜奥莫要塞上空的不仅仅是法国国旗，还有德国和欧盟的国旗。在第一次世界大战开战一百周年之际，曾经交战的双方又在放置阵亡者骨灰的灵堂里设置了一块石碑，上面刻有“德国与法国的战士长眠于此”。

战争博物馆、军事博物馆这些场所，过去都是以展示军事技术、炫耀战胜敌国这样的民族主义宣传为目的的，但在今天，其内容已经发生了很大的变化。位于法国索姆省佩朗纳市的“大战历史博物馆”，基于社会史、文化史观点，以完全等同的方式，展现一战期间英、法、德三国人民悲惨的生活状况和战争之残酷，取代了以前作为展示重点的战争进程和辉煌战果。

正如 2006 年出版了适用于高中的德法通用历史教科书所显示的那样，欧洲正在不断尝试着创造出超越一国的历史场景和对于往昔的记忆。

法国佩朗纳市“大战历史博物馆”中的陈列大厅。远处的三层陈列架上，同等展示着相同主题下英、法、德三国的展品。整个展示部分都没有采用过多的说明文字，显示着一种希望参观者独立思考的姿态

尾声

本书自2001年出版发行以来已经过了五个春秋。在这五年之中，虽说法国的状况并没有发生很大变化，但在书写其最近的历史时，我却感受到了更为强烈的郁闷和不解。完善的社会保障和有保证的就业制度，这些为战后的法国引以为豪的优越性，怎么就成了当今的眼中钉肉中刺了呢？如果说这一切都是为了应对全球化，自然令人无话可说。但是，这种各国出于竞争目的而牺牲国民“幸福”的做法，难免令人心生西欧文明是否正在走向衰落的担忧。

由于历史学并不是一门能给现行政策提供建议的学问，故而无法给当今社会开出具体的“处方”来。但是，历史性思考本身却是十分重要的。因为倘若不能理解现在所面临的问题的内在原因，不能从历史脉络来把握当前课题的本质，那么，要想很好地解决眼前的问题恐怕也是非常困难的。仅仅参与全球化所带来的激烈竞争，是解决不了任何矛盾的。本书的读者，若能以法国历史为参照而仔细思考当今社会的具体问题，我将感到无比欣慰。

此次增补版出版，同样得到了编辑部村松恭子的大力协助。在此，我再次表示衷心的感谢。

佐佐木真

2016 年 3 月

法国历史大事年表

公元前 9 世纪左右	凯尔特人移居高卢
公元前 121	罗马军队征服高卢南部
公元前 52	恺撒征服高卢全境
372	图尔的马丁设立圣马丁修道院
418	西哥特人定居于阿基坦地区
476	西罗马帝国灭亡
486	苏瓦松战役。克洛维开创墨洛温王朝
496	托比亚克之战。克洛维改信天主教
575 左右	图尔主教格雷戈里著《法兰克人史》
732	图尔－普瓦提埃之间的战争。卡尔·马特大败伊斯兰教军队
751	丕平三世（矮子丕平）开创加洛林王朝
800	教皇利奥三世给查理曼戴上西罗马皇帝的皇冠
843	《凡尔登条约》签订，法兰克帝国一分为三
987	巴黎伯爵于格·卡佩登基而为法兰西国王。开创卡佩王朝（ —1328）
1154	亨利·金雀花成为英国国王（亨利二世）。建立安茹帝国

1190 腓力二世参加第三次十字军东征

1202 腓力二世宣布没收英王约翰在欧洲大陆的领地

1209 教皇英诺森三世进攻法国南部的卡特里派，“阿尔比十字军”开始远征

1214 布汶战役爆发

1226 路易九世即位，王太后布朗什·德·加斯蒂尔摄政（—1234）

1229 图卢兹伯爵投降，“阿尔比十字军”远征结束

1248 路易九世参加第六次十字军远征

1270 路易九世参加第七次十字军远征，在突尼斯病死

1302 腓力四世召开最早的全国三级会议

1303 “阿纳尼事件”爆发，教皇卜尼法斯八世被气身亡

1305 腓力四世拥立波尔多大主教为教皇（克莱门斯五世）

1307 腓力四世一举逮捕圣殿骑士团成员

1309 教皇克莱门斯五世将罗马教廷移至阿维尼翁

1328 查理四世去世，卡佩王朝绝嗣。腓力六世即位，开创瓦卢瓦王朝（—1589）

1337 “百年战争”开始

1348 黑死病肆虐法国全境

1358 艾田·马赛领导“巴黎革命”

1415 英王亨利五世在诺曼底登陆（8.12）。阿金库尔战役爆发（10.25）

1420 签订《特鲁瓦条约》

1429 圣女贞德解放奥尔良。查理七世在兰斯加冕

1431　圣女贞德被判处火刑

1453　卡斯蒂永战役爆发。百年战争结束

1477　勃艮第公爵“大胆公”查理战死，勃艮第公国解体

1494　查理八世入侵意大利。意大利战争开始（—1559）

1516　在博洛尼亚签订《政教协议》

1525　帕维亚战役爆发。弗朗索瓦一世被俘

1530　弗朗索瓦一世创设“王室学院”

1534　发生“告示事件”，法王开始迫害新教徒

1539　颁布《维莱－科特雷法令》。公文使用法文，小教区必须设立台账

1559　《卡托－康布雷西条约》签订，意大利战争结束。亨利二世去世

1562　吉斯公爵派在瓦西屠杀新教徒，宗教战争开始。（—1598）

1572　发生“圣巴托罗缪之夜”的大屠杀

1576　吉斯公爵亨利结成天主教同盟

1589　亨利三世遭暗杀，瓦卢瓦王朝绝嗣。亨利四世即位，波旁王朝开始（—1792）

1593　亨利四世在圣丹尼大教堂改宗天主教

1594　亨利四世在沙特尔大教堂举行加冕仪式。国王进入巴黎城

1598　颁布《南特敕令》

1604　《波莱特法》颁布，承认在支付年税的前提下世袭、买卖官职

1624　黎塞留就任宰相

1629　《阿莱斯敕令》颁布，剥夺新教徒的武装

1630　“愚人日事件”发生，玛丽·德·美第奇倒台

1635　法国参加三十年战争

1639　诺曼底抗税暴动“赤脚党之乱”

1648　“投石党运动”爆发（—1653）

1659　法国与西班牙签署《比利牛斯条约》

1661　马扎然去世。路易十四开始亲政

1665　柯尔贝尔就任财政大臣

1667　巴黎设置警察总监。佛兰德战争爆发（—1668）

1672　法荷战争爆发（—1678）

1685　废除《南特敕令》

1688　奥格斯堡同盟战争爆发（—1697）。国王采用民兵制

1695　开征人头税（Capitation）

1701　西班牙王位继承战爆发（—1713）

1710　开征什一税（Dixième）

1715　路易十四去世。路易十五即位，奥尔良公爵摄政

1720　“约翰·罗体系”破产

1733　波兰王位继承战爆发（—1735）

1740　奥地利王位继承战爆发（—1748）

1756　七年战争爆发（—1763）

1771　大法官莫布开展司法改革

1775　面粉战争发生

1786　卡洛纳提出针对社会各阶层的新税法

1789 国民议会成立（6月17日），废除封建制度（8月4日），《人权宣言》发布（8 月 26 日），进军凡尔赛（10 月 5 日）

1790 《神职人员民事基本法》颁布

1792 对奥地利宣战（4 月 20 日），8 月 10 日事件（王权终止）发生，瓦尔密战役爆发（9 月 20 日），共和政体之开始（9 月 21 日）

1793 路易十六被处决（1 月 21 日），山岳派专政出现，实行恐怖政治，《最高限价法令》颁布（9 月 29 日）

1794 发生“热月党的反动”（7 月 27 日），山岳派垮台

1796 拿破仑远征意大利

1799 发生“雾月 18 日政变”。拿破仑掌权

1800 设立法兰西银行

1804 《拿破仑法典（民法典）》颁布。拿破仑登基成为皇帝

1806 《柏林敕令》（大陆封锁令）颁布

1814 拿破仑皇帝退位，被流放厄尔巴岛。路易十八回到巴黎

1815 拿破仑“百日王朝”终结

1824 路易十八去世，查理十世即位

1830 “七月革命”爆发，路易·腓力即位（七月王朝开始）

1847 最初的“改革宴会”

1848 “二月革命”爆发（2 月 23 日）、第二共和国建立，路易－拿破仑就任总统（12 月 10 日）

1852　路易－拿破仑登上皇位。第二帝国开始（ —1870）

1855　第一届巴黎万国博览会开幕（ —1856）

1870　普法战争爆发，第二帝国垮台

1871　巴黎公社运动爆发

1881—1882　《茹费理法》制定。初等教育实现义务制（免费）

1884　《瓦尔德克－卢梭法》制定。工会合法化

1889　布朗热事件发生

1898　左拉发表《我控诉》

1901　《结社法》制定

1905　《政教分离法》制定，反教权主义确立

1914　第一次世界大战爆发

1918　在贡比涅森林与同盟军签订停战协定

1919　签订《凡尔赛和约》

1924　法国承认苏联

1928　签订《凯洛格－白里安条约》（《巴黎非战公约》）

1933　斯塔维斯基事件（金融丑闻）发生。右翼势力猛击

1939　第二次世界大战爆发

1940　巴黎沦陷（6 月 14），维希政权成立（7 月 10），《犹太人排除法》通过（10 月 3 日）

1943　让·穆兰组织“全国抵抗运动委员会”（CNR）。统一法国境内的抵抗运动组织

1944　巴黎解放（8 月 25 日）。戴高乐临时政府成立（9 月 9 日）

1945　允许妇女参政

1947　参与“马歇尔计划”

1954　奠边府陷落（5 月 7 日），法军撤出越南。阿尔及利亚战争爆发（11 月 1 日）

1957　签订《欧洲经济共同体（EEC）条约》

1958　阿尔及利亚发生暴动及军队叛乱（5 月 13 日）

戴高乐内阁成立（6 月 1 日），第五共和国诞生

戴高乐当选总统（12 月 21 日）

1962　《埃维昂协议》签订。阿尔及利亚战争结束

1966　法国脱离北约组织

1967　欧洲共同体成立

1968　“五月革命”爆发

1969　戴高乐辞去总统一职（4 月 28 日）。蓬皮杜就任法国总统

1974　吉斯卡尔·德斯坦就任法国总统

1981　密特朗当选法国总统

1986　希拉克就任法国总理。成立“保革共存”政府

1992　签订欧盟条约（《马斯特里赫特条约》）

1993　欧盟成立

1995　希拉克当选法国总统

1999　欧盟采用单一货币“欧元”

2003　反对伊拉克战争，不派兵

2005　国民投票拒绝欧盟宪法，巴黎郊外爆发暴动

2007　萨科齐当选法国总统

2012　奥朗德当选法国总统

参考文献

◎通史

柴田三千雄、樺山紘一、福井憲彦編『世界歴史大系 フランス史』（全3巻）山川出版社 1995-96年

福井憲彦編『フランス史（新版世界各国史）』山川出版社　2001年

谷川 稔、渡辺和行編『近代フランスの歴史―国民国家形成の彼方に』ミネルヴァ書房　2006年

柴田三千雄『フランス史10講』岩波新書　2006年

◎与法国及近代社会理念相关的书籍

ノルベルト・エリアス（赤井慧爾、中村元保訳）『文明化の過程』（上下）法政大学出版局　1977、1978年

小田中直樹『フランス7つの謎』文春新書　2005年

喜安朗『近代フランス民衆の「個と共同性」』平凡社　1994年

桜井哲夫『「近代」の意味―制度としての学校・工場』NHKブックス　1984年

柴田三千雄『近代世界と民衆運動』岩波モダンクラシックス　2001年

二宮宏之『フランスアンシアン・レジーム論―社会的結合・権力秩序・叛乱』岩波書店 2007年

樋口陽一『自由と国家―いま「憲法」のもつ意味』岩波新書　1989年

福井憲彦『ヨーロッパ近代の社会史 工業化と国民形成』岩波書店　2005年

ジャン・ボベロ（三浦信孝、伊達聖伸訳）『フランスにおける脱宗教性（ライシテ）の歴史』文庫クセジュ（白水社）　2009年

ロベール・ミュシャンブレッド（石井洋二郎訳）『近代人の誕生―フランス民衆社会と習俗の文明化』筑摩書房　1992年

◎断代史和专题史

池上俊一、河原温編『ヨーロッパの中世』（全8巻）、岩波書店　2008-10年

池上俊一『動物裁判―西欧中世・正義のコスモス』講談社現代新書　1990年

高山一彦『ジャンヌ・ダルク―歴史を生き続ける「聖女」』岩波新書　2005年

堀越孝一『ブルゴーニュ家―中世の秋の歴史』講談社現代新書　1996年

村上陽一郎『ペスト大流行―ヨーロッパ中世の崩壊』岩波新書　1983年

渡辺昌美『異端審問』講談社現代新書　1996年

フィリップ・アリエス（杉山光信、杉山恵美子訳）『子供の誕生』みすず書房　1981年

G・P・グーチ（林健太郎訳）『ルイ十五世―ブルボン王朝の衰亡』中央公論社　1994年

ピエール グベール（遅塚忠躬、藤田苑子訳）『歴史人口学序説―17・18世紀ボーヴェ地方の人口動態構造』岩波書店　1992年

ロバート・ダーントン（関根素子、二宮宏之訳）『革命前夜の地下出版』岩波モダンクラシックス　2000年

ピーター・バーク（石井三記訳）『ルイ14世―作られる太陽王』名古屋大学出版会　2004年

長谷川輝夫『聖なる王権ブルボン家』講談社選書メチエ　2002年

J-C・プティフィス（玉田敦子ほか訳）『ルイ十六世』（上下）中央公論新社　2008年

ロベール・マンドルー（二宮宏之、長谷川輝夫訳）『民衆本の世界―17・18世紀フランスの民衆文化』人文書院　1988年

柴田三千雄『フランス革命』岩波現代文庫　2007年

ロジェ・シャルチエ（松浦義弘訳）『フランス革命の文化的起源』岩波モダンクラシックス　1999年

多木浩二『絵で見るフランス革命―イメージの政治学』岩波新書　1989年

遅塚忠躬『フランス革命―歴史における劇薬』岩波ジュニア新書　1997年

G・ルフェーヴル（高橋幸八郎、柴田三千雄、遅塚忠躬訳）『1789年―フランス革命序論』岩波文庫　1998年

天野知恵子『子どもたちのフランス近現代史』山川出版社　2013年

喜安朗『パリの聖月曜日―19世紀都市騒乱の舞台裏』岩波現代文庫　2008年

工藤庸子『宗教vs.国家―フランス〈政教分離〉と市民の誕生』講談社現代新書　2007年

杉本淑彦『ナポレオン伝説とパリ―記憶史への挑戦』山川出版社　2002年

杉本淑彦、竹中幸史編著『教養のフランス近現代史』ミネルヴァ書房　2015年

谷川稔『十字架と三色旗―もうひとつの近代フランス』山川出版社　1997年

長井伸仁『歴史がつくった偉人たち―近代フランスとパンテオン』山川出版社　2007年

剣持久木『記憶の中のファシズム―「火の十字団」とフランス現代史』講談社選書メチエ　2008年

桜井哲夫『占領下パリの思想家たち―収容所と亡命の時代』平凡社新書　2007年

渡辺和行『ホロコーストのフランス―歴史と記憶』人文書院　1998年

图书在版编目（CIP）数据

图说法国史 / (日) 佐佐木真著；徐建雄译. -- 天津：天津人民出版社, 2020.4（2020.7重印）
ISBN 978-7-201-15602-6

Ⅰ. ①图… Ⅱ. ①佐… ②徐… Ⅲ. ①法国－历史－通俗读物 Ⅳ. ①K565.09

中国版本图书馆CIP数据核字(2019)第259653号

图字 02-2018-275
地图审图号：GS（2020）141 号

图说法国史
TUSHUO FAGUOSHI

出　　版　天津人民出版社
出 版 人　刘　庆
地　　址　天津市和平区西康路 35 号康岳大厦
邮政编码　300051
邮购电话　022-23332469
网　　址　http://www.tjrmcbs.com
电子信箱　reader@tjrmcbs.com

责任编辑　金晓芸
产品经理　张　幸
书籍设计　谈　天

制版印刷　北京盛通印刷股份有限公司
经　　销　新华书店
　　　　　果麦文化传媒股份有限公司
开　　本　787 毫米 × 1092 毫米　1/32
印　　张　13
印　　数　6, 001–9, 000
字　　数　268 千字
版次印次　2020 年 4 月第 1 版　2020 年 7 月第 2 次印刷
定　　价　68.00 元